Gerlinde Malli

»Sie müssen nur wollen«

Gerlinde Malli

»Sie müssen nur wollen«

Gefährdete Jugendliche im institutionellen Setting

UVK Verlagsgesellschaft mbH

Die vorliegende Arbeit wurde an der Karl-Franzens-Universität Graz im Rahmen des Fachgebietes Kulturanthropologie als Dissertation verfasst und als Voraussetzung für die Erwerbung des Doktorates der Philosophie im Jahr 2009 angenommen.

Gedruckt mit Unterstützung der Universität Graz.

Das Land Steiermark

→ Wissenschaft

Bibliografische Information Der Deutschen Bibliothek
Die Deutsche Bibliothek verzeichnet diese Publikation in der Deutschen Nationalbibliografie; detaillierte bibliografische Daten sind im Internet über <http://dnb.ddb.de> abrufbar.

ISBN 978-3-86764-297-2

Einbandgestaltung: Susanne Fuellhaas, Konstanz
Coverbild: Gerhard Josef Langer
Printed in Germany

UVK Verlagsgesellschaft mbH
Schützenstr. 24 · D-78462 Konstanz
Tel. 07531-9053-0 · Fax 07531-9053-98
www.uvk.de

Inhaltsverzeichnis

Vorbemerkung

Die vorliegende Arbeit ist im Rahmen des dreijährigen, von der Österreichischen Akademie der Wissenschaften unter der Rubrik DOC-Team geförderten Forschungsprojektes „müssen nur wollen. Eine kulturwissenschaftliche Bestandsaufnahme sozialer Umbrüche in jugendlichen Lebenswelten“ entstanden (2004-2008). Als transdisziplinäres Projekt an der Schnittstelle zwischen empirischer Kulturwissenschaft und Soziologie wurde die Arbeit von Elisabeth Katschnig-Fasch hauptbetreut, von Florence Weiss ethnopsychoanalytisch begleitet, von Hans Georg Zilian in der Konzeptions- und Anfangsphase und von Franz Schultheis durch soziologische Expertise unterstützt. Ich bedanke mich an dieser Stelle bei den genannten Personen für die Begleitung, Betreuung, Zuversicht und Anerkennung.

Gemeinsam mit Diana Reiners und Gilles Reckinger wurde die generelle Fragestellung bearbeitet, wie sich kulturelle und soziale Transformationsprozesse auf die Lebenswelten heutiger Jugendlicher auswirken, wie diese darauf reagieren und welche Handlungsspielräume ihnen bleiben, um Strategien der Bewältigung eines unter steigenden Arbeitslosenzahlen und Lehrstellenlücken, unter Exklusionsprozessen und vielfältigen Prekarisierungen schwieriger werdenden Alltages zu entwickeln. Das Kernstück der empirischen Arbeit bildeten insgesamt 60 verstehende Interviews mit 40 Jugendlichen. Zur Vorbereitung dieser Interviews hatten wir teilnehmende Beobachtung mit unterschiedlichen, informellen und institutionalisierten Gruppen von Jugendlichen im städtischen Raum und in Betreuungsinstitutionen durchgeführt. Die Auswahl der Gesprächspartner erfolgte nach theoretischen Gesichtspunkten der Repräsentanz für die zu untersuchenden Problemfelder, die nach statistischen Strukturdaten ermittelt wurden.

Im Verlauf des Forschungsprozesses kristallisierten sich vor dem Rahmen der gemeinsamen Fragestellung und theoretischen wie methodischen Basis drei unterschiedliche Schwerpunktsetzungen heraus. Während Diana Reiners das Alltagsleben von jugendlichen Migranten in den Blick nahm und Gilles Reckinger nicht-lineare Verläufe des Übergangs von der Ausbildung in den Arbeitsmarkt Jugendlicher beforschte, konzentriert sich die vorliegende Arbeit auf das Zusammenspiel zwischen sozialstaatlichem Denken und dem Handeln Jugendlicher unter den Bedingungen kultureller und sozialer Veränderungen.

Wenn sich gesellschaftliche Veränderungen mit Rasanz vollziehen, spricht die Soziologie im Allgemeinen von Anomie oder anomischen Zuständen, die Kulturanthropologie von Werteverschiebungen und Enttraditionalisierung.

Die Soziologie nimmt die Transformationen der gesellschaftlichen Strukturen in den Blick, die Kulturanthropologie deren Auswirkungen auf die Alltagsleben der Einzelnen. Bereits vorhandene Analysen und Studien über die Zumutungen im Alltagslebens der Einzelnen, die gesellschaftlich bedingtes Leiden hervorbringen[1], gelten als Referenzstudien, an die sich diese Arbeit anlehnen konnte. Insbesondere die Veröffentlichung „Das ganz alltägliche Elend" (2003), herausgegeben von Elisabeth Katschnig-Fasch, an deren Projektarbeit wir als Forscher beteiligt waren, kann als Fundament und Anregung der Forschungsarbeit genommen werden, die diesem Buch voran ging. Das empirische Feld der Jugendlichen, das als Desiderat bisheriger Forschungen erkannt wurde, unter problemzentrierter Perspektive zu bearbeiten, markierte den Anfangspunkt der gemeinsamen Forschungstätigkeit.

Der Titel des Buches „Sie müssen nur wollen" versteht sich als Subtext jener institutionellen Logiken, mit denen gefährdete Jugendliche konfrontiert sind und die eine Mobilisierung subjektiver Lebensgestaltungspotenziale und eine damit verbundene Lebensgestaltungsverantwortung fördern. Der pädagogisierende Impetus, der sich an die individuelle Autonomie und Vorstellung richtet, dass das *gelungene Leben* eine individuelle Wahl darstelle, trägt zugleich eine Stigmakomponente: Das falsche Verhalten und der fehlende *Wille* werden zur selbstverschuldeten Ursache jugendlichen Scheiterns. Mit dieser Arbeit wird gezeigt, dass in der Spannung zwischen Jugendlichen und der sozialen Welt strukturelle Bedingungen für problematische Biografien, Erfahrungen des Scheiterns oder Ängste aufzudecken und dass sie zugleich als Diagnosen der Veränderungen der Gegenwartsgesellschaft zu verstehen sind.

Ich bedanke mich bei jenen Menschen, insbesondere bei Gabriel und Herbert, die mir zugehört haben und die geduldig mit mir waren. Bei Gerhard Langer und Roswitha Jauk bedanke ich mich für die Korrektur- und Layoutarbeiten, bei Gilles Reckinger und Diana Reiners für die erkenntnisreiche Zusammenarbeit.

Besonders bedanke ich mich bei den Jugendlichen, die mir ihre Zeit für Gespräche, ihr Interesse an Begegnungen und ihre Bereitschaft entgegenbrachten, mich in ihre Alltagsleben einblicken zu lassen.

Aus datenschutzrechtlichen Gründen und im Sinne der Jugendlichen wurden Namen und Institutionen weitgehend anonymisiert.

[1] Pierre Bourdieu et al.: Das Elend der Welt (1997); Elisabeth Katschnig-Fasch (Hg.): Das ganz alltägliche Elend (2003); Hans Georg Zilian: Unglück im Glück (2005); Franz Schultheis/Kristina Schulz (Hg.): Gesellschaft mit begrenzter Haftung (2005).

1. Einleitung

Die Jugendphase als Übergang

Jugendliche befinden sich in einer biografischen Phase, die die Frage nach einer Partnerschaft, nach der Gründung einer eigenen Familie stellt und den Austritt aus den Familien oder den Familiensubstituten, in denen sie aufgewachsen sind, begleitet. Habituelle Muster werden hier ebenso wirksam wie diskursiv hergestellte Vorstellungen über das, was Familie und Arbeit heißt. Sowohl die Qualitäten und Motive der Austritte oder Ablösungen als auch die Zeitspanne dieser Phase und die Vorstellungen über eine eigene Familie sind von Milieu, Sozialisation und Geschlecht abhängig. Als Klassiker der Jugendforschung gelten Jugendstudien über Subkulturen englischer Arbeiterjugendlicher der CCCS in Birmingham (u. a. Hoggart 1957, Williams 1977, Thompson 1963 bzw. 1980, Hebdige 1983, Clarke 1979, Willis 1979). Aus dem analytischen Kulturkonzept des CCCS (Williams 1977) ergibt sich die hier vorgelegte Forschungsperspektive, Jugend in ihrer milieuspezifischen Heterogenität zu fassen und die Lebenswelten Jugendlicher vor dem Hintergrund ihrer sozioökonomischen und milieuspezifischen Verortung zu lesen. Dieser Forschungszugang markiert einen entscheidenden Unterschied zu ethnografischen Jugendstudien, die sich Jugendkulturen und -stilen widmen, an denen sich die kulturelle Differenz der Subkultur kristallisiert. Insofern geht es in dieser Arbeit nicht darum, in sich geschlossene Jugendkulturen zu identifizieren, sondern die Differenziertheit gesellschaftlicher Felder und Machtbeziehungen zu betrachten, denen Jugendliche unterliegen, in denen sie handeln und auf die sie reagieren. Diese Perspektive schärft Aspekte von sozialer Positionierung, Ungleichheit, von In- und Exklusionsprozessen.

Jugendliche befinden sich in einer Phase mit deutlichen Einschnitten in ihren Biografien, die sich unter Bedingungen der Individualisierung und Prekarisierung als besonders sensible Schnittstelle mit vielfältigem Konflikt- und Verletzbarkeitspotenzial darstellt. Dieser an sich prekäre Status transformiert sich heute zu einem Lebensmodell, in dem die in einer Warteschleife Gefangenen, sich dauerhaft in Übergangszonen Befindlichen dem inferioren Status ewiger Jugendlicher verhaftet bleiben. Ein legitimer sozialer Status bleibt dagegen häufig verwehrt.

Statistisch betrachtet fühlen sich zwei Drittel der elf bis 29-jährigen Jugendlichen gestresst und unter Druck stehend, wie es die Studie von Bernhard Heinzlmaier „Jugend unter Druck" über das allgemeine Befinden

Jugendlicher in Österreich aus dem Jahr 2007 nachgewiesen hat (Vgl. Heinzlmaier 2007). Ein immer massiver werdender Diskurs der *Leistungsgesellschaft* betont die enge Verwandtschaft zwischen Jugendlichkeit und Flexibilität bzw. Mobilität.[2] Das damit verbundene kulturelle Bild über das Austesten arbeitsweltlicher Positionen stimmt mit dem Paradigma der *Arbeit als Vehikel der Selbstverwirklichung* überein. In diesem Buch werden die Lebenswelten Jugendlicher betrachtet, die von dieser suggerierten Leichtigkeit weit entfernt sind.

In der deutschen Literatur der Jugendforschung werden für die Zeit zwischen Kindheit und Erwachsenenstatus zwei Moratorien beschrieben: Bildungsmoratorien und Freizeitmoratorien (Vgl. u. a. Zinnecker 2000). Der Begriff des Moratoriums meint erstens, dass Jugend als Übergangsphase zwischen Kindheit und Erwachsenendasein etabliert wurde (historisch gesehen gilt die Einführung der Schulpflicht als konstitutiv dafür), zweitens, dass es zwischen einer als sozial homogen aufgefassten Gruppe von Menschen nahezu gleichen Alters und der Gesellschaft eine unausgesprochene Abmachung für einen Aufschub von Übernahmepflichten gibt, die der Aufrechterhaltung der Ordnung der Gesellschaft dienen sollen. Abmachungen beruhen auf Gegenseitigkeiten: Im Gegenzug sollen Jugendliche nach dem Modell des Bildungsmoratoriums diese Zeit des Aufschubs nutzen, um sich Bildung anzueignen, die es braucht, um die Rolle eines erwachsenen Gesellschaftsmitgliedes übernehmen zu können.

Die Konsumgesellschaft und der Freundeskreis bieten Anreize, diese Zeit auch anders zu nutzen als für Bildung und Ausbildung. Die Übergangsorientierung entwickelt sich nach dem Modell des Freizeitmoratoriums zu einer bewusst gewählten Verbleibeorientierung.

Beide Varianten dieser theoretischen Annäherung an die Jugendphase bieten Möglichkeiten für heutige Jugendliche, die Adoleszenz zu gestalten und zu interpretieren. Aus der Kombination beider Moratorien wurde ein Vier-Felder-Schema entwickelt, das jugendliche Entscheidungswege bzw. Orientierungsmuster kategorisiert (Vgl. Reinders 2003). Zwar wird es mithilfe dieses Schemas modellhaft möglich, verschiedene Entwicklungswege von Jugendlichen nachzuzeichnen, unklar bleibt allerdings, wie sich diese Wege zum Herkunftsmilieu, zur sozialen Verortung der Jugendlichen und zu den objektiven Bedingungen, die die Gesellschaft für Jugendliche bereit hält,

---

[2] Wie Mario Erdheim zeigt, hat die europäische Kultur die Entidealisierung und Entwertung der Eltern bzw. der Erwachsenen auf die Spitze getrieben. Ergebnis dieses Kampfes ist die Übertragung der Omnipotenz vom Alter auf die Jugend. Spannungen zwischen Vätern und Söhnen heizten den Kulturwandel weiter an und trugen wesentlich zum Abbau von Traditionen, und damit Orientierungen, bei (Erdheim 2007, http://www.hssaz.ch/kurse/download/758/de/Referat_Jugendgewalt_M.Erdheim.pdf, 13.08. 2008).

verhalten. Das Verhältnis zwischen Bildungsinstitutionen und elterlichen Urteilen darüber hängt von den unterschiedlichen Repräsentationen ab, die die Herkunftsfamilie vom pädagogischen Vertrag hat, ebenso wie vom Vertrauen, das der Schule entgegengebracht wird und dem Verständnis für ihre Anforderungen (Vgl. Bourdieu 1997a). Paul Willis zeigte in den 1970er Jahren für die *lads*, nonkonformistische Schüler der Arbeiterklasse einer mittelenglischen Schule, dass die Schule und damit das bürgerliche Bildungsideal weitgehend abgelehnt werden, dass die Schule als Zeitverschwendung und Zwangsveranstaltung empfunden wird, Arbeit hingegen der *wirklichen Welt* zuzurechnen ist, die den männlichen Jugendlichen in ihrem sozialen Umfeld mehr Anerkennung einbringt als ein langer Verbleib im Bildungssystem (Vgl. Willis 1977). Ein früher Übertritt in die Arbeitswelt ist auch heute noch vor dem Hintergrund der milieu- und genderspezifischen Logik und Ökonomie der (traditionellen) Arbeiterschicht zu verstehen. Verbunden damit ist der Wunsch nach Unabhängigkeit – das Verdienen von eigenem Geld, der Traum vom eigenen Haus und einer eigenen Familie – der Wunsch, so früh als möglich unabhängig und erwachsen zu sein.

Die Übergangsphase zwischen Kindheit und Erwachsenen-Identität wurde von Erik H. Erikson als psychosoziales Moratorium bezeichnet, in dem sich eine Ablösung von den Eltern vollzieht und Orientierungsprobleme auftreten (Vgl. Erikson 1973 [1966]). Dabei tritt der Identitätsfindungsprozess in den Vordergrund, der in der Adoleszenz mit der Bewältigung der Anforderungen, die sich aus der Einbettung der Jugendlichen in eine Gesellschaftsordnung ergeben, verbunden ist. Erikson sieht in der Integrationsleistung der Gesellschaft die Voraussetzung für die Entwicklung einer Erwachsenen-Identität. Als *Krise* vor der endgültigen Anpassung des Jugendlichen an die Erwachsenengesellschaft stellt das Moratorium eine Aufschubperiode dar. Bedingt durch kulturelle und soziale Veränderungen bietet die Gegenwartsgesellschaft kaum noch die psychosozialen Voraussetzungen, die für Eriksons Modell als Basis notwendig sind, um Identität bilden zu können. Für immer mehr junge Erwachsene zeichnet sich kein Ende des Moratoriums mehr ab, seine Schutzfunktion hat sich aufgelöst. Unter den Bedingungen von strukturell freigesetzten Arbeitsplätzen und Lehrstellenlücken wurde der Übergang von der Jugend- in die Erwachsenenphase durch die Vorstellung vom selbstverantwortlichen Individuum ersetzt. Welche Bewältigungsstrategien Jugendliche in dieser Situation entwickeln und welche Handlungsmöglichkeiten ihnen bleiben, bildet eine wichtige Frage dieser Arbeit.

Die Forschungsaufmerksamkeit gilt Jugendlichen mit spezifischen Problemlagen in der Bewältigung der Aufgaben des Erwachsenwerdens unter den Bedingungen kultureller und sozialer Transformationsprozesse. Von der Erwachsenenwelt werden sie nicht selten als problematisch etikettiert. Probleme, die Jugendliche bereiten, sind allerdings nicht objektiv festzulegen, sondern erst nach der sozialen Reaktion der Gesellschaft zu bestimmen. Eine zentrale Fragestellung läuft darauf hinaus, wie Reaktionen der Erwachsenengesellschaft jugendliches Verhalten als etwas bestimmen, das verändert werden sollte. Probleme wie Alkoholismus, Drogenabhängigkeit, Selbstverletzungen, Aggressionen, Gewalt oder Delikte deute ich als Symptome bzw. Reaktionsweisen von Jugendlichen auf gesellschaftliche Bedingungen und den Umgang der Erwachsenengesellschaft mit ihnen. Jugendliche, die im Mittelpunkt der empirischen Analysen stehen, bewegen sich in gesellschaftlichen Randzonen und sind sozialen Risiken und Anzeichen von Prekarisierung in hohem Maße ausgesetzt. Sie sind bzw. waren mit sozialstaatlichen Maßnahmen und Institutionen konfrontiert.

Vor allem die Veränderungen des psychosozialen Moratoriums sind für die Analyse und Interpretation der Lebenswelten der für diese Arbeit bedeutsamen Zielgruppe prekarisierter Jugendlicher relevant: Als zentral erscheint die Frage nach den Sinnstrukturen, die Jugendliche ihrer Lebenswelt verleihen und den Konstruktionen von Ich-Identitäten. Der kulturell gebrochene Sinn für zeitliche Kontinuität, der aus sozialstrukturellen Gegebenheiten wie etwa einer direkt an die Jugendphase anschließende Arbeitslosigkeit oder perspektivenloser Aufenthalte in institutionellen Settings resultiert, erschwert die Ausbildung einer Erwachsenenidentität dieser Jugendlichen.

Institutionen als Theorien über gesellschaftliche Verhältnisse

Die zweite Blickrichtung, die dieser Arbeit zugrunde liegt, betrifft institutionelle Arrangements des österreichischen Sozialstaates, der in seiner Ausprägung jenem Regierungstyp zuzurechnen ist, der von Gösta Esping-Andersen als konservativ-korporatistisch bezeichnet wurde (Esping-Andersen, 1990).

Mary Douglas definiert Institutionen als Theorien, die die Gesellschaft von sich selbst hat. Die Frage der Gestaltung sozialstaatlicher Intervention, die sich innerhalb von Institutionen vollziehen, ist so als eine Frage in Bezug auf politisch vorherrschende Vereinbarungen zur Gestaltung des Sozialen zu verstehen. Die institutionalisierte Form Sozialer Arbeit ist Teil des wohlfahrtsstaatlichen Arrangements, die soziale Integration verspricht und für die Aufrechterhaltung einer sozialen Ordnung beauftragt wird. Sozialstaatliche Veränderungen manifestieren sich in der Ausgestaltung sozialer Institutionen und deren Programme. Sozialstaatliche Institutionen werden daher als Handlungsräume und Konfliktfelder betrachtet, in denen die Ausübung staatlicher Macht und Beauftragungen beobachtbar ist, in denen sowohl staatliche Akteure als auch betroffene Gruppen agieren. Staatliche Machtausübung ist nicht allein als einseitige Durchsetzung des staatlichen Gewaltmonopols zu begreifen. Erst in der Interaktion mit Individuen oder Gruppen, auf die das staatliche Handeln abzielt, nimmt staatliche Macht Gestalt an.

Von wesentlicher Bedeutung im Kontext der Institutionenforschung sind Michel Foucaults Theorieansätze zur Gouvernementalität, die in dieser Arbeit vor allem in Institutionen mit geschlossenem Charakter und in Institutionen, die eine Aktivierungspolitik vorantreiben, zur Anwendung kommen. Staatliche Institutionen werden nach Foucault begriffen als Instanzen der „Diskurskontrolle". Der Staat, so Foucault, erfasst immer mehr Machtverhältnisse, die Gesellschaft wird zunehmend verstaatlicht und menschliche Verhaltensweisen werden institutionalisiert (Vgl. Foucault 2004b).

Gerade die Kombination von Techniken der Selbst- und Fremdführung lässt sich für die vorliegende Arbeit, die das Denken der Institutionen und das Handeln der Jugendlichen gleichermaßen in den Blick nimmt, fruchtbar machen. Als wesentliche Erkenntnisquelle dient dabei die Idee, dass der (Neo-) Liberalismus Freiheiten produziert und die Möglichkeitsbedingungen, in denen Individuen frei sein können, organisiert. Eben diese Produktivität und ökonomische Nützlichkeit von Freiheit wirkt allerdings repressiv auf die Einzelnen zurück. Das Paradoxon besteht darin, dass die Regierung im Foucaultschen Sinne Subjektivität nicht unterdrückt, sondern die *Selbstproduktion* fördert. Diese Art von Selbstverwirklichung wird durch das gesellschaftliche Leitbild des autonomen Subjekts durchgesetzt. Die Entwicklung eines politischen *double-binds* läuft darauf hinaus, dass aufgrund der gleichzeitigen Individualisierung und Totalisierung eine Trennung zwischen Gesellschaft bzw. Staat und Individuum kaum mehr möglich ist (Vgl. Foucault 2004a).

Daraus ergeben sich neue Grenzlinien des Politischen, die nicht nur in einer Beschränkung der Rolle des Staates liegen, sondern in einer Ausbreitung jener Mechanismen, die Gilles Deleuze unter dem Begriff der „Kontrollgesellschaften" subsumierte (Vgl. Deleuze 1993). Als Prozesse kontinuierlicher und schleichender Formung des Verhaltens, die über *lebenslanges Lernen*, *Flexibilität bei der Jobsuche* oder *permanente Fort- und Weiterbildung* als Praktiken umgesetzt werden, kommen, wenn sie auf bestimmte Personen ausgerichtet werden, nicht ohne eine Intensivierung disziplinierender Maßnahmen aus. Nicht nur der europaweite Anstieg der Gefangenenzahlen[3] spricht als Indiz dafür, auch neue sozialstaatliche Methoden breiten sich als Separationsmechanismen aus, um bestimmte Personen oder Orte als Objekte

[3] Die Wachstumsrate der Häftlingszahlen zwischen 1983 und 1997 beträgt beispielsweise für Holland 240 %, für Spanien 192 %, für Portugal 140 %, für England 43 % und für Frankreich 39 %. Die steigenden strafrechtlichen Repressionen beziehen sich nicht auf die *gefährlichen Klassen*, sondern vor allem auf durch den Arbeitsmarkt marginalisierte und prekarisierte Personen, insbesondere auf Jugendliche und Ausländer. Sie haben die Wahl zwischen der Akzeptanz unsicherer Beschäftigungsverhältnisse oder den Sanktionen des Strafvollzugs (Wacquant 2000, 94ff.).

spezieller Fürsorge zu problematisieren[4] und sie als *widerspenstige Kategorien* zwischenzulagern: Nicht nur Gefängnisse, auch Erziehungscamps können als Einfassungen oder Überlaufbecken eines prekarisierten Arbeitsmarktes betrachtet werden.

Seitdem es eine Geschichte der Verhaltenssteuerung gibt, existieren Separationstendenzen: Die Separation von Armut und Pauperismus im 18. Jahrhundert, die Ausbreitung spezieller Fürsorgeeinrichtungen für besondere Bevölkerungsgruppen im 19. Jahrhundert, die Ende des 19. Jahrhunderts einsetzenden Diskurse über den Aufbau bürokratischer Selektionssysteme, die problematische Personen in exakt definierte Kategorien einteilten und je spezifisch abgestimmte Sozialmaßnahmen entwarfen.

In den letzten 20 Jahren zeichnete sich in Europa eine Denkhaltung ab, die Personengruppen, auf die sozialpolitische Maßnahmen gerichtet sind, als zerstreut, fragmentiert und voneinander getrennt wahrnimmt. Nachdem sie keine zusammenhängende Bevölkerungsgruppe mit gemeinsamen Merkmalen mehr bilden, können sie nicht mehr von einem einheitlichen Sozialdienst gemanagt werden. Ein loses Netz aus Spezialisten und Experten hat sich gebildet, die für je spezifische Probleme zuständig sind: Weiterbildungsangebote für jene, die aus dem Arbeitsmarkt gefallen sind oder gar nie drin waren, Rehabilitationsmaßnahmen für Drogensüchtige, Jugendlager für Schwererziehbare, Unterricht in sozialen Kompetenzen für Obdachlose, spezielle Heime für Alkoholiker etc. Zugleich werden diese Personengruppen ethisch wie räumlich wieder zusammengefasst: In Bezug auf ihren Status wird ihnen eine aktive Rolle zugesprochen, die sich auf Strategien wie Fähigkeiten bezieht, ein eigenständiges Leben zu führen. Mit diesen Entwicklungen bildet sich ein neuer Bereich des Managements von gesellschaftlichen Problemgruppen und Mikrosektoren heraus, der durch eine Fülle von Einrichtungen und Maßnahmen markiert wird und Sozialarbeiter beschäftigt, die an den Rändern der Gesellschaft tätig sind.

Vor dem Hintergrund der skizzierten Transformationsprozesse erscheint es als angemessen, den Begriff des *Neo-Sozialen* näher zu bestimmen. In Anlehnung an Stephan Lessenich ist, von Kritikern des Neoliberalismus vehement in Frage gestellt (Vgl. z. B. Bourdieu 1997a), eine Reformierung des bisherigen wohlfahrtsstaatlichen Arrangements zu konstatieren und weniger ein Rückzug des Sozialstaates aus seiner Verantwortung. Mit dem Begriff *neo-sozial* kann darauf hingewiesen werden, dass aktuelle politische

[4] Insbesondere in europäischen Ländern mit starker staatlicher Tradition lässt sich eine „konzentrierte Intensivierung sozialer und strafrechtlicher Maßnahmen bezüglich der Bevölkerungskategorien, die von den Veränderungen der Arbeitsbedingungen und der entsprechenden Neugestaltung einer protektionistischen Politik dauerhaft marginalisiert wurden", feststellen (Wacquant 2000, 97).

Re-Strukturierungsprozesse des Sozialen, das seit dem zweiten Drittel des 19. Jahrhunderts in Form eines wohlfahrtsstaatlichen Arrangements Realisierung fand und in Form sozialer Sicherungssysteme und der Sozialen Arbeit institutionalisiert wurde, seine bisherige Gestalt transformieren. Die Rede von einer *neo-liberalen* Gesellschaft suggeriert, dass das alles bestimmende Prinzip das des Marktes sei, das politische Regulierungen vollkommen zurückdränge. Der Begriff des *Neo-Sozialen* hingegen macht darauf aufmerksam, dass die bisherige wohlfahrtsstaatliche Formation zwar unter der Hegemonie marktförmiger Logiken verändert wird, sie aber keineswegs völlig verschwindet (Vgl. Kessel/Reutlinger/Ziegler 2007).

2. Gesellschaftliche und kulturelle Veränderungen

Für die Reproduktion der Struktur des sozialen Raumes spielt das familiale Erbe eine entscheidende Rolle[5] (Vgl. Bourdieu 1997a). Konnte im sozialen Kapitalismus davon ausgegangen werden, dass die nachfolgende Generation mindestens den Status Quo der vorausgehenden erreicht, ist unter den heutigen Bedingungen eines *anders organisierten Kapitalismus* (Vgl. Lemke/Krasmann/Bröckling 2000)[6] dieses Prinzip der Gerechtigkeit zwischen den Generationen außer Kraft gesetzt. Konnte die Nachkriegsgeneration tatsächlich noch auf die Fortschrittsgedanken ihrer Eltern zählen, so nehmen sich die Wünsche heute entschieden bescheidener aus, wie es der Soziologe Hans Georg Zilian für die Situation seiner eigenen Kinder, Jugendliche von heute, auf den Punkt bringt:

> „Für meine Kinder würde ich weiterhin den banalen Wunsch hegen, daß sie es einmal besser haben werden, doch fürchte ich, daß sie dabei sind, in eine extrem komplizierte und unwirtliche Welt aufzubrechen" (Zilian 2005, 13).

Die Reproduktionskrise ist in mehrerlei Hinsicht erfahrbar: Als Erfahrung subjektiven Scheiterns hinsichtlich der gesellschaftlichen und eigenen Erwartungen der mittleren Generation, als kollektiv geteiltes Schicksal und als intergenerationeller Zusammenhang, bei dem familiale Erwartungen systematisch enttäuscht werden (Vgl. Schultheis 2005, 579).

---

[5] Familiales Erbe im Sinne Bourdieus weist weit über materielle Aspekte des Erbens hinaus: Es umfasst symbolische, kulturelle und soziale Faktoren, die sich im Streben der Herkunftsfamilie (des Vaters) nach einem Fortdauern familiärer Normen, Werte und Traditionen und der gelungenen Weitergabe milieuspezifischer Dispositionen und Positionen ausdrücken. Unter heutigen Bedingungen permanent wechselnder Anforderungen entstehen Krisen der Reproduktion und Widersprüche der Erbschaftsprojekte. Die Lebenskonzepte unterschiedlicher Generationen laufen gegeneinander: Eine Welt der fixierten Größen und Loyalitäten gegen einen ständigen Wechsel der Bezüge und Referenzgrößen.

[6] Unter der Perspektive der Gouvernementalität wird nicht von einem *deregulierten* Kapitalismus ausgegangen, sondern von einem *anders organisierten* Kapitalismus. Die Trennung von Ökonomie und Politik selbst gilt als ein politischer Prozess. Die Veränderung ihres Verhältnisses ist das Resultat einer Verschiebung gesellschaftlicher Kräfteverhältnisse: Es stellt sich also nicht die quantitative Frage, ob mehr Staat weniger Markt bedeutet oder umgekehrt, sondern die Frage, wie sich die *Topologie des Sozialen* qualitativ verändert hat.

In den 1980er Jahren begann sich in westeuropäischen Staaten wohlfahrtsstaatlicher Prägung eine neue Art von Kapitalismus durchzusetzen, die einschneidende Auswirkung auf zuvor bürokratisch aufgebaute Institutionen, den Arbeitsmarkt und folglich auf das Alltagsleben der Menschen mit sich brachte. Die mit den stabilen institutionellen Strukturen des sozialen Kapitalismus verbundene rationalisierte Zeit ermöglichte es, das Leben als zusammenhängende und kontinuierliche Geschichte zu begreifen, als Ordnung der Erfahrungen. Stabile Arbeitsverhältnisse korrespondierten mit einer Arbeitsethik, die Stetigkeit und Spezialisierungen erforderte; lebenslange Laufbahnen in einer Institution entsprachen einem Leben in einem „stahlharten Gehäuse", das, wie Max Weber analysierte, einer spezifischen Zeitwahrnehmung bedurfte: Die unmittelbare Belohnung wurde zu Gunsten langfristiger Ziele aufgeschoben (Vgl. Weber 1991 [1920]).[7] Die Fragmentierung von bürokratischen Institutionen bedeutet zwar eine Befreiung aus dem „stahlharten Gehäuse", zugleich aber für viele auch eine Fragmentierung ihres Lebens. Mit dem neuen Kapitalismus vollzieht sich ein kultureller Wandel; die neue Sozialordnung orientiert sich an der Idee einer Meritokratie, die nicht auf vergangene Leistungen, sondern auf potenzielle Fähigkeiten und die Bereitschaft, Gewohnheiten aufzugeben, sich von der Vergangenheit zu lösen und sich den Veränderungen flexibel anzupassen, setzt. Geschwächt wird zugleich das moralische Ansehen stabiler Arbeitsverhältnisse, durch die gesellschaftliche Anerkennung immer seltener eingefahren werden kann und die zusehends durch atypische, zeitlich befristete oder projektorientierte ergänzt bzw. ersetzt werden. „Die Kultur des neuen Kapitalismus" (Sennett 2005) entleert den Aufschub der Belohnung als Prinzip der Selbstdisziplin seines Sinns: Die sozialen Voraussetzungen dafür fehlen. Wie es die strategische Wende in der Politik der sozialen Sicherung deutlich macht, gerät der Generationenvertrag unter Druck: Zur privaten Altersvorsorge aufgerufen, treten die mittleren und jüngeren Generationen nicht mehr in ein solidarisches Verhältnis der Gegenseitigkeit, sondern sollen selbstverantwortlich handeln (Vgl. Rose 2000).

Die Vorsorgerhetorik setzt auf die private Investition in ein zukünftig sorgenfreies Leben, während sich die Wahrnehmung der Linearität von Vergangenheit, Gegenwart und Zukunft der angesprochenen Konsumenten längst fragmentiert hat. Diese Fragmentierung spiegelt sich bei den jüngeren Generationen unter anderem in der Schwierigkeit, ihren Vorstellungen über

[7] Max Weber merkte kritisch an, dass ein Mensch, der die Disziplin des Aufschubs gelernt hat, es oft nicht zulassen kann, ans Ziel zu kommen. Unzufrieden mit dem, was er hat und unfähig, sich am Erreichten zu freuen, wird der Aufschub zur Lebensform (Vgl. Weber 1991 [1920]).

die Zukunft sprachlichen Ausdruck zu verleihen: Ambitionen kommen eher als amorphe Wünsche denn als langfristig geplante Ziele daher.

Die Kritik der so genannten Neuen Linken am Kapitalismus in den 1970er und 1980er Jahren thematisierte berechnende Kalkulationen und kühle Bilanzierungen, die Kritik am wohlfahrtsstaatlichen System Entmündigungs-, Überwachungs- und Kontrollpraktiken, die die Freiheit, Kreativität, Authentizität, Einzigartigkeit und Selbstbestimmtheit der Einzelnen beschneiden. Wie Luc Boltanski und Ève Chiapello zeigen, war der Kapitalismus seinen Kritikern überlegen: Er eignete sich die Kritik an und wehrte sie damit ab. Der „neue Geist des Kapitalismus" formierte sich, indem er auf Orientierungen setzte, die einstmals als Kritik an ihm zu lesen waren – neue Arbeitsplatzstrukturen und Unternehmensorganisationen richten sich an eigenverantwortliche, emanzipierte, autonome Individuen (Boltanski/Chiapello 2003). Dass über die Zerschlagung starrer Bürokratien Gemeinschaften, direkte zwischenmenschliche Beziehungen des Vertrauens und der Solidarität hervorgebracht werden könnten, entsprach dem Wunsch der Neuen Linken, der sich auf pervertierte Weise realisierte: Zeitgleich mit der Entstehung der Idee der Gemeinschaft in den späten 1960er Jahren als mögliches Gegengift gegen die Isolierung des Einzelnen in der Massengesellschaft, setzte ein Community-Diskurs der Behörden ein: Die Polizei sprach von *Criminal Communities*, um die Probleme zu begreifen, mit denen sie an sozialen Brennpunkten konfrontiert war, Sozialarbeiter fassten Drogenabhängige und gefährdete Jugendliche unter dem Begriff der *Risk Communities* zusammen. Durch diese Kulturalisierung werden Fragen über Machtverhältnisse ausgeblendet und soziale Disparitäten verunklärt; der Gegensatz von *Oben-Unten* verwässert sich durch die einseitige Opposition von *Innen-Außen* (Vgl. Schiffauer 1997). Zu Gunsten dieser kulturalisierten Gemeinschaftskonstruktionen verändert sich die Ordnung kollektiver Verantwortung und Pflicht: Pflichten und Verantwortungen werden in einer Weise neu geordnet, die sich auf den Einzelnen selbst und ein eng umgrenztes Netz aus anderen Individuen in ähnlicher Lage beziehen. Dieser Wandel der moralischen Verantwortung spiegelt sich in einer mikropolitisch strukturierten Welt, die mit einem am Einzelnen orientierten Ethos neoliberaler Politik verwoben ist: Mit der individuellen Wahlfreiheit, dem eigenverantwortlichen Handeln, der Herrschaft über das eigene Schicksal, dem selbstbestimmten Leben (Vgl. Rose 2000). So geraten immer mehr Menschen in die Zwänge des neuen Geistes des Kapitalismus. Den neuen Orientierungen nicht zu entsprechen, heißt demnach, selbst zu scheitern. Die von außen geforderte Flexibilität auf der einen und die Erfordernis, nach seinen eigenen, tief sitzenden Gefühlen und Überzeugungen handeln zu müssen auf der anderen Seite, lässt die Diskrepanz zwischen eigenem und gesellschaftlich konstruiertem Leben immer größer werden (Vgl. Malli 2007, 517).

Die *geprellte* (Bourdieu 1997a) oder *gefangene* (Katschnig-Fasch 2003) Generation, heute zwischen 40 und 50 Jahre alt, ist die erste, die (in den 1980er Jahren) mit den prekarisierten Elementen des Arbeitsmarktes des neuen Kapitalismus und mit der Kultur, die er hervorgebracht hat, konfrontiert wurde, ohne darauf vorbereitet gewesen zu sein. Die Welt, in die sie eintraten, ist nach anderen als den erlernten und tradierten Wertorientierungen strukturiert. Lebensläufe, die durch Familientraditionen als selbstverständlich angenommen werden, sind nicht mehr einlösbar. Die selbstverständliche Erwartung der Aufstiegsgesellschaft an die Nachkommen, das Erbe zu erweitern oder zumindest den Status der Eltern zu erreichen, kann sie nicht mehr erfüllen. Die geprellte Generation ist gefangen zwischen den Gewohnheiten, tradierten Wertegefügen und neuen Erfordernissen, zwischen nicht mehr gültigen Verbindlichkeitsregelungen und für sie neuen, scheinbar regellosen Bedingungen. Die Folgen spiegeln sich in fatalen Konflikten und Zerreißproben, in als leidvoll erlebten Unvereinbarkeiten, die das aus dem Gleichgewicht geratene Verhältnis zwischen kultureller Identität und dem Takt einer neuen Zeit charakterisieren (Vgl. Katschnig-Fasch 2003). Die Selbstverständlichkeit einer linearen und kontinuierlichen Biografie ist gebrochen. Beispielsweise sind die Kinder aus Familien der traditionellen Arbeiterklasse heute zwar besser ausgebildet als ihre Eltern, das schulische Kapital allerdings ist nicht mehr das wert, was die Elterngeneration in ihm sah. Sie befinden sich in kaum besseren, oft schlechteren sozioökonomischen Situationen als ihre Eltern. Nicht nur ihre finanziellen Notlagen, vor allem die Diskrepanz zwischen Versprechen und Anspruch der Fortschrittsgesellschaft auf der einen und dem tatsächlich erreichten Status auf der anderen Seite werden als leidvoll erlebt. An ihren Erfahrungen sind Brüche ablesbar, die mit besonderer Wucht ihre Teilhabechancen am öffentlichen Leben und die Gestaltungsmöglichkeiten ihres privaten Lebens einschränken.

Die zweite Generation des Prekariats, die Jugendlichen von heute, ist im Unterschied zu ihren Eltern bereits mit Prekaritätserfahrungen aufgewachsen. Der Jugendsoziologe Olivier Galland hatte bereits 1984 das Thema der Präkaritätserfahrungen im Übergang zum Erwachsenendasein eingeführt und argumentiert, dass die Statuspassage ins Erwachsenenleben von einer wachsenden Unbestimmtheit und veränderten Formen dieses Übergangs geprägt sei, die Ausdruck eines tief greifenden sozialen Wandels seien (Vgl. Galland 1984). In der Verschärfung dieser Entwicklung, in der atypische Beschäftigungsbedingungen mittlerweile als typische Bedingungen zu bezeichnen sind, vertiefen sich die Gräben zwischen Erwachsenenwelt und Jugendlichen: Zwar ist in der wissenschaftlichen Literatur das Thema der Prekarität bisher erst marginal untersucht, es lässt sich aber argumentieren, dass die jungen Generationen von den sozialen und kulturellen Transformationen am stärksten betroffen sind. Die Prekarität des sozialen Status und der positionellen

Anerkennung, beide charakteristisch für das Jugendalter, lösen sich nicht mehr auf und führen in ein Dispositiv der Verlängerung eines paradoxen Moratoriums, das mit den jetzt erhöhten Erwartungen an einen Übergang in den Arbeitsmarkt verknüpft ist (Vgl. Schultheis 2007). Somit ist die Statuspassage von der Kindheit zum Erwachsenenalter, von der Ausbildung in eine Berufslaufbahn und von der Herkunftsfamilie auf den Heiratsmarkt bzw. in die Gründung einer Lebensgemeinschaft, unter den Bedingungen des gegenwärtigen Arbeitsmarktes für Jugendliche mit einer doppelten Unsicherheit verbunden: Mit der ökonomischen und sozialrechtlichen Prekarität geht eine symbolische Prekarisierung einher (Vgl. Plomb 1999/2000). Neben der Verstärkung von Abhängigkeitsbeziehungen von der Herkunftsfamilie oder von sozialen Institutionen des Staates kommt dem Status der *Inaktivität* keine soziale Anerkennung zu. Sie wird im Gegenteil als besondere Konfliktzone wahrgenommen. Der *herumlungernde Jugendliche* ist der neue Topos im öffentlichen Diskurs für den inaktiven Status und signalisiert eine gravierende kulturelle Bedeutungsverschiebung der Jugendphase als Entwicklungsspielraum: Der legitime, gesellschaftlich anerkannte, mit kulturellen Erwartungen und Bedeutungen aufgeladene Status des Adoleszenten bildet heute einen Status mit negativem Charakter und wird mit Faulheit und Gefährdung der Sicherheit und Ordnung assoziiert.[8]

[8] „The Mosquito" beispielsweise ist ein Ultraschall-Störgeräuschsender, dessen Ziel es ist, über Schallwellen in hohen Frequenzbereichen, „herumlungernde" Teenager zu vertreiben. Als „Schallwaffen gegen die Kinder der Gesellschaft" (http://www.spiegel.de/schulspiegel/leben/0,1518,549176,00.html) wird das Gerät über einen Schalter, eine Zeitschaltuhr oder einen Bewegungsmelder eingeschaltet, wenn es benötigt wird. Dadurch soll gezielt die Bildung von Gruppen Jugendlicher an bestimmten Orten verhindert werden.

3. Methodischer Zugang

Am Beginn der Entwicklung einer Theorie der Praxis, in der Jugendliche als aktive Gestalter der Bedeutungen und symbolischen Formen und als aktiv Handelnde in der Kultur erkannt werden, steht Paul Willis Studie „Learning to labour“ (1977). Entgegen dem Konzept einer jugendlichen Subkultur, das Jugendliche als Opfer gesellschaftlicher Verhältnisse darstellt, orientiert sich Willis am Zusammenhang zwischen Struktur und Handlung der Einzelnen: Die deterministische Sicht auf Jugendliche als passive Empfänger von Kultur wird um den Praxisgedanken erweitert, ohne die Auswirkungen kultureller Muster auf das Verhalten der Jugendlichen zu vernachlässigen. Sowohl in der Ethnologie als auch in der Soziologie hat sich die Forschungsrichtung einer Praxeologie seit den 1970er Jahren etabliert (Vgl. u. a. Bourdieu 1979).

Die Frage, inwieweit Jugendliche sich durch ihre Handlungen an Machtverhältnissen beteiligen und auf welche Weise dieses Verhalten von den gesellschaftlichen Strukturen bestimmt wird, impliziert methodische Aspekte. Willis hat darauf hingewiesen, dass qualitativ ethnologische Feldforschungsmethoden das Kulturelle als „das Produkt einer kollektiven, menschlichen Praxis“ zu fassen imstande und geeignet sind,

> „ein hohes Maß der Aktivität, Kreativität und des menschlichen Potentials beim Studienobjekt in die Analyse […] eingehen zu lassen“ (Willis 1977 [dt. 1982], 15f.).

Die spezifische Qualität des in dieser Arbeit analysierten Forschungsmaterials konnte erst durch einen methodischen Pluralismus gewonnen werden.

Die Ethnopsychoanalytikerin Florence Weiss plädiert in ihrer Kritik an den Methoden der Datenaufnahme der Vertreter der Kultur- und Persönlichkeitsschule der amerikanischen Kulturanthropologie der 1920er und 1930er Jahre für eine Jugendforschung, die Kinder und Jugendliche als dialogfähige Wesen ernst nimmt, anstatt sie auf unmündige, unzuverlässige Studienobjekte, die sich im Durchgangsstadium zum rationalen Erwachsenenstatus befinden, zu reduzieren (Vgl. Weiss 1995). Der Anspruch der Überlegenheit Erwachsener in rationaler wie in moralischer Hinsicht gegenüber Jugendlichen entspringt einer Definitionsmacht zugunsten der Erwachsenen, die wissenschaftlich begründet wurde, beispielsweise durch das Entwicklungsstufenmodell von Jean Piaget (1972). Informationen wurden über Jugendliche gesammelt, in den seltensten Fällen aber waren Jugendliche aktiv am Forschungsprozess beteiligt.

Jugendliche als dialogische Gesprächspartner ernst zu nehmen und für ihre kulturellen Kompetenzen aufmerksam zu sein, stellt vor spezifische Herausforderungen. Prinzipiell ist jede Gesprächsbeziehung zwischen Forschenden und Beforschten eine soziale Beziehung, die Effekte auf die Interviewergebnisse ausübt. Die Objektivierung der Gesprächspartner durch eine Autoritätshierarchie, aber auch gender-, alters- und feldspezifische Codes beeinflussen die Gesprächsbeziehung. Bereits in der Struktur dieser Beziehung sind Verzerrungen angelegt. Sie während der Beobachtungs- und Gesprächssituation zu erkennen und zu kontrollieren und als Ergebnisse in die Analyse der Gespräche mit einzubeziehen, bezeichnet Pierre Bourdieu als Konstruktions- und Verstehensarbeit (Vgl. Bourdieu 1997a). Sie schließt eine die gesamte Forschungsphase begleitende Reflexion der sozialen Position der Forschenden ein. Insbesondere in der Arbeit mit Jugendlichen kommt diesem Anspruch eine große Bedeutung zu, ist doch ihre Erfahrung in der Kommunikation mit Erwachsenen durch Machthierarchien geprägt und jene zwischen Forschenden und Jugendlichen nicht nur durch soziale, sondern auch durch altersspezifische Asymmetrien charakterisiert. Die ethnopsychoanalytische Methode des „Sich-Einlassens auf das Gegenüber“ (Vgl. Weiss 1995) sensibilisiert für die Effekte der Beziehungsdynamik zwischen Befragten und den Befragenden und fordert eine kritische Selbstreflexion ein. Die Bewusstmachung dieser Effekte macht sie zugleich für den Erkenntnisgewinn nutzbar.

In der Begegnung mit den Jugendlichen wurde eine Form der egalitären Kommunikation gewählt, die sich als *aktives Zuhören* in einer dem Alltagsgespräch weitgehend angepassten Form des Interviews konkretisierte. Diese Form des Verstehens ist eine spezifische Implikation anthropologischen Arbeitens, die von einer prinzipiellen Aufmerksamkeit für die kulturelle Kompetenz des Anderen ausgeht. Jener Kommunikationsprozess zwischen Jugendlichen und Forschenden, der die Voraussetzung für ethnologisches Verstehen schafft, bedeutet eine wechselseitige Transformation des Wissens zwischen Gesprächspartnern (Vgl. Greverus 1990).

Der verstehende Zugang zu Jugendlichen

Die vorliegende Arbeit orientierte sich in der Durchführung und analytischen Bearbeitung der Tiefeninterviews mit Jugendlichen am Verstehenskonzept Bourdieus (Vgl. 1997a). Der Interpretation und Analyse des Datenmaterials wurde eine ethnopsychoanalytische Supervision durch Florence Weiss zur Seite gestellt, die sich als hilfreicher Schlüssel des Erkennens eigener Abwehrreaktionen, moralischer Vorstellungen und Ängste oder anderer Emotionen in konfliktvollen Beziehungen und Beziehungsdynamiken zwischen Jugendlichen und mir erwies.

Durch die Bewusstmachung spezifischer Effekte, die mit der Person der Forscherin in Zusammenhang gebracht werden können, objektivieren sich die Forschungserkenntnisse. Darin liegt der wissenschaftliche Wert eines ethnopsychoanalytischen Zugangs. Spezifische Aspekte waren zentral, um Jugendliche in ihren Problemlagen zu verstehen.

Beispielsweise begegnete ich immer wieder der Situation einer zeitlichen Unzuverlässigkeit, die sich zu einer Unerreichbarkeit der Jugendlichen, mit denen ich Gesprächstermine vereinbart hatte, steigerte. Nicht nur, dass sie mich ständig *sitzen ließen*, sie deaktivierten zudem ihre Handys. Das ärgerte mich und meine Deutung ihres Verhaltens war zunächst von einer Art moralischen Panik über die *heutige Jugend* geprägt. Die Regelmäßigkeit der Nichteinhaltung von Abmachungen machte mir aber bald klar, dass sich im Verhalten der Jugendlichen ein anderer, mir fremder Umgang mit Zeit und Loyalitäten spiegelte, der auf einer Art Sozialisierungsprozess in einer flexiblen und individualisierten Gesellschaft basiert. Wenn es zur Selbstverständlichkeit wird, in der Arbeitswelt nicht gebraucht oder immer wieder gekündigt zu werden, auf Zeit zu arbeiten und damit je nach Bedarf, verlieren sich lineare Zeitstrukturen. Wenn sich binnen kurzer Zeit Phasen des Jobbens, der Arbeitslosigkeit und Sozialhilfe oder des gänzlich Exkludierten aus gesellschaftlicher Teilhabe abwechseln, werden Tagesabläufe unklar. Bereits die Marienthalstudie (Jahoda/Larzasfeld/Zeisl 1975 [1932]) machte auf die Zusammenhänge zwischen Arbeitslosigkeit und Zeitempfinden aufmerksam. Mit ihrer Arbeit haben die Arbeitslosen die Kleinigkeiten verloren, in denen sich eine gesellschaftlich anerkannte Funktion realisiert und manifestiert: Gesetzte Ziele, Erfordernisse, Dringlichkeiten, wichtige Verabredungen, zu erledigende Arbeiten, Fristen, Termine, Fahrzeiten öffentlicher Verkehrsmittel. Dieser Anreize und Hinweise, die sich richtungweisend auf das soziale Leben auswirken, beraubt zu sein, lässt die freie Zeit als tote Zeit erleben, als „Zeit für nichts, die ihren Sinn verloren hat" (Bourdieu 1997b, 143). Vom gesellschaftlichen Spiel ausgeschlossen zu sein und in einer Nicht-Zeit zu leben, von der nichts zu erwarten ist, führt zu Lethargie oder zu Aktivitäten, die eine finalisierte Zeit wiedereinzuführen versuchen: Pferdewetten, Fußballtoto, Glücksspiele,

> „die Möglichkeit bieten, für einen Moment, bis zum Ende der Partie oder bis zum Sonntagabend, die Erwartung" zu befriedigen (Ebda.).

Eine Strategie, auf Unklarheiten und Überflüssigkeit zu antworten, ist, die äußere Logik zu verinnerlichen. Die Rasanz der Veränderungen der Lebenssituationen der Jugendlichen, mit denen ich sprach, machte bewusst, dass die Verantwortung der Erwachsenengesellschaft ihnen gegenüber allenfalls eine provisorische ist. Umgekehrt haben sie nichts zu verlieren oder zu gewinnen, weil die Spielregeln nicht definiert bzw. veränderlich sind.

Ihre Strategie, auf mich zu antworten, wie sie es dem Rest der Erwachsenengesellschaft gegenüber tun, nämlich mit Rückzug und Unsichtbarkeit, machte mir auch die Abhängigkeitsverhältnisse klar: Plötzlich war ich diejenige in Warteposition, abhängig davon, ob und wann sie mit mir reden wollten. Der erwachsene Anspruch von Überlegenheit verkehrte sich zu meinen Ungunsten.

Im Verlauf der Feldforschungsphase war ich immer wieder mit emotionalen Herausforderungen konfrontiert. Dass es reine Befragungssituationen gibt, die zum einen von emotionalen und psychischen Befindlichkeiten bereinigt, zum anderen von Aufzwingungs- und Herrschaftseffekten frei wären, gilt als Illusion einer positivistischen Wissenschaft (Vgl. Bourdieu 1997a). Jede Beziehung ist eine emotionale und soziale. Das Soziale verweist in diesem Sinne darauf, ein Gegebenes als präkonstruierten Gegenstand zu behandeln, an dem man selbst mitgewirkt hat. Das Emotionale verweist darauf, die Grenzen zwischen Forscherin und nach ethisch moralischen Vorstellungen handelnder Person auszuloten. Mit und über Jugendliche in Problemlagen zu forschen, fordert dazu heraus, die Grenzen der Kompetenzen zu erkennen und festzulegen, welche Bereiche der Lebenswelten und Lebenserfahrungen Jugendlicher in die wissenschaftliche Analyse aufgenommen werden oder Teil eines persönlichen Zu- und Umgangs in der Konfrontation mit Jugendlichen bleiben. Wenn an mich als Forscherin von einer 16-jährigen Jugendlichen die Entscheidungsfrage herangetragen wird, ob sie abtreiben soll oder das Kind gebären, um es zur Adoption frei zu geben, schlüpfe ich aus meiner Rolle und beantworte die Frage nach meinen habituell geprägten Vorstellungen und Werthaltungen.

Dass die Interviews in den meisten Fällen so, wie sie abliefen, abgedruckt wurden, entspricht dem wissenschaftsethischen und gesellschaftspolitischen Anspruch des Verstehens. Mit Bourdieus „Elend der Welt" (1997a) wurde der Anspruch, Menschen, die im öffentlichen Leben wenig Gehör finden, eine Art Megaphon zu bieten, realisiert. Vor allem das Transparentmachen der Stimme der Forscherin in den Interviews, ihrer Irritationen und Nachfragen kann als Beitrag dazu gesehen werden, die Machtasymmetrie zwischen Forschenden und Beforschten zu mildern und eine annähernde Egalität herzustellen, anstatt in den immer angenehmeren Hintergrund zu treten.

Um den Unterschied zwischen ethnopsychoanalytischem Zugang und dem hier gewählten Forschungszugang, der sich am Bourdieuschen Verstehenskonzept orientiert zu verdeutlichen, soll im Folgenden anhand der empirischen Arbeit „Die dreisten Frauen" (1991) von Florence Weiss näher auf die Arbeitsweise der Ethnopsychoanalyse eingegangen werden. Die beiden methodischen Ansätze werden anschließend in ihren markanten Unterscheidungspunkten verglichen.

Die Ethnopsychoanalyse unterscheidet sich von anderen ethnologischen Schulen darin, die Subjektivität der Forschenden als gezieltes Erkenntnisinstrument einzusetzen und mit psychoanalytischer Erfahrung zu arbeiten. Weiss beschreibt im Kapitel „Ethnopsychoanalyse" in „Die dreisten Frauen" episodenhaft und detailliert einige Begegnungen mit ihrer Gesprächspartnerin Miat in Papua Neuguinea. Der Leser kann die Begegnungen in zeitlicher Abfolge nachempfinden, so, wie sie stattgefunden haben.

Die Offenlegung der Empfindungen, Wahrnehmungen, Reflexionen und Selbstreflexionen der Feldforscherin ist zum einen ein wissenschaftsethischer Anspruch, dem die Ethnopsychoanalyse folgt, zum anderen eine forschungsspezifische Erkenntnisquelle (Vgl. Weiss 1991, 101).

Das ethnopsychoanalytische Gespräch fordert eine intensive Beziehung mit den Gesprächspartnern heraus. Die mit qualitativen Interviewmethoden allgemein übliche Datengewinnung der individuellen Geschichte des Interviewten und der gesellschaftlichen Strukturen, in die das Leben des Gesprächspartners eingebettet ist, erweitert sich im ethnopsychoanalytischen Gespräch durch die Aufmerksamkeit und Reflexion der Interaktion zwischen den Gesprächspartnern. Prinzipiell ist jedes Gespräch, das im Alltag vorkommt, als Prozess der gegenseitigen Beeinflussungen zu betrachten. Das ethnopsychoanalytische Forschungsgespräch will darüber hinaus dem Gegenüber Raum geben und das Gegenüber verstehen: Die Beziehung zwischen Weiss und ihrer Gesprächspartnerin Miat ist, wie Weiss schreibt, „anders":

> „Sie ist nicht weniger von Gefühlen getragen als irgendeine Beziehung zwischen zwei Frauen, die Gefallen aneinander finden. Auch an Problemen fehlt es nicht. Was unsere Beziehung unterscheidet, ist meine Einstellung. Ich möchte verstehen, was Miat bewegt, was sie denkt und fühlt" (Weiss 1991, 101).

Neben der wissenschaftlichen Neugierde, die sich im *Was und Wie* ausdrückt, ist die Frage nach dem *Warum* für das Verstehen des Anderen von zentraler Bedeutung. Das Verstehen des Anderen erscheint als zentrale Erkenntnisquelle: Es geht darum, den Zusammenhang zwischen Leben, Ausdruck und Verstehen zu klären. Durch die Aufmerksamkeit für die Beziehungsdynamik werden sowohl Störungen der Gesprächsbeziehung, die Sicht des Forschers auf den Forschungsgegenstand, als auch die Dynamik des Gespräches selbst zu einer wesentlichen Informationsquelle der sozialen und kulturellen Bedingungen von Lebenserfahrungen. Die „dichte Beschreibung" als Dramaturgie einer Handlung nach Clifford Geertz etwa genügt den Vorstellungswelten, den Empfindungen und Wahrnehmungen der Anderen nicht: Auch wenn sie noch so faszinierend „mitten in das versetzt, was interpretiert wird" (Geertz 1973, 26), lässt sie die eigene Person des Forschers unaufgedeckt und das Prinzip des Dialogs bzw. der Vielstimmigkeit bleibt uneingelöst. Die Grenzen zwischen Forschenden und Beforschten bleiben zwar auch im ethnopsychoanalytischen Vorgehen aufrecht, aber sie bleiben durch den Austausch in der Beziehung durchlässig. Das Fremde darf als Irritierendes beste-bestehen. Das Andere wird nicht im Zwang des Verstehens im Prozess einer dichten Beschreibung assimiliert. Irritationen werden transparent gemacht:

> „Gestern sah ich dem Treffen mit Miat voller Unruhe entgegen. Ich war damit beschäftigt, mir zu überlegen, wie ich das, was unsere Beziehung belastet, deuten kann. Jetzt bin ich erleichtert“ (Weiss 1991, 100).

Die Attitüden des gegenseitigen Verstehenwollens oder der bedeutungsvollen Differenzen werden bewusst gemacht. Viel elementarer als auf der Ebene des Deutens, fragt sich der ethnopsychoanalytische Zugang, was man versteht und was man gerade nicht versteht. Es ist die Aufmerksamkeit, die man dem Anderen und sich selbst gleichzeitig widmet, der Differenz ebenso wie dem Verbindenden zwischen den unterschiedlichen kulturellen Zugehörigkeiten sowie dem labilen Gleichgewicht zwischen der frei schwebenden Aufmerksamkeit und dem zielgerichteten Forschungsinteresse (Heinrichs 1992, 151).

> „Wie Menschen fühlen und denken, mit Konflikten, Ängsten und Zuneigung umgehen, das kann man weder befragen noch beobachten, sondern nur in Beziehungen erfahren, in die man sich einlässt und die sich vertiefen” (Weiss 1985, 28).

Die Beziehungsdynamik wird zur Informationsquelle, in der die jedem Gespräch inhärenten Phänomene des Widerstandes, der Übertragung und der Gegenübertragung gedeutet werden. Damit wird der dazugehörende Konflikt zum wesentlichen, nicht nur methodischen, sondern auch spezifisch methodologischen Zugang zu Menschen. Die ethnopsychoanalytische Selbstreflexionsmethode gilt ebenso wie eine nachvollziehbare Darlegung des Erkenntnis- und Theorienbildungsprozesses als Kontrollinstanz der Gültigkeit der Interpretation (Vgl. Nadig 1991).

Mit dem Blick auf die emotionalen, psychischen Elemente der Beziehungsdynamik, auf die Reflexion der eigenen Wahrnehmung in der Gesprächssituation, im Forschungs- und im Schreibprozess und der eigenen emotionalen Reaktionen wie der des Gegenübers, wird das Bourdieusche Verstehenskonzept (1997a) um eine Komponente ergänzt. Zwar misst Bourdieu der Beziehung zwischen Interviewer und Interviewten eine wesentliche Bedeutung für die Interpretation dessen, was gesagt bzw. nicht gesagt wird, zu, meint damit aber das soziale Machtgefälle zwischen den Gesprächspartnern. Die Bedeutung der Reflexion gewinnt hier also jene Notwendigkeit, die es ermöglicht, „die Effekte der gesellschaftlichen Struktur, innerhalb der sich dieses Interview vollzieht, wahrzunehmen und zu kontrollieren“ (Bourdieu 1997a, 780) und vor diesem Hintergrundwissen die passenden Fragen zu stellen oder Feedbacks zu geben. Leitgedanke dabei ist es, die Beziehung zwischen den Interviewpartnern als soziale Beziehung zu erkennen, ohne als Forschender in eine narzistische Selbstreflexion zu verfallen. Die Gesprächssituation ist durch die jeweiligen sozialen Stellungen und Positionen der Gesprächteilnehmer geprägt. Die Struktur der Gesprächbeziehung mitzudenken, um Verzerrungen zu erkennen und als Erkenntnisquelle einzubeziehen, ist Teil der Analysearbeit. Dies bedeutet nicht notwendigerweise, diese dem Leser auch transparent zu machen. Vielmehr geht diese Art der Reflexion in den Konstruktionsprozess des Forschungsgegenstandes ein, in einen Konstruktionsprozess, der theoretische Vorarbeit abverlangt, um die Position der Interviewten im sozialen Raum ausmachen zu können und von dort aus verstehen zu können. Der Einzelfall wird damit in seiner Allgemeinheit erkennbar: Personen in ähnlichen sozialen Positionen sind ähnlichen Konditionen und Bedingungen ausgesetzt, die zu ähnlichen Dispositionen und Interessen, zu ähnlichen Praktiken und Werthaltungen führen (Bourdieu 1985, 12). Damit legt Bourdieu seine Perspektive auf soziale Machtverhältnisse, die verstehbar machen, warum die Einzelnen die Welt so und nicht anders erleben.

Auswahlentscheidungen

Auswahlentscheidungen im Forschungsprozess der vorliegenden Arbeit finden sich an unterschiedlichen Stellen. Zunächst musste entschieden werden, welche Personen befragt oder beobachtet werden. Diese Entscheidung folgte nicht dem in der quantitativen Sozialforschung üblichen Kriterium der Repräsentativität, sondern der Repräsentanz für thematische Felder, die aufgrund von Sekundärstudien identifiziert wurden. Das Sampling war somit nicht beendet, nachdem die gesamte vorab festgelegte Stichprobe untersucht war. Es war auch nicht intendiert, eine sozialtopografische Gesamtschau über eine Gruppe von Menschen im Stadtraum Graz vorzulegen. Die Entscheidung der Auswahl der Gesprächspartner orientierte sich an der thematischen Zielsetzung der Untersuchung und den thematischen Feldern, die sich aus der Empirie entwickelten und bearbeitet wurden.

Aus der thematischen Frage nach den kulturellen Arrangements sozialstaatlicher Institutionen, die prekarisierte Jugendliche *auffangen*, ergab sich die Auswahl einer Untersuchungsgruppe, die folgendermaßen charakterisiert ist: Jugendliche im Alter zwischen 15 und 25, die derzeit oder in ihrer Vergangenheit mit sozialstaatlichen Institutionen bzw. sozialarbeiterischen Maßnahmen konfrontiert sind bzw. waren. Im Verlauf der empirischen Erhebung zeigte sich, dass jene Jugendlichen, die sich an Institutionen wenden oder von ihnen erfasst werden, aus Familien, die dem absteigenden Mittelstand zuzuordnen sind, kommen. Viele der befragten Jugendlichen sind als fremd untergebrachte Kinder aufgewachsen, bei Pflegeeltern, in Heimen oder bei

Adoptiveltern. In jedem untersuchten Fall bilden schwierige oder komplexe Familienverhältnisse den privaten Hintergrund. Jugendliche mit Migrationshintergrund finden sich kaum im untersuchten Sample.[9]

Dem theoretischen Sampling von Glaser und Strauss folgend (Vgl. Glaser/Strauss 1998) wurden die Entscheidungen über die weitere Auswahl von Interviewpersonen bzw. Institutionen im Prozess der Datenerhebung und -auswertung gefällt. Es ging weder darum, die Repräsentativität der Stichprobe durch Zufallsauswahl ihrer Mitglieder zu gewährleisten, noch um ihre geschichtete Zusammensetzung. Vielmehr wurden Jugendliche, Institutionen und deren Repräsentanten nach ihrem zu erwartenden Gehalt an Neuem für die zu entwickelnden Erkenntnisse in die Untersuchung einbezogen.

> „Die Kriterien des theoretischen Sampling [...] dienen dazu, die Erhebung und Analyse von Daten noch und gerade während der Theoriegenerierung anzuleiten. Sie werden permanent modifiziert und wohlüberlegt am richtigen Ort und zur rechten Zeit der Analyse in Anschlag gebracht" (Glaser/Strauss 1998, 56).

Das Sampling ist dann beendet, wenn eine theoretische Sättigung erreicht wird, d. h. wenn keine zusätzlichen Daten oder Fälle mehr gefunden werden können, durch die sowohl Eigenschaft wie Aussagekraft der thematischen Bearbeitung weiter entwickelt werden können. Der Erhebungsprozess war beendet, nachdem durch testweise Erweiterung neue Erkenntnisse nicht mehr gewonnen werden konnten.

Auf diese Art und Weise ergab sich eine Gruppierung von vier Fällen um das schwerpunktmäßige Thema der sozialstaatlichen Bearbeitung von gefährdeten Jugendlichen und ihrer Problemlagen. Je Fall kristallisierten sich zusätzliche Themenfelder heraus: Das Verhältnis zwischen öffentlich und privat, der fehlende Vater bzw. die fehlende Familie, Fremdenhass, Gewalt, Absturzangst, Exklusionserfahrungen, fehlende Identitätsentwürfe, Lehrstellensuche und Arbeitslosigkeit.

---

[9] Im Gegensatz zur Gruppe der institutionell unterstützten (vorwiegend österreichischen) Jugendlichen lässt sich bei den jugendlichen Migranten, die Diana Reiners untersuchte, eine retizente Haltung gegenüber staatlicher Betreuung, die als Eingriff in die Familie oder die Privatsphäre erlebt wird, beobachten. Arbeitslosenunterstützung oder andere finanzielle Hilfestellungen werden hingegen in Anspruch genommen, weil sie als erarbeiteter und verdienter Anspruch angesehen werden. Dabei ist ein wesentlicher Unterschied im Verhältnis zwischen Familie und Staat grundlegend. In den Familien aller untersuchten Jugendlichen mit Migrationshintergrund herrscht eine starke Unterstützungsstruktur gegenseitiger Verantwortung und damit einhergehender starker Familienorientierung vor. Diese ökonomische Struktur ist anders als die individualisierten ökonomischen Bedingungen der Jugendlichen, die das Sample dieser Arbeit darstellen, durch ihre Fächerung besser geeignet, die Versorgung aller Familienmitglieder zu garantieren und Einkommenslosigkeit aufzufangen.

Insgesamt wurden mit zehn Jugendlichen Tiefeninterviews und ein Gruppeninterview mit sechs Jugendlichen geführt, die auf Tonband aufgezeichnet und verbatim transkribiert wurden. Je nach Dichte und Relevanz für das Thema wurden die Gespräche weitergeführt. In einigen Fällen zogen sich die Treffen, zum Teil nicht nur für Tiefeninterviews, sondern auch, um ihren Alltag teilnehmend zu beobachten, über einige Monate. Pro Jugendlichen wurden mindestens zwei Interviews, maximal vier Interviews in der Dauer von je etwa ein bis zwei Stunden geführt. In Vorabsprache und Einverständnis mit den Jugendlichen konnten die Perspektiven und Stimmen zweier Mütter als zusätzliche Erkenntnisquelle miteinbezogen werden. Das Experiment, den Jugendlichen eine Kamera zu geben und sie ohne meine Anwesenheit ihren Alltag filmen zu lassen, erwies sich als zusätzlicher Einblick in ihre Lebenswelten.

Aufgrund des angelegten Forschungsdesigns und der wissenschaftlichen Fruchtbarkeit einer Perspektivenpluralisierung wurden Informationsgespräche mit Vertretern von sozialstaatlichen bzw. sozialarbeiterischen Institutionen geführt. Die Informationen wurden als Perspektive der Repräsentanten in ihrer spezifischen institutionellen Sichtweise und damit als Diskursproduktionen behandelt. Teilnehmende Beobachtungen in Institutionen konnten genutzt werden, um die Tagesabläufe und sozialen Interaktionen innerhalb von Institutionen nachzuvollziehen. Insgesamt wurden fünf Institutionen mit unterschiedlichen Schwerpunktsetzungen und sozialpädagogischen Konzepten untersucht. Neben Sozial-, Jugend- und Arbeitsamt wurde in einem Kontaktladen für Jugendliche, die viel Zeit auf der Straße verbringen, einer Drogenrehabilitationsanstalt und einer Institution für arbeitslose sowie lehrstellensuchende Jugendliche geforscht und ein autonomes Jugendzentrum aufgesucht. Durch die Konzentration auf bestimmte Ausschnitte aus den Feldern kann in der vorliegenden Arbeit jener institutionelle Rahmen nachgezeichnet werden, der die Lebenswelten der befragten Jugendlichen umsäumt.

Das Forschungsvorgehen orientierte sich am Forschungsstil der *multi-sited-ethnography* (Marcus 1995), die Mitte der 1990er Jahre einen Paradigmenwechsel weg vom klar abgegrenzten, örtlich situierten Forschungsfeld *(field)* hin zum flexibel lokalisierbaren *site* (Lage, Schauplatz) markiert:

> „Kultur ist nicht fixiert auf Orte, sondern als potenziell mobile, weil kognitiv *und* interaktiv einzubringende Ressource des Denkens und Handelns zu betrachten, die an ganz unterschiedlichen Stellen und Plätzen und ebenso durch unterschiedliche Medien zum Einsatz kommen kann oder zur Schau gestellt, inszeniert wird" (Weißköppel 2005, 49f.).

Als Antwort auf vielschichtige Transformationsprozesse und komplexer werdende Machtverhältnisse lässt sich eine *multi-sited-ethnography* dort fruchtbar machen, wo Daten der Mikroebene auf einer Makroebene kontextualisiert werden. Sie überwindet die etablierte Dichotomie zwischen Lebenswelt und System, indem sie Verbindungen zwischen verschiedenen *cultural sites* fokussiert. Auf methodischer Ebene drückt sich dieses Vorgehen im *assoziativen Vorwärtstasten* aus: Fährten aufspüren, die zu Wegen des Verstehens führen und im Sinne von Flugbahnen eine übergreifende Leitlinie der Forschung bilden (Vgl. Ebda. 2005). Als wesentlich erscheint dieser Forschungsstil hinsichtlich der Generierung der Forschungsfrage im Forschungsprozess, die den entscheidenden Motor für eine örtliche Flexibilität abgibt. Ähnlich wie im Vorgehen der *Grounded Theory* leiten mit der *multi-sited-ethnography* die Bedeutungsverkettungen der Beforschten die Forschenden an. Auf deren Basis werden neue Wege der Recherche erschlossen und neue Orte aufgespürt, um Forschungsgegenstand wie problemzentrierte Forschungsfrage zu präzisieren. Um die Lebenswelten Jugendlicher zu erschließen, war es neben den Gesprächen mit ihnen notwendig, sie in ihrem Alltag teilnehmend zu beobachten, sie zu *begleiten*. Ihre Wege führten mich an jene Orte, denen sie Bedeutung für ihr Alltagsleben beimessen und die für die Fragestellung der Arbeit zu bedeutenden *Schauplätzen* der Interaktion und Aushandlung wurden, in Lokale oder Cafés, in ihre Wohnungen, ihre Familien oder aufs Sozialamt. Über die Erzählungen der Jugendlichen spürte ich Betreuungs- und Rehabilitationseinrichtungen auf, die lokalisierbar in ihrer örtlichen Platzierung Auskunft über ihre gesellschaftliche und kulturelle Bedeutung geben.

Der städtische Raum Graz[10], mit etwa 230.000 Einwohnern zweitgrößte Stadt Österreichs, wurde als Erhebungsort weitgehend beibehalten, da dem urbanen Raum in der Forschung mit Jugendlichen die Bedeutung eines Knotens zukommt, an dem sich soziale Veränderungen zu übereinander gelagerten Bedeutungsebenen verdichten: Als Raum der Aneignung, der Freizeit, des Lifestyles und der Jugendkulturen, als Raum für Exkludierte und an den Rand Gedrängte. Konkrete Orte sind wichtig, weil sie gesellschaftliche Verortungen widerspiegeln und zum Verständnis der Wahrnehmungen, Handlungen und Denkweisen der Jugendlichen beitragen. Sowohl physischer als auch sozialer Raum strukturieren die Lebenswelten sozialer Akteure in hohem Maße. Was ein Mensch ist, ist er nicht zuletzt aufgrund seiner Positionierungen in Räumen. Gerade die gravierenden Veränderungsprozesse

[10] Über die lokalen, kulturellen und historischen Besonderheiten der Stadt Graz vgl. Katschnig-Fasch, Elisabeth: Das ganz alltägliche Elend (2003) und Katschnig-Fasch, Elisabeth: Möblierter Sinn (1998).

westlicher Gesellschaften, jene spätmodernen Bedingungen der Individualisierung, Marginalisierung und Exklusion, führen zu sozialen Spannungen zwischen Peripherie und Zentrum bzw. innerhalb des Zentrums. Konkret erfahr- und erlebbar, verwirklicht sich hier nicht nur die marktkonforme Vereinheitlichung der Städte, sondern zugleich eine Verschiebung von Machtverhältnissen und sozialen Ungleichheiten. Es entstehen neue Klassen der Benachteiligung, das *Prekariat* oder *die Kinder der geprellten Generation*, deren gesellschaftliche Teilhabe sich u. a. an ihrer räumlichen Platzierung ablesen lässt. Ohne die kulturelle Gebundenheit an den physischen Ort zu vernachlässigen und die Verflechtung von globaler und lokaler Kultur als Konfliktfeld außer Acht zu lassen, wird der Stadtraum Graz in seiner allgemeinen und auf andere Städte vergleichbarer Größenordnung übertragbaren Relevanz für eine kulturanthropologische Jugendforschung in den Blick genommen. Das bedeutet, nicht lokalspezifische oder -politische Besonderheiten in den Vordergrund zu stellen, sondern die gesellschaftlichen Makroprozesse, die auf das städtische Gefüge hier wie andernorts einwirken als entscheidenden Einflussfaktor städtischen Lebens, wie es sich für Jugendliche auch in Graz gestaltet, ins Zentrum der Forschungsaufmerksamkeit zu stellen. Im Sinne der *multi-sited-ethnography* bleiben so kulturelle Veränderungsprozesse nicht auf lokale Orte beschränkt, sondern können dort analysiert werden, wo alltägliche Befindlichkeiten Jugendlicher in Transformationen eingebettet sind, die über lokale Bedingungen hinausweisen.

4. Logiken des Ausschlusses – Praktiken der Anpassung

4.1. Im Holzhof – eine Drogenrehabilitationsanstalt für junge Männer

Dass mich der Weg in eine Drogenrehabilitationsanstalt der stationären Langzeittherapie für ehemals suchtkranke jugendliche Männer aus der Stadt in ländliches, vereinsamtes Gebiet führt, folgt keinem Zufall, sondern einer paradigmatischen Logik des gesellschaftlichen Umgangs mit Kranken, Süchtigen und anderen Ausgeschlossenen, die sich seit der frühen Moderne bis heute hält bzw. als Praktik des gesellschaftlichen Umgangs mit sozialer Exklusion heute wieder an Aktualität gewinnt. Die Textur des Ausschließens, Wegsperrens und der sozialen Dekontamination von Menschen, die der Norm nicht entsprechen, hat sich allerdings verändert, ebenso wie sich Subjektivierungs- und Objektivierungsprozesse der gesellschaftlichen Normierung verändert haben.

Ich warte im Esssaal, bis Andreas, mein 17-jähriger Gesprächspartner aus der Schule kommt. Andreas wohnt seit einigen Monaten hier in der Drogenrehabilitationsanstalt. Es ist später Nachmittag, die Drogenrehabilitationsanstalt für junge Männer wirkt seltsam leer und ruhig. Hin und wieder geht einer der Jugendlichen leise, wie paralysiert durch den Saal, wirft mir einen verstohlenen Blick zu und verschwindet hinter der Tür, die zu den Zimmern für die Burschen führt. Langeweile, Beklommenheit und ein Gefühl der Zeitlosigkeit beherrschen den Alltag des Jugendhauses mit dem klingenden Namen Holzhof, der Assoziationen mit Naturverbundenheit, Erholung und Heimattradition wachruft.

Nach dem Gespräch mit dem Leiter des Hauses werde ich zum Mittagessen eingeladen. Einer der Burschen übernimmt das Kochen, ein anderer serviert. Ich hatte nicht erwartet, in einem Haus, das 17 jugendliche Männer unterbringt, auf eine derartige Ruhe zu stoßen, auf eine künstlich wirkende Höflichkeit und eine befremdliche Lethargie. Diese Atmosphäre, die an klösterliche Schweigekultur erinnert, macht mich befangen. Mir wird bewusst, wie sich die Effekte einer Institution, und seien es nur Stimmungen, binnen kurzer Zeit auf die eigene psychische Verfasstheit übertragen können. Die jungen Männer sind mit Routinen und Ordnung, den Regeln und Normen bereits über Monate hinweg konfrontiert. Über ein sozialpädagogisch und psychologisch strukturiertes Programm, das mit Bestrafungen und Belohnungen arbeitet, werden die Jugendlichen offenbar einer *Läuterung* unterzogen. Diesen Eindruck gewinnt man, wenn man sie als Gruppe in den Gemeinschaftsräumen beobachtet: Sie sitzen oder stehen vereinzelt herum, spielen ruhig und leise Tischfussball und ziehen sich bald in ihre Zimmer zurück – sie unternehmen jeden Versuch, nur nicht aufzufallen. Gerade die Gebärden, sich unsichtbar zu machen aber machen sie sichtbar. Sie fallen auf, weil ihre Art und ihr Verhalten nicht den Bildern entsprechen, die ich von Jugendlichen außerhalb des Hofes gewonnen habe, die sich frei und präsent im öffentlichen Raum aufhalten.

Ganz unabhängig von der Therapie, die den Jugendlichen hier zukommt, wirken die Effekte der Institution: Das Ein- und Weggesperrtsein wirkt lähmend, die relative Homogenität der sozialen Struktur einebnend, die Beobachtung durch das Personal einschüchternd.

Die informellen Gespräche mit Jugendlichen, die ich neben den Tiefeninterviews mit Andreas führe, sind überschattet von der institutionellen Wirksamkeit des Beobachtetwerdens, die sowohl den Möglichkeitshorizont der Fragen als auch jenen der Antworten der Jugendlichen einschränkt. Besonders augenfällig wird dieser Effekt, als ich nach dem Essen ins Freie gehe und mir ein Bursche folgt, der offensichtlich Bedürfnis hat, von sich und der Situation, in der er sich befindet, zu erzählen. Fast flüsternd und in hektischer Geschwindigkeit, beinahe ohne Atempause, stellt Timo stichwortartig dar, wie es dazu kam, dass er hier ist: Aufgewachsen in einer Pflegefamilie, gekifft, Lehre zum Elektriker abgebrochen, dann härtere Drogen, nach Anzeige auf Körperverletzung in U-Haft, Entschluss des Richters, ihn in eine stationäre Drogenrehabilitationsanstalt zu schicken. Er freut sich darauf, seine Freunde wieder zu treffen, hat zugleich Angst davor, wieder „frei zu sein", wie er sagt, denn er weiß nicht, wo er nach der Therapie wohnen soll, ob er eine Lehrstelle findet, wie er Geld verdienen kann etc.. Die Gelegenheit, mit mir als Außenstehende zu reden, nützt er auch, um sich über *Draußen* zu erkundigen: Vor allem solle ich ihm über Discos und Lokale in Graz erzählen, über die Musik, die dort gespielt wird, über die Getränkepreise. Kurz äußert er den Wunsch, ich solle ihn mit nach Graz nehmen, den er gleich wieder abtut, indem er sich bewusst macht, dass er die Therapie hier beenden will. Deutlich wird an dieser Situation, dass Kritik der Institution gegenüber nur behutsam und wenn überhaupt, dann nur außerhalb des Hauses geäußert werden kann. Deutlich im Vergleich zu den Gesprächen mit den anderen Jugendlichen im Holzhof wird, dass Timo gewöhnliche Bedürfnisse von Jugendlichen anspricht, indem er sich über das Nachtleben erkundigt, anstatt in eine psychologisierte Sprache über die Suche nach der eigenen Persönlichkeit zu verfallen, wie sie sich in den Gesprächen mit anderen Jugendlichen ausdrückt – sie erzählen, was Erwachsene hören wollen. Der Schliff in der Sprache der Jugendlichen, der die Bedürfnisse einer psychologisierten Erwachsenengesellschaft nach Selbstverwirklichung, Selbstreflexion und Sinnsuche widerspiegelt, zeugt von einer Art Erziehung, die auf ihre moralischen, psychischen und sprachlichen Fähigkeiten einwirkt: 17-jährige Jugendliche erzählen über die Vorstellungen eines Neubeginns ihres Lebens, gestehen die Fehler ihrer Vergangenheit ein, resümieren eloquent Ursachen ihres vergangenen Drogenkonsums, äußern Scham- und Schuldgefühle ihren Bezugspersonen gegenüber – Einsichten und Fähigkeiten, die über eine therapeutische Sozialisierung der Psyche und des moralischen Gewissens erzeugt werden. Die reflektierte Erwachsenensprache erscheint so, als würde das Jugenddasein zu Gunsten eines normalisierten Erwachsenenstatus unterdrückt und das dynamische Potenzial der Adoleszenz über Normen der Erwachsenengesellschaft geregelt. Gerade weil die Phase der Jugend durch Bewegung, Dynamik und Plastizität charakterisiert ist, wird sie von der Gesellschaft genützt, um jene Charakterstrukturen hervorzubringen, die sie braucht (Erdheim 1984) bzw. jene zu unterbinden, die sie nicht brauchen kann. Institutionen neutralisieren einem Kühlsystem gleich Verhaltensweisen, von denen angenommen wird, dass sie dynamische, die etablierte Ordnung gefährdende Wirkungen in sich bergen.

Männliche Identitätskonstruktion

Die institutionalisierte Form Sozialer Arbeit ist Teil des sozialstaatlichen Arrangements und lässt Aussagen über den gesellschaftlichen Umgang mit Nonkonformität, Delinquenz oder Devianz zu. Was als normal, was als krank, was als wiederherstellbar, integrierbar oder für immer verloren zu gelten hat, wird über ein System normierter Praktiken definiert und arrangiert. Pädagogische oder therapeutische Konzepte, Programme, Reformen und Trainings spiegeln so wider, wie sich die Beziehung zwischen *jugendlichem Individuum* und *erwachsener Gesellschaft* gestaltet.

Das Konzept, wie es im Holzhof umgesetzt wird, kombiniert traditionelle Herrschaftstechniken mit neosozialen Selbsttechnologien: Die Praktiken, die über Kontrolle und Beobachtung von außen auf eine Bestimmung des Verhaltens der Jugendlichen abzielen und ihre Zeit regulieren, installieren eine hierarchisierende Trennung zwischen Geeignetem und Ungeeignetem, Normalem und Anormalem, Gesundem und Krankem. Die Technologien des Selbst funktionieren im Sinne von Selbstermächtigungsstrategien, die den Jugendlichen Mittel zur Hand geben, ihre Körper, ihre Psyche und ihr Denken so weit zu verändern, bis sie sich in die Vorgaben des Entwurfs eines optimalen Modells einpassen.

Dass sich auch die Jugendlichen selbst als Patienten bezeichnen, zeugt davon, dass Drogensucht im Kontext der Institution und der Gesellschaft als Krankheit konstruiert und anerkannt ist, ebenso wie Merkmale, die mit den Drogenkarrieren der Jugendlichen verbunden sind: Aggression, Gewalt, Diebstahl, Verlogenheit. Als pathologische Verfehlung lässt sich die Drogensucht wie ein Krankheitssyndrom analysieren und bearbeiten.

Über die genannten Sozialpraktiken gilt es, die Symptome dieser *Krankheiten* zu *heilen*. Ähnlich wie die Depression ist auch die Sucht die Krankheit einer Gesellschaft, deren Verhaltensnormen auf Verantwortung und Initiative gründen: Sucht und Abhängigkeit stehen für die Unmöglichkeit einer vollständigen Selbstkontrolle. Erschöpft vor Anstrengung, er selbst werden zu müssen, ist der Drogensüchtige von einem Gefühl der Minderwertigkeit beherrscht. Als symbolische Figur ist er Anti-Subjekt, unfähig, selbstverantwortlicher Teil der Gesellschaft zu sein:

> „Früher hatte der Verrückte diese Funktion. Wenn die Depression die Geschichte eines unauffindbaren Subjekts ist, dann ist die Sucht die Sehnsucht des verlorenen Subjekts“ (Ehrenberg 2004, 11).

Die Kombination von Fremd- und Selbsttechnologien spiegelt sich in sprachlichen Ausdrucksformen der Jugendlichen, die ein außergewöhnliches Zartgefühl, eine Sensibilität, beinahe eine Fragilität, zugleich eine raue Art von männlicher Stärke und Autorität hervorbringen. Die Sensibilität äußert sich in einer psychologisierenden Sprache, die die Jugendlichen aller Wahrscheinlichkeit nach sozial nicht überlebensfähig macht, wenn sie den geschützten Raum der Institution verlassen, um in die Welt des Arbeitermilieus oder des prekarisierten Arbeitsmarktes einzutreten, die andere Fähigkeiten erfordert und andere Normmaßstäbe setzt. Beinahe als Pendant dazu fließen Begriffe in die weiche Sprache der Jugendlichen ein, die auf kulturell konstruierte Merkmale der Männlichkeit verweisen und jenen gesellschaftlichen Kontexten oder Feldern entlehnt sind, die sich über männliche Autorität definieren: Um sich selbst und den anderen Jugendlichen eine soziale Rolle abseits von jener der Patienten zu geben, nennen sie sich Kamerad (soldatische Gemeinschaft), Komplize, Kumpan (Gefängnisjargon, Mittäter) oder Aspirant (niedrigster Dienstrang innerhalb der Exekutive). Diese Bezeichnungen sind in die Logik der Drogenrehabilitationsanstalt eingeschrieben, die sich symbolisch homolog zu autoritären Institutionen wie Militär, Gefängnis oder Polizei setzt.

Sich und die anderen als Komplizen zu bezeichnen, verweist zunächst auf eine soziale Funktion innerhalb der Institution, die identitär überlebenswichtig ist: Unbotmäßigkeiten (messing ups, Regelverstöße wie Schlägereien, Glücksspiele, Ausreißen…) oder sekundäre Anpassungsmechanismen (geheime Aktionen wie Schmuggeln von verbotenen Gegenständen) erlauben es den Jugendlichen innerhalb des Rahmens von Fremdkontrolle, sich selbst als handlungsmächtig zu erfahren. Komplizentum drückt auch eine solidarische Gemeinschaftsbildung aus, die Widerstand im geduldeten Rahmen gegen das Betreuungspersonal möglich macht. Zugleich verweist es auf eine soziale Typologie innerhalb der Gruppe der Jugendlichen, die nach einer eigenen Struktur geordnet ist und eigene Codes und Mittel einer informellen sozialen Kontrolle entwickelt: Komplizen sind die *anständigen Kerle*, die einen Regelbruch niemals verraten würden. Innerhalb einer Gesellschaft, in der die Hierarchie der traditionellen Vaterrolle zerfällt und prägende männliche Vorbilder verblassen (Vgl. Mitscherlich 2003 [1963]), tauchen historische Mythen und Bilder von Männlichkeit auf, die Mut, Abenteuerlust, Coolness und Kraft symbolisieren: Der Kriminalheld bürgerlicher Herkunft des 19. Jahrhunderts, derjenige, der mit der Polizei auf gleicher Höhe steht.

Die jungen Männer im Holzhof werden auf eigentümliche Weise sich selbst überlassen, so dass sie *frei* sind, das zu tun, was ihnen auferlegt wird. Die *freiwillige* Teilnahme am Therapieprogramm bekommt die Funktion der Abgrenzung gegenüber den anderen Drogenabhängigen außerhalb der Anstalt. Letztere sind die Ausgeschlossenen, weil sie sich nicht bessern lassen wollen. Während der Aufenthaltszeit verkehrt sich die Logik: Das, was außerhalb der Anstaltsnorm liegt, ist anormal. Die Jugendlichen verinnerlichen die Innensicht der Institution, werden durch die Konstruktion eines Wir-Gefühls, das eine neue Zugehörigkeit herstellt, Teil des Systems – die Außenwelt wird zum Fremden, das abgelehnt und durch pejorative Zuschreibungen abgewertet wird.

Im Holzhof wird die Abkühlung überhitzten Adoleszenzpotenzials, das sich in der Vergangenheit der Jugendlichen in destruktivem, aggressivem und selbstzerstörerischem Verhalten und Handeln äußerte, über ein strukturiertes Therapietrainingsprogramm mit Phasenabläufen gehandhabt: In der ersten Phase, die sechs Wochen dauert, wird der Außenkontakt (Kontakt zu den Eltern, Verwandten, Freunden) unterbunden. Nur in Krisensituationen ist es erlaubt, unter Beaufsichtigung zu telefonieren. Der therapeutische Sinn dieses Verfahrens ist es, den Jugendlichen die Gewöhnung an eine fremde Umgebung leichter zu machen und sie vor Verführungen von Freunden zu schützen:

> „Die ersten sechs Wochen sind die so genannte Nullphase, da haben sie kaum Rechte, nur Pflichten, sag ich immer. […] Telefonate sind in der ersten Zeit sehr gefährlich … das zeigt sich immer wieder, wenn einer schwarz [verbotenerweise] ein Handy hat […]. Sie brechen unter Umständen ihren Aufenthalt ab, weil die ersten zwei, drei Wochen ist das für Jugendliche nicht zu bewältigen, wenn sie von draußen hören: Na komm, mach da keine Gehirnwäsche, lass dich nicht deppert machen, ich hab ein Gift. Und so weiter“ (Hausleiter).

Diese Form der Isolierung am Beginn des stationären Aufenthaltes formt die Jugendlichen zu Klienten, die relativ reibungslos durch Routinemaßnahmen gehandhabt werden können. Die *Umerziehung* funktioniert, wie in anderen Anstalten, in erster Linie über die Regulierung der Zeit und der Freiräume der Jugendlichen: Der Zeit des Wachens und des Schlafens, der Tätigkeit und der Ruhe, der Anzahl, Qualität und Dauer der Mahlzeiten. Keine Besuche machen zu dürfen und keine empfangen zu dürfen führt zu einem ersten Bruch mit der früheren Rolle als Drogensüchtige, der die Anerkennung des Rollenverlustes sicherstellt. Durch die Schranke, die die Jugendlichen von der Außenwelt trennt, gehen bestimmte Identitätsrollen verloren. So bleiben zunächst kaum Spuren des früheren sozialen Status außerhalb des Hofes übrig. Die Pflichten und Einschränkungen in dieser ersten Phase versetzen die Jugendlichen in eine neue Rolle, ihre Handlungsökonomie wird beschnitten: Gewöhnliche, alltägliche Handlungen, die außerhalb der Institution ohne weiteres möglich waren, bedürfen nun der Erlaubnis. Es sind dies Handlungen, die *draußen* die Funktion haben, dem Jugendlichen und seinem sozialen Umfeld zu bestätigen, dass er seine Welt unter Kontrolle hat, dass er selbstbestimmt und autonom agieren kann. Die Praktik der Einschränkung der Handlungsmöglichkeiten kommt einer Enteignung des sozialen Status und der jugendlichen Identität gleich, die anschließend neu geformt bzw. umgeformt werden soll.

Haben die Jugendlichen die Einstandsprozedur überstanden, werden sie mit einem so genannten Motivationsmarsch belohnt: Sie dürfen das erste Mal nach Wochen unter Begleitung den Hof verlassen. Daran schließt sich das offizielle Aufnahmeritual an: „Der Kandidat", so der Leiter, „macht in der Gruppe ein Aufnahmegespräch." Die Teilnehmer dieser Runde setzen sich aus dem Hauspersonal, den Jugendlichen und ehemaligen *Klienten*, die das Programm erfolgreich abgeschlossen haben, zusammen. Als symbolische Figur ist die Bedeutung des ehemaligen Klienten ambivalent: Einerseits stellt er eine Art Tutor dar, der für den Erfolg des Programms steht – er ist clean –, andererseits versinnbildlicht er, welchen Platz die Gesellschaft ehemals Suchtkranken zuweist: Als Gehilfe im Transitarbeitsverhältnis arbeitet er der Gesellschaft zu, die ihn als Drogenabhängigen hervorgebracht hat. Und er arbeitet einer gesellschaftlichen Institution zu, die ihn quasi systembedingt in diesen prekären Status gebracht hat. Mit selbst trainierten Hilfskräften, die aus den Reihen der eigenen Klientel rekrutiert werden, wirkungsvoll zu agieren, zeugt von der Selbstreferenzialität der Institution und bedeutet nicht zuletzt, die Macht der Institution zu sichern.

Das Aufnahmegespräch nimmt die Form einer Gruppenbeichte an, wie sie als Demütigungspraktik in totalen Institutionen (psychiatrischen, militärischen oder religiösen) bekannt ist: Gefühle und brennende Fakten aus der eigenen Biografie müssen den Zuhörern und Urteilern offenbart werden, teils diskreditierende Begebenheiten, die normalerweise verheimlicht bleiben, werden ausgesprochen. Indem den Jugendlichen ihre eigenen *Missgeschicke* und ihr Fehlverhalten vor Augen geführt werden, wird ein Milieu des persönlichen Scheiterns geschaffen. In Form von Provokations- und Konfrontationstechniken wird zunächst mit den Emotionen des *Kandidaten* gearbeitet, was bewirken kann, sich „extrem zu spüren [...] und Versagensangst zu bekommen", wie mir Andreas schilderte. Die Konfrontation zielt offensichtlich darauf ab, den Jugendlichen ihre Maske, den Anschein der Stärke, abzunehmen, ihre Selbstsicherheit zu erschüttern und sie in Betroffenheit zu versetzen. Sie werden in einen emotionalen Zustand geführt, in dem ihnen die Folgen ihres Verhaltens, die Verletzungen, die sie anderen zufügten, bewusst werden. Sie müssen es aushalten, sich provozieren zu lassen, ohne zurückzuweichen und ohne zu verstummen. Die Mechanismen der Konfrontation funktionieren dabei wie ein Spiegel, der Gegenwart, Vergangenheit und Zukunft reflektiert und die Jugendlichen zur Selbstreflexion mobilisiert. In den Blick genommen wird das, was sichtbar und hörbar ist, weniger die Ursprünge des Fehlverhaltens. Es geht also nicht um eine Selbstinspektion, sondern um falsches oder richtiges Verhalten, das verändert, erlernt, trainiert werden kann. Die Konfrontation stellt sich so als eine Variante der Responsibilisierungsstrategie dar: Richtiges bzw. falsches Verhalten wird zu einer Frage der eigenen Entscheidung und des Willens gemacht.

Die Kulisse dieser Praktiken ist bemerkenswert: Sie finden im Gemeinschaftsraum des Hauses statt, der mit roten Sesseln und Bänken ausgestattet ist. Der *Kandidat* sitzt auf einem Sessel in der Mitte, erzählt, wird konfrontiert und erhält so genannte *Feedbacks*, die darüber entscheiden, ob er in die Gruppe aufgenommen wird oder nicht. Der *Kandidat* könnte damit, dem Konzept nach, aus dem Haus *hinaus gewählt* werden, wie man es aus Realityshows im Fernsehen kennt. Dieses Setting scheint gängigen Techniken der psychologischen Bearbeitung des Aggressionspotenzials von Straftätern entlehnt, die über verbale Angriffe bis hin zu körperlichen Übergriffen schonungslos mit ihrer Tat konfrontiert werden, um in die Opferperspektive zu kippen, die Empathie, Einfühlungsvermögen und Scham für das eigene gewalttätige Handeln hervorrufen soll.

Ab nun wird sukzessive auf Selbstverantwortung, Verantwortungsübernahme und Selbstkontrolle gesetzt. Tages- und Nachtausgänge werden zur Pflicht. Teilweise müssen die Jugendlichen in Städte fahren, dürfen aber niemanden treffen, da sie darauf trainiert werden sollen, sich allein zu beschäftigen. Sie sollen drogenfrei bleiben, so das Gebot, das über Drogentests kontrolliert wird. Werden Spuren von Drogen im Körper der Jugendlichen nachgewiesen, führt das nicht zum Ausschluss aus dem Haus, sondern zu einem repressiveren Einschluss: Sie müssen in *Besinnung* gehen, die eine stärkere Kontrolle und rigidere Regeln, ähnlich der Isolation zu Beginn der

Therapie, vorsieht. Besinnung, ein Wort mit spiritueller, esoterischer Konnotation, verweist auf einen Prozess des Rückzugs, der Selbstfindung und der Ergründung dessen, was man eigentlich ist und was man vom Leben erwartet. Im Kontext der Rehabilitation der Jugendlichen meint Besinnung auch, sich Fehlverhalten einzugestehen, das die Aufenthaltszeit in der Institution verlängert und das Weiterkommen im karriereartig aufgebauten Phasenprozess blockiert. Nach sechs rückfallfreien Wochen erreicht man die nächste Stufe, die dazu befähigt, in den Rang eines *Aspiranten* aufzusteigen. Diese Position ist aufgeladen mit Verantwortungsübernahme für die Gruppe und ist mit dem Privileg verbunden, einmal im Monat Nacht- und Tagesausgang und einmal in der Woche einen Spontanausgang für ein paar Stunden am Tag zugestanden zu bekommen. Hierarchisch hebt diese Position vom Rest der Gruppe ab, sie ist höherrangig und signalisiert, das (eineinhalbjährige) Programm bald erfolgreich abzuschließen. Das zu Beginn der Therapie erschütterte Selbstbewusstsein und die Selbstsicherheit werden ab nun sukzessive zurückgewonnen.

Die Statuspassage Jugend ist heute von vielerlei Unsicherheiten gekennzeichnet, vor allem muss sie individuell vollzogen werden, da kollektive Initiationsriten, wie in vormodernen und modernen Gesellschaften üblich, weitgehend wegfallen. Die Jugendphase stellt sich nicht mehr als transitorischer Abschnitt dar, zwischen den relativ klaren Werten der Kindheit und des Erwachsenenalters, sondern als entwicklungsoffener Prozess. Es bündeln sich Risiken und Überforderungen des Individualisierungsprozesses. Betrachtet man die Statuspassage Jugend als anthropologische Notwendigkeit des Durchlaufens einer liminalen Phase (Vgl. Turner 2005 [engl. 1969]), die eine neue soziale Identität herstellt und den Übergang zum Erwachsenendasein als ungeschützten, anfälligen und undefinierten Zwischenzustand mit potenzieller Gefahr der Identitätserschütterung (Vgl. Van Gennep 2005 [1909]), erklärt sich gerade in einer Zeit sozialen und kulturellen Wandels der Ruf nach Strukturen, Symbolen und Ritualen. Konflikten, durch den Bruch mit sozialen Normen bedingt, wird zunehmend mit einem Rückgriff auf Klarheiten und Ritualisierungen begegnet. Die lineare, vorgegebene Struktur des Therapieprogramms, das die Zeit und das Verhalten der Jugendlichen regelt, kann so als Ersatz einst klarer Strukturen in Ausbildung, Arbeitsmarkt und Familien gesehen werden, der Halt gibt, während alles andere zerbricht. Dabei allerdings wird eine männlich-hierarchische und militärische Ordnung fixiert.

Der Holzhof – ein anderer Raum

Die Frage nach der räumlichen Platzierung von Menschen berührt die Fragen, welche Nachbarschaftsbeziehungen, welche Umläufe, welche Markierungen und Klassifizierungen für Menschen in bestimmten Lagen und Situationen und zu bestimmten Zwecken gewahrt werden sollen. Der geografische Raum stellt eine Gemengelage von sozialen Beziehungen und Relationen dar, die Platzierungen definieren. Signifikante soziale und kulturelle Positionen reihen sich aneinander. Mikroskopische Ausschnitte sind so immer mit dem Blick auf andere Orte in ihren räumlichen Differenzierungen zu sehen. Die soziale Position eines Menschen spiegelt sich im Ort, den er innerhalb des physischen Raums einnimmt:

> „Ein Teil der Beharrungskraft der Struktur des Sozialraumes resultiert aus dem Umstand, dass sie sich ja in den physischen Raum einschreiben und nur um den Preis einer mühevollen Verpflanzung [...], einer Umsiedlung von Personen veränderbar sind [...]" (Bourdieu 1997, 161).

Umgekehrt befinden sich Menschen, die sozial ortlos sind, eine gesellschaftliche Existenz im Schwellenstatus einnehmen, auch geografisch in instabilen, prekären Übergangsräumen.

Der Holzhof liegt in einem ländlichen Gebiet, das aufgrund der relativen Nähe zu Städten und einer beachtlich schönen Naturlandschaft als Ferien- und Ausflugsziel für bürgerliche Gesellschaften, für Künstler und Schriftsteller um die Jahrhundertwende prädestiniert war – kein Ort, an dem man lange verweilt, ein Ort, den man aufsucht, um sich zu erholen, zu amüsieren und weiter zu ziehen. Jene, die hier aufgewachsen und geblieben sind, lebten, hauptsächlich als Kleingewerbetreibende, von den Besuchern und Durchreisenden. Die Gegend war lange Zeit geprägt durch die Bundesstraße als einziger Verbindungsstraße zwischen Städten: Mit ihren vielen Gaststätten, Bordellen und Tankstellen als Plätze der Kommunikation für Vorbeiziehende und Bewohner, stellte sie eine belebte Durchzugsroute dar, die seit dem Ausbau der Autobahn Anfang der 1990er Jahre kaum noch befahren wird und sich heute als vereinsamte, wirtschaftlich tote und gespenstisch leise Gegend präsentiert. Den Charakter des Vorübergehenden hat sie nicht eingebüßt, die Einsamkeit des Lebens Vorbeiziehender scheint sich ihr eingeschrieben zu haben. Sie ist von einer permanenten Dynamik gezeichnet, einem Bruch mit der herkömmlichen Zeit der Menschen, die sich hier aufhalten, einer Unruhe und zugleich Lethargie, einem Kommen und Gehen und knüpft sich an das Vorübergehende, an das Prekäre der Zeit.

Eines der geschlossenen Bordelle an der Bundesstraße wurde zunächst zu einer Therapiestation für drogensüchtige Mädchen umgebaut. Nachdem sie scheiterte, wurde das Gebäude vor drei Jahren angemietet, um adoleszente Männer mit Drogenkarrieren hier unterzubringen und einer Rehabilitation zu unterziehen: Der Holzhof präsentiert sich so als Grenzort zwischen Krisen- und Abweichheterotopie (Foucault 1992, 40f.), der Menschen beherbergt, deren Verhalten im Verhältnis zur Norm abweicht, deren Merkmale in der Gesellschaft aber auch eine *Krise* signalisieren. Es ist ein Ort, an dem von der herrschenden Norm und Ordnung abweichendes Verhalten lokalisiert wird, der sich am Rand der Gesellschaft befindet und weit ab vom gesellschaftlichen Geschehen ein Dasein im scheinbar Verborgenen führt. Der Holzhof steht in einem besonderen symbolischen und sozialen Verhältnis zur Gesamtgesellschaft: Er wurde errichtet, um das *Abweichende, Kranke* zu kontrollieren, zu disziplinieren bzw. zu therapieren. Das soziale Arrangement an diesem Ort wird so lange toleriert, wie es kein öffentliches Ärgernis darstellt oder als Gefahr für die Nachbarschaft und Allgemeinheit erkannt und wie ein Wanderzirkus weitergeschickt wird.

Prostituierte, Geisteskranke, Alkoholiker, Häftlinge und andere *Narren* wurden zu Beginn der Moderne z. B. durch Verschiffung auf Fahrt geschickt, so dass sich für sie ein Zustand der freien Zirkulation ergab (Foucault 1969). Der Ort, dem sie zugewiesen wurden, das (Narren-)Schiff, ist durch Mobilität gekennzeichnet: Ein paradoxer, ortloser Ort des reinen Übergangs, eine radikal unbestimmte Fahrt, deren Bewegung keine Bedeutung hat außer ihr selbst. Sie ist ohne Ziel und Herkunft, die Ausgeschlossenen sind Gefangene des absoluten Flusses, eingeschlossen in der Bewegung der Freiheit:

> „[...] das Schiff [ist] ein schaukelndes Stück Raum [...], ein Ort ohne Ort, der aus sich selber lebt, der in sich geschlossen ist und gleichzeitig dem Unendlichen des Meeres ausgeliefert ist und der, von Hafen zu Hafen, von Ladung zu Ladung, von Bordell zu Bordell [...] fährt. [...] Das Schiff, das ist die Heterotopie schlechthin" (Foucault 1992, 46).

Der Geisteskranke, der Narr ist ein Topos, der traditionelle räumliche und soziale Grenzen zwischen Innen und Außen, Integration und Exklusion außer Kraft setzt; er ist liminäre Figur der Schwelle, der auf keiner Seite steht, keine festgelegte Identität kennt und *andere Räume* besetzt, die dazwischen liegen, die als Gegenplatzierungen wirkliche Plätze innerhalb der Kultur zugleich repräsentieren, reflektieren und wenden. In der Antipsychiatrie der 1970er Jahre beispielsweise, inspiriert durch die Schriften von Adorno und Foucault, wird der Wahnsinn der Menschen als Wahrheit gegen die Wirklichkeit gehalten. Eingesperrt wegen seiner Dysfunktionalität soll er in die Gesellschaft zurückgeholt werden, um ihre Strukturen zu durchbrechen, um die bürgerliche Gesellschaft durch ihn zu revoltieren. In Sebastian Brants Narrenschiff (2004 (1497)) kommt dem Narren die gesellschaftliche Funktion zu, durch seine verkehrte Welt den Regierenden kritisch den Spiegel vorzuhalten.

Seine gesellschaftliche Position in der Renaissance bis zur Wende in die Moderne war nicht durch Ausschluss bestimmt, er war Teil des Systems, inkludiert und mit Rechten ausgestattet. *Der Wahnsinnige* als zunächst akzeptierter Teil der gesellschaftlichen Ordnung wird im Laufe der Geschichte interniert, behandelt, bestraft, geheilt und ausgeschlossen.

Die gesellschaftliche Funktion des Holzhofes besteht in der vorübergehenden Aufbewahrung und Therapeutisierung von jugendlichen Drogenabhängigen. Die Drogensucht gilt in einer Gesellschaft, deren Normen und Werte auf Eigenverantwortung und persönlicher Initiative gründen, als Abweichung. Entsprechend werden die Drogensüchtigen räumlich platziert: Ihre Behandlung findet *Nirgendwo* statt. Ihre gesellschaftliche Verortung in einem „no man's land" (Castel 2000, 359) korrespondiert mit ihrer zeitlichen und geografischen Lage: Im zeitlichen Übergang in einem von der Geschichte entleerten Raum an einer Durchzugsroute, die weder Aufschluss über die Herkunft der durchziehenden Menschen zulässt, noch ihr Zielpunkt sein kann. Der Begriff der Passage (Drogenentzug und Jugend vereinen sich hier) erlaubt das Zusammendenken der Motive der Schwelle und des Unbestimmten der Zukunft, die sich verstärkt, nachdem sich die Statuspassage Jugend zu einem unbefristeten Moratorium gewandelt hat.

Das Prekäre der Zeit ist diesem Ort eingeschrieben: Am Waldrand gelegen, umgrenzt die Rückseite des Hauses ein großer Garten mit Ziegen und Lamas, die von den Jugendlichen gepflegt und betreut werden. In unmittelbarer Nachbarschaft befindet sich ein Tierfriedhof. Hierher kommen vorwiegend Pensionisten aus den Städten, um ihre Haustiere bestatten zu lassen und sie zu besuchen.

Die Totengräbertätigkeit übernehmen die Jugendlichen im Rahmen ihrer Arbeitstherapie. In der Selbstbeschreibung der Institution heißt es:

> „Im Rahmen der Arbeitstherapie steht im stationären Bereich das Lernen der Arbeitsrealität im Vordergrund, um für die Zeit nach Therapieabschluss optimale Chancen am Arbeitsmarkt zu ermöglichen. [...] So erweiterte [...] [der Holzhof] im Frühjahr 2003 sein umfassendes Angebot an Beschäftigungsmöglichkeiten um ein weiteres sozialökonomisches Arbeitsprojekt. [...] [Es] wurde auch eine Tiergedenkstätte auf dem Gelände der Betreuungseinrichtung angelegt."

Mit dem Tierfriedhof wurde der Tod in unmittelbare Nähe des Holzhofes gesetzt. Physischer Tod und sozialer Tod setzen sich nebeneinander: Tote Tiere finden keinen Platz auf Menschenfriedhöfen. Weit im Abseits werden sie in *Himmelgärten* oder *Waldesruh* begraben und liegen dort als Symbole für einen doppelten Tod. Die Assoziationen mit Störung, Krankheit, Tod und Anomalie werden so zur Metapher für die Gegenwart von Jugendlichen, die sich nicht einfügen, die nicht dazu passen, das Bild stören und das moralisch beruhigende Harmoniegefühl beeinträchtigen (Bauman 2005).

4.2. Abwege – Fallanalyse Andreas

Als Andreas von der Schule in die Drogenrehabilitationsanstalt Holzhof kommt, sitze ich noch immer wartend und beobachtend im Esssaal. Es ist fünf Uhr Nachmittag, Andreas hat einige Stunden Unterricht und eine einstündige Busfahrt hinter sich. Er wirkt müde, angestrengt, grüßt mich und setzt sich, nachdem er sich Essen aus der Küche holt, zu mir an den Tisch. Während er isst, kommen immer wieder Burschen vorbei, um Andreas zu begrüßen und ihn zu hänseln – sie lästern über seine Kleidung: Er trägt ein enges rosa T-Shirt. Andreas ignoriert die Bemerkungen und gibt den anderen gestisch zu verstehen, dass er seine Ruhe will. Nach diesem ersten Versuch, Kontakt zu ihm herzustellen, ziehen sie sich zurück.

Andreas ist 17. Er ist groß, schlank, hübsch und freundlich, „für jeden Spaß zu haben“, wie ihn seine Mutter – auch mit ihr führte ich ein Gespräch – beschreibt. Seine Offenheit und Fröhlichkeit brachten ihm den Spitznamen *Sunny* ein, unter dem er in Graz bei vielen Jugendlichen bekannt ist. Im institutionellen Setting des Holzhofes wirkt er erwachsen, ernst und selbstsicher, sein Umgang mit den anderen Jugendlichen ist nicht freundschaftlich, nicht das eines Gleichen unter Gleichen. Es wird deutlich, dass Andreas eine außergewöhnliche Position innerhalb des sozialen Gefüges einnimmt: Er ist besonders und interessant für die anderen Burschen, weil er das Haus verlassen kann, um eine höhere Schule in der Stadt zu besuchen. Nicht unbedingt für seine Ausbildung wird ihm hier Respekt gezollt, vielmehr für seine Erfahrungen, die er außerhalb des Hauses sammeln kann, während die anderen sich in der Anstaltsroutine eingeschlossen fühlen. Er hat zum Beispiel eine Freundin, die er täglich sieht. Respekt, so Andreas, mischt sich mit Neidgefühlen. Daraus ergibt sich eine harmlose Hänselei, der er gewachsen ist. Ganz generell sieht er die Gruppe im Holzhof als „Spielwiese“, als soziales Labor, in dem es möglich ist, Verhaltensweisen auszutesten, die anderen zu provozieren, zu beobachten, wie sie reagieren und die eigenen Reaktionen auf Provokationen zu reflektieren. In geschütztem Rahmen, unter Aufsicht des Betreuungspersonals, wird ein zwischenmenschliches Experimentieren möglich, das im Vergleich zu außerhalb einen sozialen Raum ohne Folgen, ohne Bedrohungen, ohne körperliche Gewalt, ohne Anzeigen oder Polizeistrafen schafft.

Nach dem Essen bringt mich Andreas in den „Studierraum“ im ersten Stock. Ich kenne das große Zimmer mit Schultafel, Flipchart, Computer und Schreibtischen bereits, da uns zuvor ein Bursche durch das Haus führte und den allgemeinen Klassenraum, der kaum benützt wird, als Andreas' Arbeitszimmer vorstellte, den Computer als Andreas' PC. Seine privilegierte Position als Schüler verschafft ihm Raum, Anerkennung und die Möglichkeit,

Forderungen zu stellen. Wenn er lernt, beansprucht er das Klassenzimmer und fordert Ruhe ein. Andreas ist, weil er zur Schule geht, von den Haushaltspflichten wie Kochen, Putzen oder Waschen, enthoben. Diese Rolle wird zuweilen zur Provokation für die anderen. Während wir reden, werden die Burschen laut – zum ersten Mal an diesem Tag wird Leben im Haus hör- und spürbar. Dass sie uns stören wollen, wird offensichtlich, nachdem sie nach Andreas rufen und damit beginnen, ihn zu beschimpfen. Obwohl Andreas nicht unmittelbar auf sie reagiert, wird an seiner Mimik sichtbar, dass ihn ihr Verhalten ärgert. Aber so, wie er es in der Therapie gelernt hat, hält er den Provokationen, die immer stärker werden, Stand. Seine Grenzen von Selbstkontrolle, Erregbarkeit und Aggressivität werden getestet. Ein paar Andeutungen über ihre „Blödheiten", die vor dem Hintergrund seiner privilegierten Position zu verstehen sind, scheinen zu genügen, um Dampf abzulassen. Irgendwann, nach einigen Minuten, werden die Jugendlichen wieder ruhig. Als wir nach dem Gespräch in den Esssaal zurückkommen, wischt einer der Burschen den Boden. Andreas boxt ihn *kameradschaftlich* und augenzwinkernd in die Schulter.

Ein Experiment der Selbsterfahrung

Andreas' Mutter ist im technischen Bereich ausgebildet und heute in der Internet-Pressearbeit im freien Arbeitsverhältnis tätig. Als Angehörige der gebildeten Mittelschicht und als Mutter mit akademischer Bildung ist sie unter den Eltern der Jugendlichen im Holzhof eine Ausnahme, so wie ihr Sohn als Mittelschüler unter den Jugendlichen. Viele der Jungen stammen aus deprivierten sozialen Verhältnissen, ihre Eltern sind entweder eingesperrt, selbst drogenabhängig, verstorben, jedenfalls *abwesend*, erzählte mir Andreas' Mutter. Das milieuspezifische Bildungskapital lässt sich für Andreas als Ressource nutzen, auch wenn es im Prozess der Prekarisierung der Arbeitswelt einer Entwertung unterzogen ist. Identität und Anerkennung sind an milieuspezifische Erwartungen gebunden: Andreas kann das Moratorium Jugend nutzen, um es mit milieuspezifisch sinnvollem Kapital zu füllen. So wird die verlängerte Jugendphase nicht als Warteschleife, sondern als Zeitpool der Aneignung von Bildung wahrgenommen. Bei vielen der anderen Jugendlichen knüpft sich die habituelle Erwartung an einen schnellen und frühen Eintritt in den Arbeitsmarkt, der Eintritt in das Erwachsenenalter an das Gelingen der Erwerbsbiografie und an klare Berufsfelder. Der Moment des Nichtgelingens zieht weitreichende Konsequenzen für ihr Selbstwertgefühl und den Verlust von Zeitstrukturen, das Gefühl des Wartens, die als verloren empfundene Zeit in der Anstalt, Langeweile und Lähmung nach sich. Für Andreas scheint sich der Aufenthalt in der Drogenrehabilitationsanstalt beinahe umgekehrt darzustellen. Seine Identität baut sich auf sein Dasein als Schüler auf, der er vor seinem Aufenthalt in der Anstalt war und es auch während seiner Rehabilitationsphase sein kann. Der Bruch zwischen außen und innen, zwischen vorher und nachher, der mit der Praxis des Wegsperrens üblicherweise verbunden ist, mildert sich durch die Ressourcen und Möglichkeiten seiner habituellen Orientierung: Er ist *nicht wirklich* abgeschnitten von der sozialen Realität außerhalb der Anstalt, seine Biografie *nicht zur Gänze* gebrochen, die Wirkungen der Kasernierung greifen nur *zum Teil*. Die relative Lockerheit im Umgang mit den Regeln der Anstalt, die er vorwiegend als Spiel, auf das er sich einlässt, betrachtet, lässt darauf schließen, dass er die Zeit der Rehabilitation weniger als Zwang denn als Experiment der Selbsterfahrung wahrnimmt.

Vor allem das habituelle Erbe ermöglicht es Andreas, die Lebensphase als zu rehabilitierender Jugendlicher als Phase der Identitätsfindung umzudeuten: Andreas' Vater, 50 Jahre alt und ehemaliger Polizist, ist im Alter von 20 Jahren aus dem angepassten Arbeitermilieu, in dem er aufgewachsen war, ausgebrochen und kehrte der kleinbürgerlichen Gesellschaft den Rücken, um in die Welt der Ungebundenheiten, Freiheiten und des Experimentierens mit Drogen aufzubrechen. Diese Lebensphase, die einige Jahre dauerte und ihn nach Indien, Neuseeland, Amerika und Israel führte, markiert den Anfangspunkt eines postmodernen Arbeits- und Lebensstils, den Andreas' Vater bis zu seiner Alkoholentzugstherapie vor acht Jahren verfolgte: Arbeit als Mittel zur Existenzsicherung, nicht jedoch als Beruf zum Statusgewinn. Als freischaffender Künstler fand er eine Nische außerhalb der bürokratischen Arbeitsmarktstrukturen und immer wieder dort Arbeit, wo man unkompliziert und kurzfristig eine Arbeitskraft benötigte. Mit diesem Lebensentwurf fügte er sich in einen allgemeinen Arbeits- und Lebensstiltyp ein, der in Österreich in den 1980er Jahren auftauchte und es sich in städtischen Randzonen oder Vorstadtgebieten einrichtete, an Orten, an denen Wohnen und Arbeiten verbunden werden können. Vor allem charakterisiert ihn die Entbundenheit von klassischen sozialen Netzwerken (Katschnig-Fasch 1998, 359ff.).

Andreas' Vater renovierte das Wirtschaftsgebäude eines ehemaligen Bauernhauses und gestaltete es zu einem Wohnraum für ihn, seine Frau und seinen Sohn um. Sich im außerhäuslichen Umfeld, im Garten und in der Nachbarschaft frei zu bewegen, wurde zu einem zentralen Wert, der mit dem Konzept des offenen Wohnens korrespondierte, nicht abgetrennt in eine Privatheit und frei von traditionellen Distinktionsmechanismen des Ein- und Ausschlusses. Soziale Kontakte waren an Freundschafts- und Nachbarschaftsnetzwerken orientiert. So erinnert sich Andreas:

> „[...] ich bin halt anders aufgewachsen. Meine Eltern waren ziemlich alternativ, wie ich auf die Welt gekommen bin, und es waren halt jedes Wochenende Festln. Gegrillt ist worden und so. [...] ich bin auch unter zehn Kindern aufgewachsen und unter zehn Familien, wenn du so willst."

Frei vom modernen kapitalistischen Arbeitsethos und frei von Konsumzwängen pflegte Andreas' Vater die Zeichen der Ungebundenheit von gesellschaftlichen Rahmenbedingungen, was mitunter ein Leben nahe an der asketischen Deutung des materiellen Auskommens bedeutete. Arbeit stellte für ihn keinen zentralen Wert dar und hat als berufliche Identitätskonstruktion seine Kraft verloren. Anerkennungsbedürfnisse bezogen sich auf soziale Kontakte und das Gefühl, in ein Freundschafts- und Verpflichtungsnetz eingebunden zu sein, das sowohl Selbstverwirklichung als auch Solidarität garantierte: Soziales Engagement hatte einen hohen Stellenwert und wurde auf der Ebene von Nachbarschaftshilfe und Freundschaftsbeziehungen praktiziert, während institutionelle Verwaltung als unakzeptable Bevormundung empfunden wurde. Das (bewusst gewählte) Leben am sozialen Rand der Gesellschaft konnte durch den Gewinn an empfundener Autonomie für den Selbstwert und durch den Gewinn an Freiheit kompensiert werden: Für diese *postalternative* Generation ist nicht das Erreichen einer sozialen Position oder eines materiellen Wertes mit Glück und Zufriedenheit verbunden, sondern ein ideell erfülltes und ausgeglichenes Leben, das durch Werte wie Kreativität, Natürlichkeit, Identität, Spontaneität und das bewusste Erleben des Augenblicks bereichert werden sollte.

Aus Sicht der Mutter

Das selbst gestaltete Leben als ein Ausdruck der Individualisierung stellte sich für Andreas' Mutter im Endeffekt als Belastung dar, mit der vollen Übernahme von Pflichten der Verantwortung, sowohl für ihren Sohn als auch für ihren Mann – Verpflichtungen, die sich aus familiären Konstellationen notwendigerweise ergeben. Die Werte eines individualisierten Lebens sind nur um den Preis neuerlicher Unfreiheiten, die in den meisten Fällen die Mütter treffen, aufrecht zu halten. Andreas' Mutter vermittelt den Eindruck, das Lebenskonzept ihres Mannes nicht mitgetragen, sehr wohl aber erduldet zu haben:

> „Er hat sich zunächst nicht zum Kind bekannt. Er ist dann abgehaut und hat andere Beziehungen gehabt, bis das Kind zwei Jahre alt war. […] Es war auch oft so, dass er am Montag weggefahren ist und am Sonntag drauf wieder gekommen ist. Und wir haben nicht gewusst, wo er ist. Er hat sein Handy nicht abgehoben, er hat nicht angerufen. Nichts. Und ich hab dann gesagt, ich möchte das nicht mehr mitanschaun. Ich hab gesagt, du nimmst dir irgendwo ein Haus und wenn es dir schlecht geht oder du deine Freunde treffen willst, dann fahrst dorthin. Und wenn es dir halbwegs gut geht, dann kommst wieder zu uns."

Immer wieder darum bemüht, die Brüche in der familiären Beziehung zwischen ihr und ihrem Mann, zwischen Andreas und seinem Vater zu mildern, geht sie an ihre Grenzen. Als Andreas in der Schule aufgrund unangepassten Verhaltens auffällig wird, beginnt für die Mutter ein Kampf um gesellschaftliche Akzeptanz, vor allem um Hilfe und Unterstützung. Immer wieder ersucht sie Lehrer, sie in Erziehungsfragen zu unterstützen, immer wieder wird sie zurückgewiesen:

> „Sie wollten immer, dass *ich* das erledige, wie auch immer. Und dieses Kind dann brav in die Schule schicke. […] Es hat geheißen: „Erziehen Sie ihn anders und der Vater muss sich einkriegen. Wenn Sie alles auf die Reihe kriegen, dann wird das Kind auch anders." Aber ich hab genau gewusst, selbst wenn wir das alles zusammenbringen, bräuchten wir eine Unterstützung."

Andreas wird im Gymnasium in seinem Verhalten immer auffälliger, Anzeigen und die Androhung auf einen Schulverweis folgen. Die Bemühungen seiner Mutter, eine kooperative Lösung, die Lehrer wie Schüler und Eltern einbezieht, zu finden, laufen ins Leere. Im Gegenteil, Eltern und Lehrer stellen sich gegen sie, die als erziehungsunfähig diskreditiert wird, und ihren Sohn, der zunehmend als gefährlich für seine Mitschüler wahrgenommen wird. Andreas muss die Klasse wechseln. Erst die Kontakte zur Polizei, aufgrund kleiner Diebstähle, ermöglichen den Zutritt zu sozialarbeiterischen Dienstleistungen – die Familie bekommt einen Erziehungshelfer zugewiesen. Die wöchentlichen Treffen, die häufig ausfallen, da der Erziehungshelfer die Termine nicht einhält, bewirken keine Verhaltensänderung. Die neuerlichen Hilferufe der Mutter werden amtlich abgewiesen. Andreas entgleitet ihr immer mehr, er ist kaum noch zu Hause und wenn, dann zieht er sich in sein Zimmer zurück. Die Mutter fühlt sich von öffentlicher Seite im Stich gelassen, was ihr bleibt, ist die private Finanzierung einer Psychotherapie für ihren Sohn und für sich so wie die Kontaktaufnahme zu einer Selbsthilfegruppe im Internet.

An der Hartnäckigkeit, mit der erzieherische Probleme an die Privatwelt der Eltern verwiesen werden, spiegeln sich unterschiedliche Aspekte der Programmatik des gegenwärtigen Sozialstaates: Zum einen die verstärkte Responsibilisierung der Eltern, die zu vorübergehend eingeschränkten Kunden der ökonomisierten Dienstleistungsagentur „Jugendwohlfahrt" gemacht werden, zum anderen die Tendenz der Individualisierung und Privatisierung gesellschaftlicher Probleme. Zudem zeigt sich, dass, während öffentliche Kontrolle und Aufsicht für unterprivilegierte soziale Milieus zunehmen, mittelständische bzw. privilegierte Milieus weder in den Blick einer verschärften Kontrolle geraten, noch, dass ihnen der Anspruch auf sozialstaatliche Dienstleistungen leicht gemacht würde.[11] Der Zugang zu derartigen Dienstleistungen korrespondiert mit der Milieuzugehörigkeit. Die mit Milieuspezifiken verbundenen kulturellen Bilder sind deshalb so hartnäckig und wirkungsvoll, weil sie sich in die Institutionen des Sozialstaates eingeschrieben haben: Die Vertreter staatlicher Institutionen weisen Andreas' Mutter wie selbstverständlich eigenständige Kompetenzen in Erziehungsfragen und einen adäquaten Umgang mit den Problemen, die er bereitet, zu. So stellen sich die Rufe einer akademisch gebildeten Mutter danach, mit ihren Schwierigkeiten endlich beachtet zu werden, als jahrelanger, zermürbender, Kräfte raubender Kampf dar, der lange Strecken der Einsamkeit, überfordernden Alleinverantwortung und Zurückweisung beinhaltet. Die Schwelle sozialstaatlicher Eingriffe liegt in diesem Fall hoch, die Verantwortung wird so lange bei der Herkunftsfamilie der Jugendlichen gehalten, bis die Situation eskalierende Ausmaße annimmt: Eine nachweisliche Drogenabhängigkeit, der Attest einer psychischen Krankheit und sechs Monate U-Haft waren notwendig, damit sowohl die Mutter als auch Andreas als unterstützens- bzw. therapiewürdig wahrgenommen wurden. Andreas wurde in die stationäre Drogenrehabilitationsanstalt eingewiesen.

Bereits der Gefängnisaufenthalt stellte sich für die Mutter als Entlastung dar: „Ich war richtig froh, ich hab das Gefühl gehabt, jetzt ist er geschützt." Die Aufnahme ihres Sohnes in eine Drogenrehabilitationsanstalt empfindet sie als erste *richtige* Maßnahme des Staates, die Andreas' Problemen entspricht. Sie legt alle Hoffnungen in die eineinhalbjährige Therapie, die ihrem Sohn jene Strukturen bieten solle, die er bisher in seinem Leben, sowohl in der Schule als auch in der Familie, die unter dem fehlenden Vater gelitten hatte, vermisste.

Die jahrelangen Anstrengungen, das unangepasste Verhalten ihres Sohnes in normale Bahnen zu lenken, führten zu einer Auseinandersetzung mit der Frage nach den Ursachen und Gründen für sein Verhalten, das bereits im Kindergartenalter vom Erziehungspersonal und von den Eltern der anderen Kinder als auffällig wahrgenommen wurde: Die Schwierigkeiten zu Hause, die Parallelen, die sie zwischen dem Leben ihres Mannes und ihres Sohnes erkennt, ebenso wie die genetisch bedingte Verhaltensauffälligkeit ADHS

[11] Diese Frage führt zur ideologisch besetzten Debatte über das Spannungsverhältnis zwischen den verfassungsrechtlich geschützten Elternrechten, in denen Pflege und Erziehung der Kinder als *natürliche Rechte* ausgewiesen sind und der gesellschaftlichen Verantwortung für Jugendliche bzw. Kinder, die sich, je nach ideologischer Ansicht, zwischen gesellschaftspolitischer Notwendigkeit und totalitärer Bevormundung bewegt. Erhitzt geführt werden Diskussionen darüber immer dann, wenn Fälle über *Kindesverwahrlosungen* in die mediale Aufmerksamkeit geraten und dabei entweder Eltern oder Jugendwohlfahrt an den Pranger gestellt werden.

(Aufmerksamkeitsdefizit-/Hyperaktivitätssyndrom), die sie nach Eigenrecherchen klinisch testen ließ, als Andreas 13 war, werden als Erklärungsfaktoren herangezogen. Das als psychische Störung ausgewiesene ADHS sollte medikamentös behandelt werden, Andreas allerdings hat das Psychopharmakon verkauft.

Das Krankheitsmodell ADHS

Das Krankheitsmodell ADHS gilt heute als multifaktoriell verursacht – eine Krankheit, die sich in Symptomen wie Unaufmerksamkeit, Hyperaktivität und Impulsivität, vorwiegend bei Kindern und Jugendlichen, und hier vorwiegend bei Burschen, zeigt. Bestimmten in den letzten 30 Jahren vor allem sozialpädagogische Probleme den psychologischen Diskurs um die Ursachen der Krankheit, werden heute neurobiologische Erklärungen diskutiert und immer wieder durch wissenschaftliche Studien fundiert. Durch die Sichtweise, ADHS als genetisch bedingte Krankheit, die medikamentös zu behandeln ist, zu definieren, wurde sie gesellschaftlich akzeptiert und enttabuisiert – zwar seien, nach Meinung von Neurologen und Psychologen, heute nicht mehr Kinder und Jugendliche von ADHS betroffen als vor 30 Jahren, das Krankheitsbild tritt allerdings offensichtlicher zu Tage. Die Grenze zwischen nicht behandlungsbedürftigen und behandlungsbedürftigen Betroffenen hat sich in den letzten Jahren in Richtung behandlungsbedürftiger Kinder und Jugendlicher verschoben. ADHS kann als Krankheit bezeichnet werden, die symbolisch für eine Gesellschaft steht, die Jugendliche deutlich erhöhten Anforderungen durch eine immer schneller zunehmende Komplexität im privaten wie im öffentlichen Leben aussetzt, einer zunehmend defizitären Anerkennungsbilanz und einer immer häufiger vorzufindenden Strukturlosigkeit im Privaten wie im Öffentlichen. Somit ist sie Spiegel einer kulturellen Befindlichkeit eines Teils der Jugendlichen von heute.

Die Diagnosestellung bewegt sich an einer Schnittstelle zwischen Norm und Auffälligkeit, da sie Kernsymptome als krankhaft ausweist, die im Grunde genommen normale Erscheinungen in den Entwicklungsphasen von Kindern zu Jugendlichen darstellen – die Unterscheidung zwischen Variationen fällt so in einen relativ vagen Graubereich mit breitem, variablem Definitionsspielraum, nicht unbeeinflusst vom gesellschaftlichen Stellenwert der Krankheit.

Dass bei Andreas ADHS diagnostiziert wurde, stellte sich für die Mutter zunächst als beruhigend dar: Die Krankheit war Visiten- und Eintrittskarte ins sozialstaatliche Unterstützungssystem – auf Krankenschein konnte eine klinische Psychologin in Anspruch genommen werden. Nun hatte sie das Gefühl, dass ihr geholfen wird.

Die psychologische Bearbeitung und Aufarbeitung sowohl der Drogenprobleme von Andreas als auch der familiären Schwierigkeiten haben einen hohen Stellenwert für die Mutter. Diese psychologisierte, reflektierte Form der Bearbeitungsstrategie verweist auf ihre Nähe zu bildungsbürgerlichen Werthaltungen und Normvorstellungen. Auch, dass sie selbst das Verhalten ihres Sohnes als auffällig wahrnimmt, noch bevor sie von außen darauf aufmerksam gemacht wird, zeugt von einer habituell geformten Wahrnehmungs- und Beurteilungsweise. Sie informiert sich über verhaltensauffällige Kinder und Jugendliche, sucht nach Gründen, reflektiert die eigene familiäre Situation, liest wissenschaftliche Studien zum Thema – sie versucht voller Selbstengagement, die Schwierigkeiten in den Griff zu bekommen und steht mit den ihr verfügbaren Mitteln und Ressourcen hinter ihrem Sohn; sie unternimmt alle Versuche, ihm nach ihrem Verständnis zu helfen. Der von der Familie gepflegte unkonventionelle Lebensstil, der in einer vorstädtischen Umgebung des angepassten Arbeitermilieus und der kleinbürgerlichen Wertorientierungen als *fremdartig* auffällt, bringt sie, nachdem Andreas auch von seinen Mitschülern und den Nachbarskindern als auffälliger Bub wahrgenommen und schließlich ausgeschlossen wird, in eine Situation der permanenten Rechtfertigung: Sie hat sich für ihren *missratenen* Sohn zu rechtfertigen, ebenso wie für die von ihrem Mann vorgegebene Lebensform, die als Erklärung allen *Übels* herhalten soll. Zu ihren Erfahrungen der Überforderung und des *Nicht-gehört-Werdens* kommt die Stigmatisierung als *erziehungsunfähige* Mutter durch das soziale Umfeld. All das und die Erleichterung, als sie Andreas endlich in guten und professionellen Händen in der Drogenrehabilitationsanstalt wähnt, führen zu ihrer Einstellung, die das Wegsperren von problematischen Jugendlichen gut heißt und wie eine Empfehlung für den gesellschaftlichen Umgang mit ihnen anmutet:

> „Ich war total überfordert mit meinem Sohn. Es sollte ganz generell Einrichtungen geben, mit geschulten Leuten, die Jugendliche eine Zeit lang beherbergen, so dass sie gar nicht zu Hause sind oder nach Hause können. Nur an den Wochenenden. Sie wollen sowieso nur unter Gleichaltrigen sein und die Eltern gehen ihnen auf den Geist. Und das wäre eben auch etwas für das Elternhaus, weil man dann nicht so als Versager dasteht."

Leben für den Augenblick

Der individualisierte Lebensstil der Ungebundenheiten und Unverbindlichkeiten, den Andreas' Vater über Jahre hinweg pflegte, scheiterte an der Unvereinbarkeit mit familiären Verpflichtungen und daran, dass der experimentelle Konsum von Alkohol und Drogen zu einer Abhängigkeit und Krankheit führte. Mit der Entzugstherapie des Vaters verlor sich auch das

Freundschaftsnetz: „Das ist jetzt eh alles zerbrochen, seitdem mein Vater nicht mehr giftelt" (Andreas). Der Traum eines kreativen, spontanen, erfüllten und ausgeglichenen Lebens erfüllte sich nicht. Was Andreas als väterliches Erbe mit sich trägt, ist die Leichtigkeit, mit der er die Dinge des Lebens angeht und das Leben für den Augenblick. Nicht nur seine Erfahrungen in der Drogenrehabilitationsanstalt, auch die Zeit davor erscheint in seinen Schilderungen wie ein experimenteller Raum, den er nach freier Wahl gestaltet hat: Im Alter von elf Jahren hat er zum ersten Mal Drogen probiert, er hat damit begonnen, Verwandte, Bekannte, Lehrer und Schüler zu bestehlen, schließlich in einer Gruppe mit anderen Jugendlichen Raubüberfälle zu begehen, die ihn, nach einer Körperverletzung, in U-Haft brachten. In seinen Erzählungen entwirft sich Andreas als Held – als Held, der keine Scheu vor Autoritäten kennt und die Polizei gekonnt beschwindelt, als krimineller Held, der aufgrund seiner Schläue andere der Reihe nach austrickst und beraubt, als gefühlstauber, aber solidarischer Held im Knast, der den Gefängnisaufenthalt als Abenteuer wahrnimmt, als heldenhafter Komplize im Gerichtssaal, der niemals einen anderen verraten würde, schließlich als vorbildlicher Held im Holzhof, der die Therapie bravourös zu Ende bringt und nebenbei die Schule abschließt.

Sein Vater war und ist ihm ambivalentes Vorbild: Einerseits findet er ihn „cool, mit Lederjacke und so", unkonventionell, antiautoritär, *kameradschaftlich.* Andererseits verwirrt ihn seine Position: Mal Freund, mal strenger Vater, mal anwesend, mal nicht. Der Vater konnte keine Position mit klarer, eindeutiger Beziehung zu seinem Sohn aufrecht halten, je nach Drogenkonsum reagierte er unterschiedlich auf die Schwierigkeiten, die Andreas machte.

Die Vaterposition, verstanden als stabile männliche Bezugsperson, die verfügbar ist und *eine* Form von Männlichkeit verlässlich repräsentiert, die der Sohn (oder andere Familienmitglieder) akzeptieren, ablehnen oder modifizieren kann (können), bleibt eine Leerstelle. Vor diesem Hintergrund erscheint Andreas' Suchtverhalten wie die Suche nach dem entwichenen Vater, wie ein Versuch, durch einen ähnlichen Lebensstil eine Nähe zu ihm herzustellen, da er anders nicht greifbar, nicht spürbar war. Die Inszenierung von Männlichkeit über den Griff nach hegemonial männlich besetzten Feldern[12] – Kriminalität, Gewalt, Mannschaftssport, Bundesheer oder die Polizei als Feindbilder – verleiht nicht nur den Schein von Stärke, er bedingt den männlichen Identitätsfindungsprozess eines Heranwachsenden. Orientierungsange-

[12] Im Gegensatz zum Patriarchat zielt das Konzept der hegemonialen Männlichkeit nicht auf starre Herrschaftsverhältnisse ab, sondern auf symbolisch und pragmatisch zu erobernde und zu verteidigende Männlichkeit.

bote für Männlichkeit sind heute zwar zahlreicher, sie sind allerdings auch verschwommener: Auf der Grundlage traditioneller Männlichkeit wird es möglich, kulturelle Muster der hegemonial männlichen Selbstdarstellung auszutesten, zu reinszenieren und sich Männlichkeitsbilder anzueignen. Das Zerfallen und Verblassen von symbolischen Vorbildern und Idealen – Männlichkeit hat seine Eindeutigkeit verloren[13] – verweisen auf eine zunehmende Unklarheit, was männliche Identität einerseits ausmacht und was andererseits gesellschaftlich von Männern gefordert wird. So müssen die symbolischen Repräsentationen von Männlichkeit, die heute interpretationsbedürftig und auslegungsfähig sind, stets von Neuem hergestellt, inszeniert und bewerkstelligt werden. Für die Konstruktion einer Geschlechtsidentität spielt die Drogenrehabilitationsanstalt eine ambivalente Rolle: Trotz der Homologien zu autoritären Institutionen werden die jugendlichen Männer zunächst zu Objekten einer sozialpädagogischen, therapeutischen Verständigungsperspektive gemacht und damit *verweichlicht*. Der bewusste Bruch mit kulturellen Codes einer männlich hierarchisch geordneten Umgebung kommt für die Burschen einer Unterwerfung gleich, die Therapeutisierung wird in diesem spezifisch männlichen Kontext als *Verweiblichung* erfahren. Umso wichtiger und identitätsstärkender wird es für sie, als *richtig coole Kerle* durchzugehen, was zu einem Erzwingen von Respekt in der Darstellung einer überbetonten heterosexuellen Männlichkeit führt.

Andreas kann, im Unterschied zu vielen der anderen Jugendlichen im Holzhof, auf ein familiäres Unterstützungsnetz als Ressource zurückgreifen. Sowohl die Werte der bürgerlichen Bildung als auch individualistische Werte wie Selbsterfahrung können als Kapital genutzt werden, das einerseits Andreas' Umgangsstrategien bestimmt, und andererseits den gesellschaftlichen Umgang mit ihm beeinflusst: Die Intervention des Staates ist eine vorübergehende. Anstatt ihn in einer lebenslangen Abhängigkeitsstruktur gefangen zu halten, werden ihm Besserungsbemühungen zugetraut.

Die Aktivierung milieuspezifisch normativer Grundhaltungen ermöglicht einen mittelständischen Normalisierungsprozess. So stellt sich sein *Abweg* letztendlich als experimentelle Phase des Jugendalters dar, die durchlaufen wird und als Erfahrungsgewinn verbucht werden kann. Seine Zukunftsperspektiven weisen auf eine mittelständische Laufbahn. Die habituelle Orientierung an bildungsnahen Kapitalien und die Aktivierung von Vorstellungen über eine berufliche Laufbahn werden von Andreas als Ressourcen

---

[13] Die 1968er-Bewegung hat das allgemeine Männlichkeitsmodell, das in der Epoche des hegemonialen Modells überall vermittelt wurde, aufgebrochen. Heute ist von „Männlichkeitsentwürfen", der „Entgrenzung der Männlichkeit" (Böhnisch 2003) oder ganz allgemein von Männlichkeit im Plural, also von Männlichkeiten, die Rede.

genutzt, die in seinem Milieu mit Anerkennung aufgeladen werden und als Sinnstrukturen zur Ausbildung einer erwachsenen Ich-Identität beitragen.

Im Gespräch mit Andreas

März 2007

Die täten das alle selber gern …

Du kommst grad von der Schule. Es ist ja nicht üblich, dass von da jemand die Schule besucht, außerhalb der Einrichtung.

Na, net wirklich. Also, es gibt so eine vereinsinterne Schulung, also so Lehrabschluss oder Hauptschulabschluss, weil die meisten Leut da haben nicht einmal das.

Und wie war das bei dir? Wie kam das zustande, dass du zur Schule gehen kannst?

Ja, ich hab schon von Anfang an gesagt, dass ich das machen will, die Schule, von da aus. Das geht erst ab einer gewissen Phase. Da war ich schon vier Monate da, dann war ich auf einer Arztfahrt und dann hab ich mir gedacht, schau ich bei der Schul vorbei und hab gefragt, wie es ausschaut, ob sie einen Platz haben für mich. Dann haben sie gesagt, sie wissen nicht, dann hab ich mit dem Hausleiter geredet und der hat gesagt, ist überhaupt kein Problem, ich soll das machen. Und seither mach ich es. Aber ich bin halt der, der nur obi zaht und nix tuat [der Faule] und so. Hast eh gesehen, wie sie vorbei gerannt sind und blöd gelacht haben [die anderen Burschen].

Deshalb haben sie gelacht?

Ja, ja, aber ist eh nur spaßhalber. Die täten das alle selber gern, um das geht es. Und es ist ja nicht so, dass die alle machen könnten, was sie gerne täten. Die meisten sind ja 24 Stunden, sieben Tage die Woche, 18 Monate lang da, bis auf ihren Ausgang. Und ich bin zehn Stunden vom Tag nicht da.

[…]

Dann hab ich den Entschluss gefasst, dass ich da her komme …

Erzähl mir davon, wie es war, als du hierher gekommen bist, in den Holzhof?

Ja, ich bin am 21. Dezember 05, da bin ich eingesperrt worden, wegen schwerem Raub, schwerem Raubüberfall und da bin ich in U-Haft gewesen, mit allen Komplizen und … bei der Verhandlung bin ich dann frei gekommen, sofortige Enthaftung. Dann war ich ein Monat draußen und der Richter hat gesagt … also, ich hab eine Weisung für eine ambulante Therapie gehabt, und der Vorbetreuer, der Therapeut, Vorbetreuer oder wie das heißt, von der Ambulanz hat gesagt, er nimmt mich nicht ambulant, er nimmt mich nur stationär. Dann hab ich es mir überlegt, nachdem ich in keine Schul hab gehen können draußen, ich hab keine Freunde gehabt draußen, weil die waren alle eingesperrt und irgendwie wollt ich aufhörn [mit den Drogen] und ich wollt auch, dass meine Eltern nicht mehr immer so viel Scheiße erleben und mein kleiner Bruder überhaupt. Und dann hab ich halt den Entschluss gefasst, dass ich da her komm.

Mhm. Und über den Richter hast du erfahren, dass es diese Möglichkeit gibt?

Ja, gekannt hab ich es schon früher, weil mein Vater war selber auch in der ambulanten Therapie in Graz. Das gibt es ja ambulant und stationär. Und ich war selber ein, zwei Mal dort, aber das hat nichts gebracht, weil ich es eben nicht wollte. Also, gewusst hab ich schon immer, dass es das gibt. Stationär hab ich nicht gewusst. Der Richter hat dann gesagt, dass ich das machen muss. Ich hab mir gedacht, ich mach ein Jahr ambulant, ich werd es schon schaffen, aber der Vorbetreuer hat eben gesagt, das geht nur mehr stationär bei mir.

Und wie war das, als du das erste Mal hier warst?

Ich weiß nicht, ich war … wie ich her gekommen bin, war ich ein bissel ein aggressiver Typ. Also eben so, so aus dem Gefängnis gekommen, irgendwie aus einer aggressiven Szene halt gekommen und da hab ich mir halt schwer getan am Anfang. Ich bin her gekommen am fünften Mai und hab gleich ein paar nette Leut kennen gelernt, aber auch einen Haufen Arschleut, die mich gleich wie einen Arsch behandelt haben, weil ich hab die ganze Zeit geschimpft und so, hab mich nicht angepasst ans System, die ersten Wochen. Die ersten Wochen war schon Arsch. Aber dann ist das ganze Feeling gekommen. Also, am Anfang war das super, dieses Therapiefeeling. Das hat man, glaub ich, auch noch ein bissel so von den Drogen, so Nachwirkungen.

Wie hat sich das geäußert, dieses Therapiefeeling?

Ich weiß nicht, wie man das … also damals hab ich es nicht so gemerkt, ich merk es nur jetzt, seit es weg ist, also … es war irgendwie ganz was Neues, deswegen war es so besonders, da in einem Haus sein mit einem Haufen Jugendlicher. [Pause] Ich weiß nicht, da kommt man daher mit einer Einstellung, dass man sich ändert und so und dass man was weiter bringt und das ganze Leben verändern will und auf den Kopf stellen will. Und jetzt ist es ganz was anderes, das ist so schwer zu beschreiben, wie es ist. […] Es hat schon Zeiten gegeben, wo mir das Ganze abgegangen ist, die Gruppe, die Gang sozusagen und das tun und lassen können, was man will und so. Einen Haufen Geld aussi schmeißen [lacht]. Ich weiß nicht, es geht einem schon ab, aber mit der Zeit wird das weniger irgendwie. Ich hab mich schon an das Leben gewöhnt, so wie es jetzt ist. Ich kann es mir jetzt schon vorstellen, wie ich es gerne hätte. Dass ich es so gern hätte, meine ich. Das ist ja am Anfang nicht gegangen, dass ich mir denk, wie ich einmal leben möchte.

Wie ist denn deine Vorstellung?

Ja, ich weiß nicht. Ich hab irgendwie so die Vorstellung von einem Leben, das halt jeder so normal hat: Wohnung, Auto und so. Vorher hab ich das nicht gehabt, das kann man ja gar nicht vergleichen, und Freundin und so, arbeiten und Urlaub fahren, irgendwas erreichen einmal. Vorher war ich die ganze Zeit nur zu und da hab ich mir gedacht, Scheiß drauf, weißt wie ich mein?

Hab mir halt immer was gestohlen …

Mhm. Du siehst die Zeit vorher und wie es jetzt ist.

Ja, weißt, angefangen hab ich mit elf.

Mit elf?

Ja, also. Ich hab das schon immer gewusst, dass mein Vater kifft und dass meine Nachbarn kiffen. Und alle Freunde von meinem Vater kiffen und bei uns im Garten sind halt Marihuanapflanzen gewachsen und auch bei den Bekannten, die haben Plantagen gehabt und deren Kinder waren die besten Freunde von mir und so. Und da war einmal ein Freund bei mir und da haben wir das zusammen geraucht halt. Da hat es dann angefangen und dann hab ich immer wieder meinem Vater was gestohlen und so. Und wenn ich beim Lukas eben war, dem sein Vater war der beste Freund von meinem Vater, der war auch drauf, mein Vater war auch drauf und das hab ich nicht gewusst zu der Zeit, ich hab mir nur gedacht, die kiffen, weißt eh, und hab mir halt immer was gestohlen und so und mit selber gebastelten Wasserpfeifen geraucht. Ja. Und dann bin ich, also wie ich in die vierte Klasse Gymnasium gekommen bin, da ist jemand durchgefallen in der vierten, der ist zu mir in die Klasse gekommen, mit dem hab ich angefangen in den Stadtpark gehen und so. Und den Mani hab ich kennen gelernt, das war so ein Punk, sind wir immer in den Stadtpark gegangen, haben immer gesoffen und gekifft und so. Und da hab ich auch angefangen, mich anzuziehen wie ein Punk und so. Und da hab ich halt immer gekifft, war immer zu halt und bin auch ein paar Mal, ein, zwei Mal bin ich eingebrochen, da, bei dem besten Freund von meinem Vater und hab gleich einmal ein halbes Kilo Gras oder so gestohlen und hab das halt geraucht und verschenkt und alles Mögliche. Und dann hab ich im Stadtpark andere Leut kennen gelernt und die waren so skatermäßig unterwegs, bin ich Skater geworden. Hab auch angefangen, so im Stadtpark Gras zu vermitteln und so, von einem Dealer und hab halt ein bissel was drauf geschlagen, so haben wir angefangen Geld zu verdienen. Dann haben wir angefangen zum Abziehen, also so: Ja, ich bring dir was um das Geld, aber sind dann nicht mehr gekommen und so, ja. Und dann mit 15 hab ich das erste Mal Extasy genommen und mein Freund hat so Stechapfelsamen anzaht [gebracht], das ist so eine Naturdroge, wirkt wie LSD, da hab ich eine Überdosis gehabt, war ich im LSF, in der Sigmund Freud Klinik [Landesnervenklinik Sigmund Freud, Graz] [...]. Und im vorigen Schuljahr bin ich sitzen geblieben mit acht Fleck, weil ich nie in der Schul war und immer nur gekifft hab und so. Und dann hab ich mich angemeldet für die HAK, im Sommer davor und dann, wie ich ausi gekommen bin, das waren zwei Tage vor dem Schulanfang, bin ich dann mit drei Komplizen von mir in der gleichen Klasse gewesen. Da haben wir halt die ganze Zeit nur ... also, wir haben irgendwelche Leut in der Klass, irgendwelche Kinder halt, haben wir aufs Kiffen gebracht und auf Extasy und so. Und dann haben wir sie halt die ganze Zeit abgezogen und ja, da haben wir überhaupt mit dem Ganzen angefangen: Extasy und Speed und so und mit Kokain und so. Und sind immer auf Technopartys und so gegangen und haben angefangen zu dealen und so, mit 15. Dann mit 16 ist mein Dealer eben eingesperrt worden, da hab ich dann keinen mehr gehabt, wo ich das Geld hätt herkriegen können. Dann haben wir angefangen, Räube zu machen, haben wir am Wochenende immer drei, vier Räube gemacht. Und so halt haben wir die Kohle gekriegt. Ja, und dann, ja, bin ich halt in der Schul gesessen und dann ist die Polizei in die Schul gekommen und ich bin eingesperrt worden.

Dann warst im Gefängnis.

Ja, es war eigentlich komisch. Also, einer hat uns verraten wegen dem Raub, deswegen sind wir alle eingesperrt worden. Die ersten zwei Wochen ist es nur drum gegangen, wer jetzt wen verraten hat und so. Dann ist aber einer entlassen worden, dann haben wir es eh gewusst, dass es er war, der Tommi war das. Ja, ein Monat Einzelhaft, das war über Weihnachten und Silvester und ein Monat war ich mit einem Türken in der Zelle, das war eh recht, das ist eigentlich eh gegangen. Einzelhaft war extrem gschissn, am Anfang [Pause] und ein Monat war ich dann mit einem besten Freund in der Zelle, das war eigentlich nicht so schlecht. Das kannst du wahrscheinlich nicht verstehen, wenn ich sag, dass das nicht so schlecht ist.

Na ja, ich hab keine Erfahrung, wie es im Gefängnis ist.

Man gewöhnt sich einfach an das Ganze. Es ist nicht so arg. Ich war auf dem Jugendstock, da ist es nicht so schlimm. Und ich war mit sechs Komplizen auf einem Stockwerk, also Übergriffe hat es auch keine gegeben, also ... na ja. Und dann war eben die Verhandlung, also, es war schon beschissen, wenn meine Mutter zum Beispiel immer geweint hat, wenn sie mich besucht hat oder so. Und ich weiß nicht. Ich bin aber drinnen auch drauf gekommen, dass sich das Ganze nicht auszahlt, deswegen seh ich das gar nicht so schlecht, dass ich eingesperrt worden bin, sonst wär ich eh nie da her gekommen.

Du meinst jetzt, du hast im Gefängnis Zeit gehabt, um nachzudenken?

Ja. Das hat mir was gebracht. Jetzt bin ich halt ... also seit dem Tag, wo ich eingesperrt worden bin, am Vortag hab ich das letzte Mal was geraucht gehabt, in der Vorwoche hab ich das letzte Mal Chemie genommen, das heißt, ich bin jetzt schon [denkt nach] eineinhalb Jahre clean. Und das kommt mir jetzt, wo ich es sag, so extrem lang vor, ich weiß nicht. Ja, eineinhalb Jahre.

Vor eineinhalb Jahren also...

[Unterbricht:] Ja, kalten Entzug hab ich halt gehabt, wie ich eingesperrt worden bin: Krämpfe und psychischen ... weil am Anfang hab ich ja bei der Amtsärztin gesagt, dass ich keine Drogen genommen hab, weil ich gedacht hab, da komm ich irgendwie besser weg. Dadurch hab ich aber auch nichts gekriegt gegen den Entzug und so schlimm war es nicht, ich war nicht so arg drauf, dass ich wirklich ... also psychisch hab ich gehabt, ich hab nicht schlafen können, hab die ganze Zeit Alpträume gehabt und fast die ganze Zeit nur geweint, das erste Monat, wenn ich an meine Familie gedacht habe und so. Ist eh klar, über Weihnachten und so und du bist in Einzelhaft.

[...]

Ich freu mich drauf, dass ich das ganze Leben neu in Angriff nehmen darf ...

Wie lang wird dein Aufenthalt hier noch dauern?

Ich bleib noch ungefähr bis Mitte August und dann geh ich heim, dass ich halt drei Wochen ungefähr hab, bis die Schul anfangt. Und ich bin auch schon angemeldet in Graz, in einer Schul, ich bin schon aufgenommen sozusagen, wenn ich da jetzt positiv bin, bin ich aber sicher ... ich hab jetzt sogar einen Einser gehabt in Mathematik.

Super. Und in welcher Schule bist in Graz angemeldet?

HAK. Früher bin ich in ein Gymnasium gegangen.

Dort wollten sie dich nicht mehr nehmen?

Na ja, ich bin … also, zwei Mal war die Polizei bei mir in der Schule und ich hab zwei Mal Androhung auf Ausschluss gehabt, weil ich mich so aufgeführt hab. Aber das ist sowieso eine Scheißschul, ehrlich gesagt, HAK ist viel besser. Und außerdem würde ich vielleicht in mein altes Muster zurückfallen. Ich weiß nicht. Die Angst hab ich früher mehr gehabt, aber die hab ich überwunden, durch die Einzeltherapie und so, weil ich hab sowieso Angst vorm Versagen gehabt, wie ich hergekommen bin. Da war ich ein kompletter Komplexhaufen eigentlich. Und, und, also ich hab jetzt nicht mehr Angst davor, dass es mi auf die Pappn haut, ich freu mich drauf, dass ich das ganze Leben neu in Angriff nehmen darf. Natürlich hat man schon manchmal Angst vorm Versagen, aber, nur, wenn ich jetzt einmal rückfällig werd, heißt das ja nicht, dass alles gleich verschissen ist. Ich hab ja… ich hab ja eineinhalb Jahre Nachbetreuung und zwei Jahre Drogentest. Bei der Nachbetreuung muss ich einmal in der Woche hin und hab dann eine Einzeltherapiestunde.

Wie stellst du dir das Leben dann „draußen“ denn vor? Wirst Du zuhause wohnen wollen?

Ja, die erste Zeit auf jeden Fall. Mal schauen, wie lang, das weiß ich noch nicht. Auf jeden Fall werd ich daheim wohnen, Schule gehen und eine Freundin werd ich mir suchen, eh klar. Und, also, ich möchte auch an den Wochenenden mit meinem Vater mit arbeiten gehen. Und ich will auf jeden Fall einen Kampfsport lernen und Volleyball in einer Mannschaft spielen. Das ist eh ein Haufen eigentlich.

Eh. Und wenn die Schul fertig ist?

Da möchte ich weiter studieren, Management oder so. Ich hab ja noch Zeit, drei Jahre mindestens und Bundesheer mach ich auch. Ich möchte unbedingt die Tauglichkeit erreichen, ich will auch unbedingt zum Bundesheer. Und dann, da mach ich mir keine großen Gedanken. Ich hätt nur gern viel Geld.

[…]

Da war keine Beziehung da …

Wie geht es dir zur Zeit mit deinen Eltern?

Also das war das, was mir am wichtigsten war am Anfang: Ich hab die ganzen sechs ersten Ausgänge, die bin ich immer nur daheim gewesen, weil vorher bin ich ja nie daheim gewesen, und wenn ich daheim war, war ich in meinem Zimmer und hab gelernt oder ich bin schlafen gegangen, hab gesagt, ich bin müd, weil ich echt so zu war und ich hab halt meine Eltern durchgehend angelogen und verscheißert. Ich weiß nicht, da war keine Beziehung da und jetzt ist eigentlich eine Superbeziehung da. Ich weiß, dass ich mit ihnen über alles reden kann, mit meinem Vater geh ich immer arbeiten, mein Vater ist so wie einer von meinen besten Freunden eigentlich jetzt. Und dadurch, dass er selber drauf war und es selber geschafft hat, ist er irgendwie ein Vorbild. Und meine Mutter ist sowieso … was die durchgemacht hat, zuerst mit meinem Vater und dann zwei Jahre später mit mir.

Und wenn du sagst, dass du mit deinem Vater arbeiten gehst, was macht ihr da?

Also, mein Vater tut ausmalen, renovieren und so und wenn es halt irgendeinen Auftrag gibt, dann machen wir das zusammen und teilen das Geld.

Du hast gesagt, dein Vater ist jetzt Vorbild, weil er von den Drogen weggekommen ist. Wie war denn das vorher?

Früher wollt ich irgendwie … na ja, mein Vater war von meinem ersten Lebensjahr bis zu meinem dritten Lebensjahr, da waren sie [die Eltern] sowieso einmal getrennt und dann bis zu meinem 14. Lebensjahr war er zwei Wochen da [Pause] und dann weg, zwei Tag da [Pause] und dann weg, zwei Tag da [Pause] und dann drei Wochen weg, ohne Handy, ohne zu erreichen, voll fett zurück gekommen. Dann war er eine Zeit, ein paar Jahre lang schwerer Alkoholiker, dann ist er eben drauf gekommen … also, ich hab das nicht gewusst, jetzt fällt es mir auf, weil manchmal ist er gekommen mit solchen Boxen und hat sie mir geschenkt und war voll sentimental und manchmal, wenn er wahrscheinlich auf Koks oder so war, war er voll aggressiv. Und das war ein Schock, wie er eingesperrt worden ist, für mich, ist eh klar, und jetzt irgendwie [Pause], ich kann mit ihm über alles reden, was mich irgendwie … in Zusammenhang mit Therapie sowieso alles, weil er hat genau das Gleiche auch gemacht, nur viel länger als ich, 30 Jahre mindestens. Er war auf Weltreisen, hat Drogen konsumiert, in jedem einzelnen Land, war eingesperrt im Iran und so, voll arg.

Welches Bild hast denn damals gehabt von deinem Vater?

Ich weiß nicht, ich wollt unbedingt so sein wie er, mit Lederjacken und so, cool, leiwand. Er war ein bissel ein Held für mich und drum bin ich auch so worden und hab einfach alles geschmissen [Pause]. Manchmal hab ich es urcool gefunden, wie er ist, manchmal hab ich ihn einfach nur gehasst, wie ein Wahnsinniger.

Also zwiespältig.

Ja, und immer auf Distanz halt, das war halt so. Für mich war es halt so.

Ein anderes Kind denkt sich, Scheißvater, ist nie für mich da, weißt was ich mein? Aber ich bin halt auch anders aufgewachsen, meine Eltern waren ziemlich alternativ, wie ich auf die Welt gekommen bin, und es waren halt jedes Wochenende Festln, gegrillt ist worden und so. Und das hat mich schon geprägt, also in meinem Kopf, ich zieh mich nicht so an, aber in meinem Kopf auf jeden Fall.

So geprägt, dass du dir vorstellen kannst, auch so zu leben?

Na ja, so vom Gewand her und von der Musik her nicht, also das Abgefuckte, das taugt mir net, aber im Kopf kann man es ja trotzdem leben, weißt, was ich mein? Man braucht nicht so streng alles gleich machen. Aber ich möchte es auf jeden Fall bei meinen Kindern nicht so machen, dass ich einfach alles durchgehen lass, weil, das ist ein großer Fehler. Man kann schon Freiheiten geben, aber man muss genauso Grenzen auch setzen [lacht]. Ich hab ja auch keine richtige Beziehung zu meinem Vater gehabt. Er war ja nie da! Und ich nenn meine Eltern schon seit Geburt bei ihren Vornamen. Ich hab nie was anderes gesagt, obwohl sie es eigentlich wollten. Und mein kleiner Bruder macht das jetzt auch schon, ist eh klar, wenn ich das so sag. Und meine Eltern probieren es halt mit Mama und Papa, aber das geht irgendwie nicht. Das musst von Anfang an machen. Weil ich bin auch unter zehn Kindern aufgewachsen und unter zehn Familien, wenn du so willst. Und jeder hat einfach nicht Mama und so gesagt. Das ist eh jetzt alles zerbrochen, seitdem mein Vater nicht mehr giftelt und so. Und ich hab auch viel Scheiße gemacht bei Bekannten, gestohlen und so. [...] Ich hab mir gar nichts gedacht dabei, ehrlich. Ans Geld hab ich gedacht. Ich hab mir nicht einmal gedacht, da kommt keiner drauf, ich hab mir einfach gar nichts gedacht. Ich hab sowieso über gar nichts nachgedacht. Ich war zwei Jahr lang sicher, ich weiß nicht, zehn Mal vorm Gericht. Und das war mir immer wurscht, ich hab immer Bewährung gekriegt oder Sozialdienst, hab mir gedacht, ist wurscht, krieg ich halt wieder Bewährung. Das war mir wurscht als 15-jähriger Bua. Ich war da so drin und in einer Gang halt und wir haben einfach gemacht, was wir wollten. Wenn wir kein Geld gehabt haben, haben wir es halt irgendjemandem weggenommen.

Was hat euch denn verbunden als Gang?

Das Gift einfach. Ja, sonst eh nichts. Seitdem ich mir nichts mehr eini hau, bin ich von denen eh weg. Vorher hab ich dazu gehört. Und es gibt drei, vier Leut von dieser Gruppe, die machen noch immer weiter. Die waren jetzt auch gerade eingesperrt, zehn Monat. Und einfach die gleiche Musik hören, so Rap, und einfach gifteln zusammen. Kennen gelernt im Stadtpark, haben wir angefangen

Dinge zu drehen, hab immer mehr Leut kennen gelernt. Da entwickelt sich einfach eine Eigendynamik dadurch, wenn vier sagen jetzt, dann sagen die anderen auch nicht nein. Da willst einfach dazu gehören, irgendwie. Aber es fällt dir gar nicht auf in dem Moment, dass da eigentlich ein Gruppenzwang ist und überhaupt willst eben auch selber ein Geld haben. Und du wirst sowieso gefühlskalt, wenn du auf Drogen bist, also ist dir eigentlich eh alles wurscht.

… dass dir einer so ehrlich sagt, was ihn an dir stört …

Und jetzt ohne Drogen?

Ja, aufregender war auf jeden Fall das Leben mit Drogen, das ist schon klar. Aber ich weiß nicht, ich weiß gar nicht, was mir an dem Leben nicht so taugt, irgendwie, dass das weggefallen ist, schon eine Riesenangst, dass alle zwei Minuten die Polizei vor der Tür stehen könnt, dass du net bei jedem Bullen Angst haben musst, wenn du einen siehst. Dass ich nicht Angst haben muss, dass mich irgendwer umschlägt, weil ich ihm halt 2000 Euro schuld oder weil ich nicht einmal in die Stadt allein mehr gehen kann oder so. Oder, also, auch zum ersten Mal, dass ich echte Freunde kennen gelernt hab, mit denen ich über Probleme reden kann oder so. Keine Ahnung. Über das denk ich auch nicht so nach. Mit den Leuten hier Kontakt, das ist schon super. Du bist mit 15 Leut 24 Stunden eingesperrt sozusagen, also eingepfercht in ein Haus und jeder hat bei einem anderen etwas, was er überhaupt nicht aushält. Und du merkst auch, wie du ankommst, wenn du so bist oder so bist, wenn du dich verstellst oder wenn du echt bist, wenn du so zu jemandem bist, wenn du nett bist oder gschissn bist, du kannst alles ausprobieren. Wenn dir wer am Arsch geht, kannst einmal so reagieren und schauen, wie er dann reagiert und wenn er dir dann wieder am Arsch geht, kannst anders reagieren und schauen, wie er reagiert. Kannst alles ausprobieren, ist eine Spielwiese eigentlich.

Kannst experimentieren, ohne dass wirklich was passiert?

Das hast draußen nicht, wirst nie haben, dass dir einer so ehrlich sagt, was ihn an dir stört. Außer deine Familie vielleicht, aber da wird es auch nicht ewig gehen sozusagen. Und da macht es irgendwie jedem Spaß, dem anderen zu sagen, dass er gschissn ist.

Glaubst, dass du ohne diese stationäre Therapie auch mit den Drogen aufgehört hättest?

Nein, das hätt gar nicht funktionieren können, weißt was ich mein? Ich hab draußen, also alle meine Freunde waren eingesperrt, alle meine Giftlerfreunde, ich bin als erster raus gekommen. Daheim hab ich nur Stress gehabt, weil ich hab nie etwas für die Familie getan. Nur irgendwie die ganze Zeit ausgenutzt, die wollten trotzdem, dass ich es schaff, hätten mich trotzdem unterstützt, aber natürlich mit so, mit so, mit so, in so ein Regelwerk eingespannt, wo ich mich so hätt bewegen können [eingeengt] und das … mein Vater hat, an dem Tag, wo ich gesagt habe, ich kann stationär oder ambulant machen, hat mein Vater gesagt, entweder du gehst Therapie oder du bleibst bei uns, aber dann kannst nicht einmal allein ein Eis essen gehen. Und das hat mich eigentlich dazu bewegt, wenn ich ehrlich bin … das hätt ich nicht dablasen [ausgehalten]. Und ich hätt einfach nur die Wahl gehabt … dass ich neue Freunde such, ich weiß nicht, das hätt ich mir nicht vorstellen können, jetzt kann ich es mir vorstellen, aber … ich find, das ist das Beste, was mir passieren hat können, dass ich auf Therapie gegangen bin. Und ein paar Tag, nachdem ich aussa gekommen bin aus dem Gefängnis, bin ich zum Direktor [der ehemaligen Schule] gegangen mit meinem Vater und er hat gesagt, er will mich nicht. Wir hätten schon den gerichtlichen Weg nehmen können, dann hätt ich wieder rein können in die Schul, aber er hat einmal gesagt, jetzt bin ich zwei Wochen beurlaubt. Das kann er einfach so sagen, Gefährdung für die Schüler oder keine Ahnung, und ja, das wär sicher nur Stress gewesen einfach. Und überhaupt hab ich drei Monate versäumt gehabt, das ist in der HAK ein Haufen [Lehr]Stoff, ja. Und von da her war das die beste Lösung. Und wenn es mir nicht taugen tät, wär ich eh gleich wieder gegangen, weißt, was ich mein? Ich bin ja freiwillig da, ich könnt jetzt auch heimgehen.

4.3. Logiken des Ausschlusses

Das Bild des unterworfenen Subjektes, das Foucault in „Überwachen und Strafen“ (Foucault 1976) zeichnet, hat sich zu einem Bild des autopoietisch subjektivierten Individuums gewandelt. Die Gewaltverfahren autoritärer Institutionen scheinen heute deutlich verringert: Dem körperlich disziplinierten, normierten und damit sanktionierten Menschen, physischen Herrschaftstechniken von außen unterworfen, tritt der scheinbar autonome Mensch entgegen, der über *Technologien des Selbst* mit eigenen Mitteln seinem Körper, seiner Psyche und seiner Lebensführung begegnet. Selbsttechniken allerdings sind abhängig von Herrschaftstechniken zu betrachten:

> „Man muss die Punkte analysieren, an denen die Techniken der Herrschaft über Individuen sich der Prozesse bedienen, in denen das Individuum auf sich selbst einwirkt. Umgekehrt muss man jene Punkte betrachten, in denen die Selbsttechnologien in Zwangs- und Herrschaftsstrukturen integriert werden“ (Foucault 1993, 203f. Zit. nach Lemke/Krasmann/Bröckling 2000, 29).

Damit wird deutlich, dass sowohl Erfindung als auch Förderung von Selbsttechnologien an Regierungsziele gekoppelt sind, die nicht mehr notwendig über Verbote bzw. Sanktionen von Handlungsoptionen reguliert werden, sondern durch ihre Macht definiert sind, die Einzelnen zu bestimmtem Handeln zu bewegen.

Der Terminus Selbstregulierung kann als neue Herrschaftstechnik interpretiert werden, die der Logik des Benthamschen Panopticons (Foucault 1976) folgt, jener speziellen Gefängnisarchitektur, die durch die Anordnung der Räume und Personen bewirkt, dass der Zwang, der dem Gefangenen zunächst physisch auferlegt wurde, nun internalisiert wird. Aufgrund der Transparenz und permanenten Möglichkeit der Beobachtung zwingt das panoptische Verfahren den Einzelnen dazu, sich regelkonform zu verhalten, zugleich ermöglicht es ihm, die Rolle des Beobachters einzunehmen. Das Panopticon vereinigt Widersprüche in sich, die als Topos die Ambivalenzen einer Gesellschaft charakterisieren, die scheinbar regellosen Bedingungen folgt, mit ihren *double-binds* die Alltagsbefindlichkeit vieler beherrscht und Ausdruck einer Überlagerung von Straf- und Sozialstaat ist: Überwachung und Beobachtung, Individualisierung und Totalisierung, Isolierung und Transparenz, Disziplinierung und Fürsorge.

Die neue Erstarkung von Sicherheits- und Ordnungsdiskursen ist Hinweis einer grundlegenden Destabilisierung von kulturellen Werten, die zu einem kulturellen Orientierungsverlust führt (Vgl. Katschnig-Fasch 2003). Das gesteigerte, subjektive Unsicherheitsempfinden, das mit einem Exklusionsempfinden einhergeht, das weniger mit der tatsächlichen sozialen Situation denn mit der Verbreitung eines bestimmten Gesellschaftsbildes verbunden ist, nach dessen Konturen die soziale Ordnung zunehmend durch tiefe Spaltungen und Gegensätze geprägt ist (Vgl. Neckel 2008, 25), hat vielfältige Ursachen: Die Wahrnehmung eines relativen Wohlstandsschwundes zahlreicher Menschen, diffuse Befürchtungen im Hinblick auf den Verlust von Lebenschancen und Lebensqualität, das Sichtbarwerden der globalen Bevölkerungsexplosion, das Schwinden von Energieressourcen, Umweltzerstörungen und Katastrophen. Die alltägliche Verunsicherung wird verstehbar vor dem Hintergrund verlorener traditioneller Gewissheiten, der Durchdringung der Nahräume mit Fremdheiten und Fragwürdigkeiten. Wenn eigene Verhaltensgewohnheiten und traditionelle, Vertrauen und Verlässlichkeit schaffende Ordnungskonzepte brüchig werden, wachsen auf dem Hintergrund von vielfältig verursachter alltäglicher Furcht Schutzbedürfnisse und individuelle wie kollektive Verteidigungs- und Abwehrbereitschaften. Vor allem kleinbürgerliche Werte und Vorstellungen von Ruhe, Ordnung und Sicherheit werden aktiviert, wenn die Prosperität nicht hält, was sie versprochen hat. Verlustängste reaktivieren Komplexität reduzierende Ursache-Wirkungs-Erklärungen und darauf bezogene Maßnahmen. Zunehmend mehr

Menschen, die ihre soziale Existenz bzw. ihre kleinbürgerlichen Lebensgewohnheiten gefährdet sehen, sind bereit, sich gegenüber anderen, von denen sie sich alltäglich bedroht wähnen, zur Wehr zu setzen – ihre zunächst privaten Anliegen werden zu öffentlichen, zu politischen Forderungen. Somit entsteht eine neue Politisierung der Sicherheitsfrage, die sich in analytisch-therapeutischen und präventiv-repressiven Bewältigungsformen ausdrückt. Während die analytisch-therapeutische Reaktionsweise die Beseitigung sozialer Ungleichheit und eine Verstärkung der moralischen Sozialisation vorsieht, steht bei der präventiv-repressiven die Frage nach effizienten und effektiven, nach raschen und wirksamen Mitteln zur Beseitigung, Eindämmung bzw. Zurückdrängung sozial unerwünschten Verhaltens im Vordergrund, z. B. in Form von Forderungen nach Beseitigung von Gefahren- bzw. Belästigungsquellen, als Ruf nach mehr und stärkerer Polizei oder schärferen Gesetzen (Vgl. Hitzler 1997, 182ff.).

Gerade im Hinblick auf Jugenddelinquenz greift in Europa eine jener *moral panics* um sich, die das staatliche Denken beeinflusst. Wie Wacquant zeigt, steht sie in direktem Zusammenhang mit amerikanischen Diskursen über Begriffe und Thesen zu Verbrechen, Gewalt, Gerechtigkeit und der individuellen als auch kollektiven Verantwortung. Ihre Wirksamkeit erklärt sich aus zahlreichen wissenschaftlichen Veröffentlichungen und ihrer Präsenz in Medien und Politik. Diese Verbreitung allerdings verdeckt, worum es eigentlich geht: Um die Neubestimmung der Aufgaben des Staates, der seine sozialpolitische Rolle reduziert und zugleich seine Möglichkeiten strafrechtlicher Intervention durch eine Verschärfung der Strafmaßnahmen erweitert (Vgl. Wacquant 2000). Dabei zeigt sich nicht nur eine Transformation des Sozialstaats zum Strafstaat, wie Wacquant es auch für die westeuropäischen Gesellschaften nachweist, es zeigt sich auch eine verstärkt repressive Politik, die vom Sozialstaat selbst ausgeübt wird: Überwachungsmaßnahmen werden in Schutz- und Hilfsprogramme integriert, benachteiligte Bevölkerungsgruppen unterliegen einer zunehmenden Beaufsichtigung, ermöglicht durch verbesserte Informationsbeschaffung, Vernetzung von Datenbanken und Koordination der mit sozialer Unsicherheit befassten Behörden.[14] Diese *Sozialüberwachung* stellt eine relativ milde Spielart des strafenden Umgangs des Staates mit Armut und sozialer Prekarität dar (Vgl. Wacquant 2000, 114). Verschiebungen und Überlagerungen von sozialen und strafrechtlichen Maßnahmen spiegeln sich in Debatten über eine Wiedereinführung von

[14] So etwa werden videografische Überwachungsbilder im öffentlichen Raum der Politik und den Massenmedien zugespielt, und somit einerseits einer politischen Instrumentalisierung zur Hand gereicht, um eine härtere Gangart gegen Gewalttäter einzufordern. Andererseits machen sie sich durch unzensurierte Gewaltszenen bezahlt, als „Prügelborno für alle" (Tom Holert, „Prügel-City: Kampfrhetorik eines Videos", in: Der Standard vom 17.01. 2008, 37.).

Strafanstalten für Jugendliche und Kinder, das Herabsetzen des Alters der Strafmündigkeit oder in der Idee, Eltern für die Taten ihrer Kinder in strafrechtliche Verantwortung zu nehmen.

Die Diskussionen Anfang des Jahres 2008 in Deutschland und Österreich über die Einführung geschlossener Erziehungslager für straffällige Jugendliche nach amerikanischem Vorbild machen die Verstärkung von Repressionstendenzen innerhalb des Sozialbereiches deutlich: Anfang der 1990er Jahre in den USA erstmals praktiziert, stehen *Boot Camps* für straffällige Jugendliche als kostengünstige Alternative zur Haftverbüßung bereit, um sie mit militärischem Drill zu disziplinieren. Zu einem Zeitpunkt, zu dem in den USA über die Sinnhaftigkeit dieser Lager in ideologischer Form diskutiert wird, staatliche Erziehungscamps aufgrund massivster Misshandlungen der Jugendlichen bis hin zum Totschlag und aufgrund beklagter Ineffizienz geschlossen werden (während der Markt privat geführter Lager, die den Drill als kostenpflichtiges Ferienangebot oder Art Erziehungsanstalt anbieten, boomt[15]), setzt eine polarisierende Debatte über die Umsetzung solcher Camps in Deutschland und Österreich ein: Einerseits werden sie als Ausgeburt faschistoider Law-and-Order-Politik abgewehrt, andererseits will man beweisen, dass schwererziehbaren Jugendlichen militärische Härte und Disziplin nur gut tun.

Drastisch sind diese Reaktionen in ihrer kulturellen Bedeutung: Der unverdächtige Begriff Erziehungscamp kann seine Nähe zum Begriff des Lagers kaum kaschieren.

In Deutschland wurden Anfang des Jahres 2008 durch Hessens Ministerpräsidenten Roland Koch (CDU) Debatten über den Umgang mit jugendlichen Gewalttätern ausgelöst. Er forderte härtere Mittel: Eine Verschärfung des Jugendstrafrechtes, eine strafrechtliche Verfolgung unter 14 Jahren und das Einsperren der Jugendlichen in Erziehungslagern. Für mediale Aufmerksamkeit sorgte im Jänner 2008 die Meldung über einen 16-jährigen Schüler, der zur Resozialisierung und Besserung für neun Monate in ein Erziehungscamp nach Sibirien geschickt wurde. Die Unterbringung des Burschen in Sibirien wird als *Ultima Ratio* gerechtfertigt, nachdem er, bereits zuvor in Heimen in Deutschland und in der Jugendpsychiatrie untergebracht, „nir-

[15] Privatisierungen im Bereich des Strafvollzugs nach Beispiel der Vereinigten Staaten breiten sich auch in Europa aus: In England bestanden 1999 bereits elf gewinnorientierte Strafvollzuganstalten, fünf weitere standen vor der Eröffnung (Vgl. Wacquant 2000, 129f.). In den USA hat sich die Anzahl von Haftplätzen in Privatgefängnissen von 4.630 1988 auf 276.655 im Jahr 2001 erhöht (Vgl. Ebda. 81).

gends zu halten war"[16]. Die mediale Aufmerksamkeit bewirkte, dass bereits bestehende Modellprojekte dieser Art öffentlich wahrgenommen wurden: Das Erziehungslager Frostenwalde im Nordosten Brandenburgs, das den Jugendlichen eine verbindliche Betreuung anstelle von Untersuchungshaft anbietet oder das Boxcamp des Exboxers Kannenberg, das auf eiserne Disziplin und Boxen gegen Frust setzt.

In Österreich wurde von der ÖVP, angespornt durch die Debatte in Deutschland, zu Beginn des Jahres 2008 der Vorschlag unterbreitet, bestehende ausländische Trainingscamps für straffällige Jugendliche zu evaluieren und Best Practice Modelle von erfolgreichen Erziehungscamps zu eruieren.

Erlebnispädagogische Maßnahmen, die der Logik von Praktiken in Erziehungscamps nicht unähnlich sind, gibt es auch in Österreich seit Jahren. So etwa scheinen in einer 1994 vom damaligen Bundesministerium für Jugend und Familie veröffentlichten Broschüre mit dem Titel „Outdoor-Aktivitäten und Erlebnispädagogik" zumindest 15 Organisationen auf, die erlebnispädagogische Angebote und Ausbildungen anbieten.

2001 sorgte das erlebnispädagogische Projekt „Nomaden auf Zeit" für Aufsehen: Acht österreichische Jugendliche wurden in dieser Maßnahme mit einem Betreuer in die Wüste Ägyptens geschickt. Das Vorhaben endete abrupt, als die Jugendlichen Betreuer und Beduinen erschlagen und ausrauben wollten.

Ein weiteres Beispiel für Erlebnispädagogik in Österreich liefert der „Arbeitskreis Noah"[17], der als Verein für Sozialpädagogik und Jugendtherapie mit *Segelschonertherapie* so genannte *High-Risk-Jugendliche* für mehrere Monate auf dem *Jugendschiff Noah* unterbringt: Die räumliche Enge des Schiffes und das Ausgeliefertsein an die Kräfte der Natur auf dem Meer sollen schwierige Situationen zu überwinden lehren und ein neues Selbstwertgefühl vermitteln.

Erlebnispädagogische Aktivitäten unter Abgeschiedenheitsbedingungen sind strukturell mit einem Gefängnisaufenthalt in frischer Luft zu vergleichen. Der gesellschaftliche Diskurs über das Wegsperren von devianten Jugendlichen ist zuallererst als Reaktion auf die durch ökonomische und soziale Umbrüche der Gegenwart freigesetzten Gefühle von Angst, Desorientierung und Unsicherheit zu lesen, die durch ein medial und politisch betriebenes Panikmanagement in Verbrechensfurcht umformuliert und in eine Art soziale Dunkelangst verwandelt werden. Die Verschärfung von Gesetzen und die Einführung von Maßnahmen im Namen der *Sicherungsverwahrung*

---

16 So der zuständige Jugendamtsleiter des Landeskreises Gießen. „Hessen schickt kriminellen Jugendlichen nach Sibirien", http://www.spiegel.de/panorama/justiz/0,1518,529138,00.html, 17.01. 2008.

17 http://www.noah.at/schiff-noah.htm

Jugendlicher zum Schutz der restlichen Bevölkerung bestätigen Bedrohungsvorstellungen.
Vor dem Hintergrund verstärkter politischer und medialer Aufmerksamkeit für jugendliche Straftäter[18] gewinnt die Frage, wieweit der sanfte Charakter sozialstaatlicher Intervention innerhalb des Diskurses der Jugendarbeit selbst den Anstieg der Aggressions- und Gewaltpotenziale Jugendlicher mitproduziert habe, erneut an Aktualität. Im Bereich der sozialpädagogischen Jugendarbeit wird über den Ausbau geschlossener Unterbringungen für deviante oder schwererziehbare Jugendliche ebenso diskutiert wie über an Erlebnispädagogik angelehnte Erziehungscamps. Damit wird von der Fixierung der sozialpädagogischen Fachdiskussion auf die leistende Funktion öffentlicher Erziehung auf ihre Norm wahrende Funktion umgeschwenkt. Stand die Pädagogisierung des Jugendstrafrechtes in den 1970er und 1980er Jahren im Vordergrund, scheint heute eine Kriminalisierung von Jugend den Ton anzugeben, die den Ruf nach härteren Strafen und traditionellen Disziplinarapparaten verstärkt.

Praktiken des Wegschließens von gefährdeten Jugendlichen folgen nicht nur einem Ausschließen innerhalb des Stadtraumes, sondern auch einem Ausschluss, der räumlich seine Entsprechung findet – Jugendliche werden *vor die Mauern der Stadt* transportiert. Sie werden aus ihrem sozialen Umfeld, das als schädigend oder hemmend für eine Besserung problematisiert wird, herausgeholt, in einer Gruppe von Gleichen unter Kontrolle von Erwachsenen isoliert, um dort so weit stabilisiert zu werden, bis eine Reintegration möglich erscheint. Soziale und räumliche Ebene decken sich in ihren kulturellen Entsprechungen: Die Peer Group, Clique oder Jugendszene gilt als ebenso krankmachend wie der Stadtraum, in dem sich der Jugendliche zuvor aufhielt – die soziale Struktur der Anstalt gilt als ebenso gesund wie die Luft und Ruhe am Land.[19]

Neue soziale Fragen rufen gesellschaftliche Reaktionsformen und staatliche Bewältigungsstrategien auf den Plan: Tendenziell spannt sich ein

---

[18] Laut Kriminalitätsstatistik des Bundesministeriums für Inneres ist die Jugendkriminalität (14- bis 18-Jährige) seit 2001 um mehr als 50 % angestiegen (http://www.bmi.gv.at/downloadarea/krimstat/2007/Jahresstatistik_2007.pdf). Die Wiener Kinder- und Jugendanwaltschaft deckte bald nach Präsentation der Statistik eine „Falschinterpretation" auf, da sie mit angezeigten, nicht jedoch verurteilten Fällen hantiere und damit keinen Rückschluss über tatsächlich begangene Delikte zulasse (Jugendkriminalität: Kritik an „Falschinterpretation der Statistik", in: Der Standard vom 10.01. 2008).

[19] Der von Samuel Tuke (Description of the Retreat, 1813) am Beginn des 19. Jahrhunderts propagierte Rückzug auf das Land von Geisteskranken bestrafe den Wahnsinnigen solange, bis er normales Verhalten lerne. Für Foucault bedeutet dieser Ansatz wiederholte Grausamkeit, die den Patienten dazu zwingen sollte, Urteil und Strafe zu verinnerlichen (Foucault 1969).

Kerkernetz mit neuer Textur über sozial Deprivierte. Lösungsstrategien werden im Abstrafen durch Ausschluss und Platzverweise der von Armut oder Prekarität Betroffenen gefunden.

Eingekerkert in der Wüste

Das aktuelle Thema des gesellschaftlich repressiven Umgangs mit sozial auffälligen Jugendlichen fand auch Eingang in die Massenmedien: Am 27. 02.2008 startet RTL, werbefinanzierter Privatfernsehsender der RTL Group,[20] die Dokumentation „Teenager außer Kontrolle – Letzter Ausweg Wilder Westen". Als Erziehungsshow in neun Folgen präsentiert, wird gezeigt, wie mit disziplinierenden Methoden eine Gruppe von Jugendlichen, denen klischeehaft Jugendprobleme wie Drogensucht, Gewalt, Rechtsorientierung (in der Sendung wird von „Neonazis" gesprochen) oder aggressives Verhalten gegen die Eltern angehaftet werden, in einem Camp in der Wüste Oregons therapiert und normalisiert wird. Charakterisiert werden die deutschen Jugendlichen, die „außer Kontrolle"[21] sind, als verhaltensgestört, kriminell und schwererziehbar. Auf Wunsch ihrer Eltern werden sie einer erlebnispädagogischen Verhaltenstherapie in der freien Natur unterzogen – in Oregon, weit weg von Zuhause, der gewohnten Umgebung und der Zivilisation. Dabei heißt es, sie sollen alte Verhaltensmuster ablegen und ein neues Selbstwertgefühl gewinnen. Lange, anstrengende Wanderungen durch die Wüste, harte Tagesordnung, Demütigung und Erniedrigung beherrschen neben Therapiegesprächen, die zur Einsicht über das eigene Fehlverhalten führen sollen, den Alltag. Jeder (kleine) Widerstand wird abgestraft, indem der Jugendliche beispielsweise einen Teil der Strecke unter Ausschluss aus der Gruppe noch einmal zurücklegen muss und dabei harte Regeln auferlegt bekommt:[22] Reden ist nur erlaubt, wenn man gefragt wird, sich setzen, trinken, essen nur, wenn die vorgegebene Zeit dafür da ist. Die Disziplinlosigkeit des Einzelnen wird in der Gruppe verhandelt, er wird für Probleme verantwortlich gemacht:

[20] Radio Télévision Luxembourg (RTL Group SA) ist mit 42 Fernseh- und 32 Radiosendern Europas größter Betreiber von werbefinanziertem Privatfernsehen und -radio.

[21] So der Sendungstitel von RTL, der im Kontext der Logik des Aus- und Wegschließens ungewollt zynisch klingt.

[22] Die als *retreat* bezeichnete Strafpraktik der Abschottung von der gewohnten Umgebung setzt gleich wie die so genannte *Besinnung* im Kontext des Therapieprogramms der untersuchten Drogenrehabilitationsanstalt für junge Männer auf das Konzept einer traditionell spirituellen Praxis des Rückzugs in sich selbst. Der Rückzug als therapeutisches Konzept taucht erstmals bei Samuel Tuke (1813) auf.

> „Wenn einer von uns Probleme hat, haben alle Probleme. Dzeneta [ein Mädchen der Gruppe] hatte Schwierigkeiten und deswegen haben wir natürlich Zeit verloren“,

so einer der Betreuer in einer Folge der Show. Dzeneta muss die Gruppe einholen – sie muss schneller wandern und stärker an sich arbeiten. Oder: Wegen Davids Disziplinlosigkeit muss die Gruppe im heraufziehenden Regen erneut aufbrechen. In David regen sich Schuldgefühle: „Ja, ich habe schon viel Mist gebaut im Leben.“ Jene, die sich widersetzen, werden unmittelbar bestraft. Die Jugendlichen werden zur Reflexion über das eigene Verhalten aufgefordert, sowohl für ihre eigene Vergangenheit als auch für die persönliche Zukunft sollen sie sich verantwortlich zeigen.

Diese Praktik des Wegschließens hat paradoxe Nebenerscheinungen: Ausschluss und Einschluss, Aus- und Einweisen, Wegsperren und Beobachten zugleich. Sie spitzt sich in ihrer Erscheinungsform zu als panoptisches Verfahren der Gegenwart, das nun durch eine Massenöffentlichkeit ihren Beobachter findet. Der Einsichts- und Besserungsprozess der *Starmaniacs der Unterwelt* kann Woche für Woche über den Bildschirm mitverfolgt werden. Die Fernsehserie entspricht dem Genre der so genannten Selbstverbesserungs-Shows *(makeover shows)*. Störendes wird wieder hergerichtet, das, was zuvor kaputt gemacht wurde, wieder aufgebaut. Zu sehen ist, welche Mühen es kostet, sich selbst (unter Anleitung) so weit zu schleifen, um gesellschaftlich wieder integrationswürdig zu sein. Mobilisiert werden Eigenverantwortung und Eigeninitiative. Der Begriff der Disziplin arbeitet mit einer Art Versprechen, mit einem

> „‚ethischen Mehr‘ […], dass es tugendhafter sei, sich selbst zu beherrschen, als […] beherrscht zu werden; es sei klüger, sich selbst zu kontrollieren, als kontrolliert zu werden; es sei ordentlicher, ‚freiwillig‘ Arbeit zu leisten, als zur Arbeit gezwungen werden zu müssen; es sei ehrenhafter, sich selbst zu disziplinieren, als diszipliniert zu werden; der Mensch habe, will er seinem Vernunftwesen entsprechen, über seine Triebe und seinen Körper zu herrschen“ (Lemke 1995, 92).

Die acht Jugendlichen, die *Stars* der Serie, sind zwischen 15 und 17 Jahre alt und bekommen Etikette verpasst: David ist der Serieneinbrecher, Andreas der Drogenkonsument, Dzeneta die Schlägerbraut, Kevin das Gang-Mitglied, Kurt der Neo-Nazi. Pascal ist der Dealer, Stacy die Schulabbrecherin und Vivien die Ausreißerin. Da sich der Fokus allein auf ihre Schwächen, auf die Attribute, die ihr Fehlverhalten und ihre Devianz anzeigen, richtet, werden die Jugendlichen nicht im Hinblick auf ihre Persönlichkeit, ihren Habitus, ihre Geschichte identifizierbar, sondern als ein Bündel bestimmter typischer Verhaltensweisen. So wird konkretes Verhalten fokussiert, die das Individuum als Einheit auflösen, indem das Besondere in vorab generierte Wahrnehmungsraster aufgeteilt und darunter subsumiert wird. Weder Wirkungen noch Ursachen von Fehlverhalten stehen im Blickpunkt. Die damit einhergehende Individualisierung von sozialen Problemen entspricht dem Management-Paradigma allgemeiner Tendenzen der problembezogenen Form der Intervention im Sozialarbeitsbereich und der Kriminologie. Die Strategien im Umgang mit Tätern verschieben sich und schlagen eine Brücke zwischen der täterfixierten Moderne und der Tradition der Tatenorientierung: Es geht nicht um die Bekämpfung, vielmehr um die Kontrolle von Abweichungen, nicht um die Suche nach biografischen, sozialen oder biologischen Hintergründen als Erklärung von Ursachen des Fehlverhaltens, sondern um eine Kalkulation diverser Risikofaktoren. Risikomerkmale ersetzen die Biografie.

Einkaserniert in der Wüste, in wüstentauglicher Outdoor-Einheitskleidung, sind die Jugendlichen auf als *Unangepasste* erkennbar. Sie werden, auf den zweiten Blick, von einem Abenteuer- und Starmythos umhüllt. Die Botschaft, die „Jugendliche außer Kontrolle" transportiert, ist doppelbödig: Zum einen wird einem (vorwiegend jungen) Massenpublikum vor Augen geführt, was passiert, wenn man auf Abwege gerät. Die Isolation in der Wüste als Mittel der pädagogischen Strafe wird aber zugleich durch den ästhetisierten Erlebnischarakter der Outdoor-Aktivität der Jugendlichen zur attraktiven Faszination: Der erlebnisorientierte, junge und leistungsfähige Körper steht im Mittelpunkt, körperliche Strapazen werden als Erfahrungsreichtum präsentiert, der Wüstenmarsch als besonderes Erlebnis, die Verwandlung der zunächst bösen, harten, von Drogen und Alkohol körperlich gezeichneten Burschen und Mädchen zu vernünftigen, leistungsbereiten, körperlich trainierten und gesunden Jugendlichen. Sie werden zu Stars mit Vorbildwirkung und fügen sich in die allgemeine erlebnisorientierte Ästhetisierung, in der die Lebensphase Jugend eine enorme Aufwertung erlebt(e), ein: Mit der öffentlichen Demonstration körperlicher Fitness und körperbezogener Expressivität übernehmen sie die Funktion von Trendsetter des gegenwärtigen Körper- und Gesundheitskultes. Zunächst als soziale Versager abgeschrieben, stehen sie durch ihre Wandlung zu integrierbaren Jugendlichen für den Mythos der Machbarkeit des Körpers und des sozialen Status. Vor der Kulisse der wilden Natur mit ihren archaischen Bedingungen bedienen sie wohl auch den Kult ums Authentische als zentrales Moment gegenwärtiger Aufforderungen zur Selbstfindung.

5. Logiken der Eingliederung – Praktiken des Ausbruchs

5.1. „Lehrlinge zweiter Klasse"

Als ich vor dem Gebäude ankomme, in dem der Verein für Jugend und Arbeit, Vermittlungsstelle zwischen lehrstellensuchenden oder arbeitslosen Jugendlichen und Unternehmen, untergebracht ist, warten einige Jugendliche im Hof und im Stiegenhaus auf ihre nächsten Termine. Ich komme dort hin, um mit Teilnehmern eines zwölfwöchigen Kurses, der Hilfestellungen bei der Lehrstellen- und Jobsuche, Berufsorientierung, Bewerbungstrainings, betreute Praktika und schulische Grundkenntnisse anbietet, ein Gruppeninterview zu führen. Die Räumlichkeiten des Vereins präsentieren sich wie eine Servicestelle, mit Warteraum, Empfangsdame und Getränkeautomaten. Im Wartesaal sind Broschüren und Flyer von anderen Institutionen für Jugendliche aufgelegt, von Notschlafstellen bis zu Weiterbildungsmöglichkeiten im Informatikbereich.

Die Kursleiterin führt mich in einen Schulungsraum, in dem zwölf Jugendliche warten. Sechs von ihnen, die sich freiwillig für das Gespräch melden, kommen mit mir in ein Besprechungszimmer, in dem wir uns rund um den Tisch setzen. Sie sind zwischen 15 und 17 Jahre alt, drei Mädchen, drei Burschen. Alle leben in Graz, bei ihren Familien, alle sind auf der Suche nach einer Lehrstelle.

Fritz hat bereits ein Lehrjahr als Elektriker hinter sich. Er hat die Lehre abgebrochen, weil er von den Mitarbeitern gemobbt wurde, nur Hilfsarbeitertätigkeiten erledigen konnte und am Ende des Jahres das Gefühl hatte, nichts gelernt zu haben. Marija will als Hotel- und Gastgewerbeassistentin eine Lehrstelle finden. Ihre Mutter lebt in der Dominikanischen Republik, Marija wohnt gemeinsam mit ihren Geschwistern bei ihrem Vater in Graz. Ozan stellt sich als Türke vor, der seit acht Jahren in Graz lebt. Er will entweder Maurer, Bodenleger oder Fliesenleger werden. Ähnlich offen sind Lenas Vorstellungen über einen zukünftigen Beruf: Friseurin, Verkäuferin oder Zahnarztassistentin kommen zum Zeitpunkt des Gespräches in die engere Auswahl. Samir stammt aus Angola, er wohnt seit drei Jahren in Österreich und möchte Elektriker werden. Er ist mit der Vorstellung, in Österreich eine Ausbildung abschließen zu können, zu seinem Vater, KFZ-Mechaniker, der seit 17 Jahren in Graz lebt, gezogen. Lisa hat bis zu ihrem neunten Lebensjahr im Kosovo gelebt und ist seit einem Jahr auf der Suche nach einer Lehrstelle für pharmazeutisch-kaufmännische Assistentinnen.

Das Gespräch in der Gruppe nahm rasch eine Eigendynamik an, meine Rolle beschränkte sich auf die einer Moderatorin. Zunächst erzählten die Jugendlichen von ihrer Suche nach Lehrstellen, die sie nach dem Abschluss der Pflichtschule in Angriff nahmen, und die früher oder später scheiterte. Abgesehen von Kurt hat niemand eine offene Stelle gefunden. Sie meldeten sich beim AMS (Arbeitsmarktservice) und wurden von dort an den Verein für Jugend und Arbeit weitervermittelt, nachdem sie einen Auswahltest für den Kurs, den sie seit fünf Wochen besuchen, bestanden hatten. Über die Kursinhalte redeten sie nur kurz, bald schwenkten sie auf ihre Berufswünsche in ihrer Kindheit um, erzählten über ihre Erfahrungen bei den Praktika und über ihre Zukunftsvorstellungen. Die im Folgenden präsentierten Ausschnitte aus dem zweistündigen Gespräch sollen atmosphärisch zu den Jugendlichen, ihrem Denken, ihrer Sprache, ihren Situationen und ihrem Potenzial hinführen.

Im Gespräch mit Jugendlichen

Oktober 2006

Fritz: Und wenn du die Auswahl beim ersten Mal nicht schaffst...

Marija: ... dann Warteliste. Und vielleicht das nächste Mal.

Ozan: Andere gehen dann in andere Kurse.

Fritz: Angeschrieben sind meistens 50, und 30 kommen dann irgendwo hin.

Fritz: Wir lernen, wie man sich bewirbt, wenn du so Fragen hast.

Marija: Ja, man muss einfach motiviert sein und Interesse haben.

Fritz: Ja, am Anfang machst halt ein Bewerbungsschreiben, wie du das am besten schreibst, Lebenslauf, ja.

Marija: Telefontraining.

Fritz: Da rufst deine Trainerin an, setzt dich in einen anderen Raum und dann rufst sie an und sie tut so, als tät sie ein Chef sein von irgendeiner Firma und dann musst telefonieren.

Lena: Aufnahmetests haben wir gehabt.

Samir: Ja, Mathematik.

Marija: Von allem ein bisschen, Deutsch und so weiter, allgemein, Allgemeinwissen.

Lena: Grundwissen.

Fritz: Und dann machst so einen Test, für welchen Beruf du am besten geeignet bist. Haben wir auch schon gemacht.

Marija: Ich wollte immer Sängerin werden oder Schauspielerin. Aber dann, ja? Hat mich eher Tourismus interessiert und Sprachen oder so.

Lisa: Sing was aufs Band! Wirst vielleicht berühmt!

Marija: Blödsinn.

Lisa: Ich weiß nicht, ich wollt Polizistin werden [lacht].

Fritz: Ich hätt das ausleben können, was ich wollen hätt von klein auf, aber ich war zu faul.

Ozan: Ich wollt gar nichts lernen.

Fritz: Ich bin HIB [Sportgymnasium in Graz] gegangen, GAK [Grazer Athletik Klub, aktiver Fußballverein der Regionalliga] also.

Sophia: Fußballer wolltest du?

Fritz: Ja.

Lena: Hättest gut verdient.

Fritz: Ja, ich weiß, aber dann bin ich zu faul worden, ist alles andere wichtiger geworden als Fußball spielen. Dann bin ich wieder aus dem Kader raus gefallen, ja.

Lena: 5.000 Euro im Monat oder mehr in den Sand gesetzt.

Samir: Ich wollte Journalist werden.

Marija: He, cool.

Samir: Ja, aber dann hab ich angefangen mit meinem Bruder zu arbeiten, als ich 13 war, als Elektriker, ja, das hat mir eigentlich gefallen. Und jetzt bin ich mir sicher, dass ich Elektriker werden will.

Fritz: Ich hab als EDV-Techniker geschnuppert, ja, und mit mir waren sie zufrieden, ich hab auch 130 Euro eingenommen.

Lisa: Boah! Was?

Marija: Was? Ich hab nur einen Euro Trinkgeld bekommen [lacht].

Lisa: Ich hab Null bekommen, Null, nothing, nichts!!

Marija: Mir war es ja wurscht, ob ich was krieg, aber die waren so unfreundlich.

Fritz: Die Firmen sind ja auch nicht blöd, die nehmen einen als billige Arbeitskraft. [...] Das ist beim Schnuppern das gleiche wie bei den Lehrlingen. Es gibt Firmen, die nehmen einen Lehrling drei Monat, da ist die Probezeit aus und dann schmeißen sie ihn einfach raus. Und es ist meistens so, dass du gar keine

Lehre machen kannst, sondern schon alles können sollst. Wenn ich alles kann, sagen sie, nehmen sie mich zum Beispiel als Monteur, passt, aber nicht als Lehrling.

Samir: Ja, es wird zuviel verlangt. Ich such ja eine Lehrstelle, um zu lernen. Wenn ich schon alles wüsste, hätt ich mir einen Job gesucht.

Marija: Genau, dann suchten wir keine Lehrstelle. Das ist schon voll unfair, weil man alles wissen soll schon im ersten Lehrjahr. Aber warum sagen sie dann Bewerbung für eine Lehrstelle?

Lena: Ich find sowieso, dass es viel zu wenige Lehrstellen gibt. Weil jetzt schaut jeder schon, wenn der ein bissel angelernt ist oder schon ein Jahr hat oder zwei, nehmen sie den eh früher auf als uns.

Fritz: Ich glaub aber net, dass das immer so ist.

Lena: Aber oft genug.

Fritz: Ja, aber mir haben sie gesagt, du sollst mit dem ersten [Lehrjahr] wieder anfangen. So hab ich es gehabt! Also, ich hab mich als Elektriker wieder wo beworben gehabt, und dann geh ich hin und dann sagt der, ja, du hast ja das erste Lehrjahr schon gemacht. Ja, hab ich gesagt, ich möchte gern das zweite machen, hat er gesagt, nein, ich nehm dich nur, wenn du wieder im ersten anfängst.

Lisa: Warum hast denn nicht angefangen?

Fritz: Ja, ich fang nicht im ersten an, wenn ich es schon hinter mir habe! Ich mach nicht immer wieder das erste Lehrjahr noch einmal. Bin ich deppert?

Ozan: Ausbildung, heiraten, drei Kinder.

Fritz: Wie viel Kinder?

Ozan: Drei.

Marija: Zehn Kinder?

Ozan: Drei hab ich gesagt.

Marija: Zehn wär aber typisch für euch.

Lisa: Dann brauchst eh nicht mehr arbeiten gehen.

[Sie lachen]

Marija: Er schon, aber die Mama nicht. Gute Familienbeihilfe und Ozan macht einen Kebabstand auf.

[Alle lachen]

Marija: Nein, ohne Scheiß, Kebabstand, das wär es.

Ozan: Auch net immer, nicht überall.

Fritz: Mach ihn am Land irgendwo.

Marija: Ja, wo kein Kebabstand ist.

Fritz: Ja, wo keiner ist.

Ozan: Ja, was willst denn da verdienen, Alter?

Fritz: Da verdienst dich dumm und deppert, Hawara!

Ozan: Ach komm!

Lena: Weils am Land kein Kebab gibt, verdienst aber sicher mehr.

[Zustimmung]

Ozan: Ja, schon, aber, aber dort gibt es nicht so viel Leut wie in Graz.

Fritz: Wenn du einen guten Kebab hast, kommen alle zu dir.

Marija: Ja, der Fritzi macht sogar Werbung für dich.

Fritz: Ja!

Ozan: Kebab Ozan [zeigt mit den Händen die Form eines Schildes]. Klingt net schlecht!

Samir: Da kannst du dann auch ein paar Lehrlinge aufnehmen.

[Alle lachen]

Samir: Nein, deine Kinder, deine zehn Kinder.

[Alle lachen]

Verein für Jugend und Arbeit

Der Verein für Jugend und Arbeit, gefördert von öffentlichen Stellen wie dem AMS, Landesressorts oder Stadtämtern, versteht sich als überparteiliches Vermittlungsunternehmen zwischen lehrstellensuchenden bzw. arbeitslosen Jugendlichen und Unternehmen. Er knüpft mit seinen Arbeitsinhalten an beiden Seiten an: Ein Ziel des AMS Graz ist es, Unternehmen bei der Personalrekrutierung am Lehrlingssektor zu unterstützen. Die Kontaktstelle für Unternehmen des Vereins wurde beauftragt, als Schnittstelle zwischen Jugendlichen und Betrieben zu fungieren. Für die Wirtschaft stellt sich somit ein Scharnier zwischen öffentlichen Einrichtungen (wie etwa dem AMS), Jugendlichen und Unternehmen her. An dieser Zusammenarbeit sind drei Gruppen von Unternehmen beteiligt: Jene Unternehmen, deren Berufsfeld unter Jugendlichen weitgehend unbekannt ist, und jene, deren Berufe per se als unattraktiv gelten. In beiden Fällen leistet der Verein Aufklärungs- und Informationsarbeit – er bewirbt die Berufsbilder bei den arbeitslosen Jugendlichen. Die dritte Gruppe stellen Unternehmen, die von einem Überangebot an Bewerbern betroffen sind. Der Verein schreibt das offene Stellenangebot aus, sichtet die schriftlichen Bewerbungsunterlagen und trifft eine Vorauswahl an möglichen Bewerbern, die an das Unternehmen weiter vermittelt werden.

Die Jugendlichen, zwischen 14 und 25 Jahren, unterstützt der Verein mit Einzelberatungen, in denen Berufsorientierung, Bewerbungsschreiben und -trainings angeboten werden. Eine zwölf Wochen lang dauernde Kursmaßnahme für Jugendliche, die sich offiziell als lehrstellensuchend bzw. arbeitslos gemeldet hatten und dem Verein vom AMS zugewiesen wurden, wurde im Jahr 2005 von ca. 160 Jugendlichen besucht. Neben Praktika im Ausmaß von vier Wochen, die einerseits der Berufsorientierung, andererseits der Vermittlung dienen sollen, setzt sich diese Maßnahme hauptsächlich aus *social skills* wie Teamarbeit, Outdoortraining, Kommunikationstraining, Konfliktmanagement, Stressabbau oder „Benimmregeln" (Geschäftsführer) und der Vermittlung von schulischen Grundkenntnissen in den Fächern Deutsch, Mathematik und Englisch zusammen. Als sozialwirtschaftliche Organisation im so genannten dritten Wirtschaftssektor ist das unternehmerische Handeln des Vereins durch soziale und wirtschaftliche Zielsetzungen bestimmt: Seine Dienstleistungen werden auf dem Markt im Wettbewerb angeboten, das soziale Engagement zielt auf die Integration von benachteiligten Jugendlichen in den Arbeitsmarkt ab. Damit orientiert sich der Verein an sozial-, bildungs-, beschäftigungs- und arbeitsmarktpolitischen Vorgaben. Entsprechend der Aktivierungslogik heißt es in der Selbstbeschreibung des Vereins:

> „Unser Ziel ist es, Jugendliche […] in ihren Anliegen zu unterstützen und zu begleiten, um ihnen damit die Möglichkeit zu eröffnen, den weiteren schulischen oder beruflichen Werdegang aktiv, effizient und selbstverantwortlich gestalten zu können. […] Als Lebensabschnittsbegleitung für Jugendliche orientieren wir uns an den individuellen Bedürfnissen und sozialem Umfeld [sic!] unserer Zielgruppe und stärken ihre Stärken durch Beratung, Training, Coaching, Informationen und Case-Management.“

Der Begriff *dritter Wirtschaftssektor* entstand in den 1980er Jahren, als erster Arbeitsmarkt und zweiter Arbeitsmarkt nicht mehr in der Lage waren, die durch das Ansteigen der Arbeitslosigkeit und prekärer Beschäftigungsverhältnisse neu entstandenen Tätigkeitsfelder zu umfassen. Da die klassischen Instrumente der Arbeitsmarktpolitik in vielen Fällen sozial benachteiligte Jugendliche oder Erwachsene kaum mehr erreichten, bildete sich ein neuer Markt. Dieser Sektor umfasst Unternehmen mit sozialen Zielen, die, im Unterschied zu NGOs, auf eine Gewinnverwertung ausgerichtet sind, die sich wirtschaftlich messen lässt: Gewinne werden durch Eigenarbeit und bürgerschaftliches Engagement verstärkt, sind allerdings nicht für private bzw. persönliche Zielsetzungen bestimmt, sondern werden in arbeitsmarkt-, bildungs- oder sozialpolitische Ziele, innerbetrieblich oder im Umfeld des sozialwirtschaftlichen Unternehmens, reinvestiert.

Die Entwicklung dieses Sektors verweist auf einen Wandel des Verhältnisses von Wirtschaft, Staat und Gesellschaft: Das nationalstaatlich organisierte System der dualen Solidarität wird durch gesamtgesellschaftliche Wandlungsprozesse an den Rand gedrängt. Vor dem Hintergrund der Krise der Staatsfinanzen passiert eine sukzessive Verantwortungsübergabe – an die Einzelnen, an Familien und an den dritten Sektor (Vgl. u. a. Tàlos/Rosenberger 2003). Sowohl der informell organisierte Bereich der Eigenarbeit als auch die formell organisierte Sozialwirtschaft erscheinen als Auswege aus dem brüchig gewordenen Verhältnis zwischen Gesellschaft, Staat und Familien.

An der Geschichte des Vereins für Jugend und Arbeit kann diese Entwicklung nachgezeichnet werden: Seine Gründung wurde 1988 aus karitativ katholischem Engagement eines Theologen initiiert, der sich mit der Situation von Schulabgängern befasste und durch seine Beobachtungen einen Mangel an Beratungseinrichtungen für diese Klientel feststellte. Die Gründung der Einrichtung fällt in eine Zeit, die generell einen enormen Zuwachs an Drittsektororganisationen verzeichnet. Die marktwirtschaftlichen und arbeitsmarktpolitischen Krisenerfahrungen nach der wirtschaftlichen Prosperitätsphase ließen *soziale Bewegungen* entstehen, die sich zunächst aus einer kritischen Haltung dem Staat (und dem Markt) gegenüber entwickelten. Selbst organisierte Gruppen formierten sich zu Verantwortungskollektiven für gesellschaftliche oder gemeinschaftliche Veränderungen. Der Versuch, jene Blindstellen zu bedienen, die weder von profitorientierten Unternehmen, von staatlichen Stellen noch von informeller Eigenarbeit abgedeckt werden können, stellt sich heute in veränderter Form dar: Das Engagement, das aus der idealistischen Perspektive einzelner Akteure erwachsen war,[23] transformiert sich zu einem Auftrag mit normativ-moralischem Gehalt und ist nach ökonomischen Effizienzkriterien organisiert.

Mitte der 1990er Jahre etablierte sich die Einrichtung für Jugend und Arbeit als eigenständiger Verein, finanziert von öffentlichen Aufträgen, unterstützt von öffentlichen Fördergeldern und freiwilligen monatlichen Mitgliedsbeiträgen. Die Mitgliedschaft ist eng mit der Gründungsidee des Selbststeuerungsmodells Ende der 1980er Jahre, mit dem idealistischen Ziel, die Jugendarbeitslosigkeit zu reduzieren, verknüpft. Von daher rührt die Tradition, über Partnerschaften Akteure aktiv an der Entwicklung des Vereins zu beteiligen. Um Mitglieder wirbt der Verein noch heute mit dem Hinweis auf sein gesellschaftsgestaltendes Potenzial bürgergesellschaftlich organisierter Initiativen:

> „Haben Sie Interesse, mit uns gemeinsam die Zukunft der Jugendlichen, die nicht zuletzt unsere eigene ist, zu sichern, dann möchten wir Sie einladen, [...] ein ordentliches Mitglied [...] zu werden."

Der mit sozialwirtschaftlich agierenden Unternehmen verbundene klassische Missionsanspruch äußert sich heute in einer mit neoliberaler Rhetorik verwässerten Sprache eines gesellschaftspolitischen Bekenntnisses, das das ursprüngliche Ziel einer Verringerung der Jugendarbeitslosigkeit bedeutend abschwächt:

> „Als Kompetenznetzwerk mit Entwicklungen und Initiativen sorgen wir für Rahmenbedingungen, die Strukturen und Konzepte enthalten, die die Chancen für Jugendliche erhöhen, Berufe zu erfahren, die ihren Stärken und Fähigkeiten entsprechen und lebensbereichernde Arbeitssituationen erleben zu können" (Geschäftsführer).

---

[23] Historisch betrachtet sind Gedanken der Selbstverwaltung, der Selbsthilfe und Ideen vom *guten Bürger* Produkte der Aufklärung. Zu Beginn der industriellen Moderne haben sich als Gegenkraft zur aufstrebenden Marktwirtschaft Versicherungsvereine auf Gegenseitigkeit, Genossenschaften, Berufs- und Interessensvertretungen etabliert, die, speziell in Österreich, zunehmend an direktem und indirektem Einfluss auf das politische Feld gewannen. Zugleich übernahmen sie Dienstleistungsfunktionen (z. B. der Armenfürsorge). Die Verknüpfung von ökonomischem und sozialem Handeln auf solidarischer Basis ist spezifisches Merkmal der Ideen dieser Initiativen, auf die in Zeiten des postfordistischen Wohlfahrtsstaates zurückgegriffen wird. So wird deutlich, dass die Entwicklung des Dritten Sektors mit der Dynamik des Marktes und den Transformationen des Staates aufs Engste verwoben ist.

1997 wurde die Einzelberatung um das Angebot von Schulungskursen erweitert, seit 2000 stellt der Verein seine Dienstleistungen auch verschiedenen Unternehmen zur Verfügung. Unter anderem führte die Beteiligung an EU-Projekten zu einer Ausweitung der Zielgruppen hin zu höher qualifizierten Jugendlichen und arbeitslosen Erwachsenen. Aus der Perspektive des Geschäftsführers, der „von einer großen Wende 2011/2012“ spricht, „wo es mehr freie Lehrstellen als Jugendliche geben wird“, ist die Ausweitung der Zielgruppe nicht zuletzt der strategischen Logik geschuldet, das Unternehmen, das durch eine zunehmende Konkurrenz ohnehin in seiner Existenz geschwächt wird („zu wenig Jugendliche heißt für uns konkret eine Gefährdung unserer Arbeitsplätze, da wir nicht nur von Vermittlungsquoten, sondern auch von Trainerschlüssel abhängig sind“), längerfristig über Wasser zu halten. Zugleich wird die Aktivierung junger Menschen generell zu einem unternehmenspolitischen Schlüsselthema und signalisiert eine zentrale aktivierungspolitische Thematisierungslinie, die einen Graben zwischen jenen Jugendlichen, die „bereits in den Brunnen gefallen sind“ (Geschäftsführer) und jenen, denen über Prävention eine Verantwortung für ihr eigenes Tun *noch* antrainiert werden kann, zieht. Jugendlichen, die aufgrund einer Elternentscheidung, des Arbeitsmarktservices oder eines Familiengerichtsbeschlusses Maßnahmen in Anspruch nehmen müssen, wird in dieser Logik heute unterstellt, sie hätten ein bestimmtes Maß an *Risikokalkulation* vermissen lassen und wären der Verantwortung zur subjektiven Gestaltung des eigenen Lebens nicht ausreichend nachgekommen. Dieser Perspektivenwechsel hin zu aktivierungspädagogischen Strategien wird damit begründet, dass die Gegenwart für Jugendliche eine immer größere Unsicherheit bedeute. Auf der Thematisierungslinie der neuen Ungewissheit wird daher das Lernen eines Umgangs mit Unsicherheit zum konstitutiven Prinzip. Jugendliche sollen ihr Handeln und damit ihr persönliches Risiko möglichst zielgenau kalkulieren.

Riskflecting nennt sich auch das Konzept, mit dem die Risikokompetenz von Jugendlichen im persönlichen Bereich, im Straßenverkehr, beim Einkaufen oder in der Freizeit erweitert und gefestigt werden soll: In der Nachstellung riskanter Situationen wird Verhaltenstraining angeboten, Risikotypen werden bestimmt und Risikoverhalten wird reflektiert. Als Ziel staatlicher Interventionsstrategien löst eine individuelle die bisherige kollektive Risikokalkulation zunehmend ab. Alltägliche und soziale Gefährdungslagen der fortgeschrittenen oder reflexiven Moderne, wie sie z. B. Ulrich Beck (1986) beschrieben hat, werden zu individualisierten Risiken und Bezugspunkt eines reflektierten Umgangstrainings.

Die allgemeine Verunsicherung der Moderne, die erst dadurch zu einer reflexiven Moderne wird, wie Armin Nassehi (1997) ausführt, lenkt auf ein kollektives Bezugsproblem zurück: Unabhängig von sozialer Milieuzugehörigkeit lässt die Unsicherheit darüber, welche Folgen gegenwärtiges Handeln für die unmittelbare oder mittelbare Zukunft hat, die Menschen in eine paradoxe Situation eintreten: Sie werden zum Handeln aufgefordert, obwohl Handlungsbezüge wie kulturelle Werte unklar oder nicht mehr nachvollziehbar sind.

5.2. Auf Lehrstellensuche – Fallanalyse Lena

Lena ist 16 und besucht seit einigen Wochen die Kursmaßnahme des Vereins für Jugend und Arbeit. Ich habe sie kennen gelernt, als ich im Verein ein Gruppeninterview mit sechs Jugendlichen führte. Daran anschließend habe ich über drei Wochen hinweg immer wieder Gespräche mit ihr geführt.

Um Lena zu treffen, warte ich vor dem Vereinsgebäude, bis sie vom Kurs kommt. Gemeinsam gehen wir in ein nahe gelegenes Gasthaus. Auf dem Weg dorthin erzählt sie mir von den Kurseinheiten und beklagt sich meistens darüber, nicht wirklich etwas für sie Sinnvolles getan zu haben. „Kommunikation" beispielsweise, für diese Qualifikation habe sie bereits ein Zertifikat. Lena präsentiert sich als Jugendliche, die sich nur bedingt an Regeln hält und inszeniert sich als junge Frau, die sagt, was sie sich denkt, auch wenn sie damit aneckt. Erst im längeren Reden kommen Unsicherheiten und Ängste zum Ausdruck, in Form von Selbstvorwürfen und dem häufigen Selbstappell, sich zu bessern und aktiv zu sein.

Lena hat eine Hauptschule in Graz abgeschlossen. Im Anschluss daran besuchte sie eine polytechnische Schule, die sie nach kurzer Zeit abbrach, da sie einerseits ihre beruflichen Vorstellungen in keinem der angebotenen Fachbereiche wiederfand, andererseits, weil ihr der Anteil an Migranten in ihrer Klasse zu hoch war:

> „Ich bin mir so blöd vorkommen, da waren 20 Schüler und davon 18 Ausländer und zwei Österreicher oder so. Und da hab ich gesagt, nein, da geh ich nicht mehr hin."

Von ihrer Mutter wird sie in dieser Entscheidung unterstützt, da auch sie die Meinung vertritt, der Umgang ihrer Tochter mit Ausländern könne ihr schaden bzw. sie dazu motivieren, „noch mehr Blödheiten zu machen". Der hohe Ausländeranteil reicht zudem aus, die Bildungsleistungen der Institution abzuwerten. Die Ablehnung des unmittelbaren Kontaktes mit Migranten ist vor dem Hintergrund von Verlust- und Bedrohungsängsten von Menschen in einer prekären Lebenslage und als klassische Strategie, sich innerhalb eines Raumes sozialer Spannungen und Klassifizierungen durch Abgrenzungen und Abwehr selbst zu verorten, zu lesen. Seite an Seite mit Menschen, die die eigene sozial unsichere Position widerspiegeln, zu leben, wird zum Zweck der Aufrechterhaltung der eigenen sozialen Identität vermieden, so gut es geht.

Nach Abbruch des polytechnischen Lehrgangs begann für Lena die Suche nach einer Schule, in der sie das neunte Pflichtschuljahr absolvieren könnte. In der Schule habe Lena zu den schlechten Schülern gezählt, immer dazu aufgelegt, die Lehrer zu provozieren und zu ärgern. Eine weitere schulische Laufbahn war daher nie geplant. Aufgrund des Schulabbruchs und der schlechten Noten fand sie keine Schule in Graz, die sie aufnehmen wollte, abgesehen von polytechnischen Lehrgängen, die nicht mehr für sie in Frage kamen. Ihrer Mutter gelang es schließlich, ein Aufnahmegespräch in der Haushaltungsschule in Weiz (ca. 30 km von Graz entfernte Bezirksstadt Steiermarks) für sie zu organisieren:

> „Und dann hab ich eh Glück gehabt, dass sie mich draußen [in Weiz] aufgenommen haben. Sie haben gesagt, ja, ich soll vorbei kommen, sie schauen einmal. Da hab ich mich gut gezeigt, gut aufgeführt und so, voll lieb getan halt und gesagt, dass mir kochen so taugt, dass ich Kochlehre machen will und so. Ja, und dann haben sie mich genommen."

So früh als möglich *erwachsen*, aber vor allem finanziell unabhängig vom Elternhaus zu sein, leitet die Handlungsstrategien Lenas. Ihre Mutter ist als Verkäuferin tätig, ihr Vater arbeitet in der Produktion eines Großbetriebes des Fahrzeugsektors. Ihre eigenen Berufskarrieren, beide sind 41 Jahre alt, sind durchsetzt von Phasen der Arbeitslosigkeit, häufigem Wechsel der Arbeitgeber und phasenweise atypischen Beschäftigungsverhältnissen. So hat die Mutter den Einstieg in den Arbeitsmarkt als geringfügig beschäftigte Hilfskraft im Lager einer Lebensmittelkette begonnen, nach der Karenzzeit eine Lehre als Einzelhandelskauffrau in einem Textilgeschäft abgeschlossen und arbeitet heute teilzeitbeschäftigt in einer Großhandelskette der Bekleidungsbranche unter neoliberalen Arbeitsbedingungen und bezahlt als ungelernte Arbeitskraft. Nachdem sie sich von ihrem Mann scheiden ließ und als alleinerziehende Mutter zweier Töchter unter existenziellem Druck steht, jobbt sie nebenbei als Putzfrau.

Die Brüchigkeit und Prekarität des beruflichen (Über-)Lebens der Mutter hat Lena miterlebt – die Perspektiven der Unsicherheit, die Übergänge im Lebensverlauf von Arbeit in Arbeitslosigkeit und in prekäre Beschäftigungsverhältnisse, die seit den 1980er Jahren gesellschaftlichen Mechanismen auf drastische Weise unterliegen, hat nicht nur Auswirkungen für die Betroffenen, sondern auch für jene, die aus ihrer kindlichen, adoleszenten Perspektive erleben und spüren, was auf sie zukommt. Lebensläufe, die durch Familientraditionen als selbstverständlich angenommen werden, sind nicht mehr einlösbar. Die Erwartung der Aufstiegsgesellschaft an die Nachkommen, das Erbe zu erweitern oder zumindest den Status der Eltern zu erreichen, konnte für die Elterngeneration nicht mehr erfüllt werden, der subjektive (oder kollektive) Wunsch, die Vorstellung eines beruflichen Aufstiegs der nachfolgenden Generation und die damit verbundenen Anforderungen allerdings bestehen weiter. Obwohl Lena die Pforten zum Lehrstellenmarkt zunächst verschlossen bleiben, wird eine existenzielle Eigenständigkeit so rasch wie möglich und eine erfolgreiche berufliche Zukunft von ihr erwartet. Dieser elterliche *Auftrag* und die momentane Unmöglichkeit der Einlösung bringen Lena in eine psychosozial unsichere, instabile Lage. Eine Lehrstelle zu finden, wird für sie zum vorrangigen Ziel. Der einst klare Weg führt aber nicht mehr ohne Hindernisse in eine, für ihr familiäres Umfeld anerkannte Position als Anzulernende in einem traditionellen, der Geschlechterrolle entsprechenden Beruf, sondern zunächst in eine Warteschleife von Eingliederungsmaßnahmen, in der sich identitäre Sinngebungen neu ausbilden müssen und die Situation, in der man sich befindet, sich selbst und anderen gegenüber gerechtfertigt werden muss. Gerade während der Adoleszenz sind Heranwachsende mit sich ändernden Erwartungen der sozialen Umwelt konfrontiert. Die Bewältigung der Anforderungen, die sich aus der Einbettung der Jugendlichen in die Gesellschaftsordnung ergibt, erfordert eine Integrationsarbeit, die heute von den Einzelnen selbst geleistet werden muss.

Die einst von Erwachsenen wie Jugendlichen begrüßte *Auszeit* zwischen Kindheit und Erwachsenendasein, das psychosoziale Moratorium (Erikson 1992 [1988]) als legitimer Entwicklungsspielraum, in dem Identitätsrollen erprobt werden konnten, stellt sich für Lena als Lebensphase dar, die permanent legitimiert werden muss, weder Anerkennung noch Toleranz abwirft und die Herausbildung einer erwachsenen Ich-Identität empfindlich abbremst. Von ihren Eltern kommt der Druck, endlich eine Lehrstelle zu finden. Die Institution, die sie *auffängt*, fordert in erster Linie Eigenengagement, das sich bei Lena in der Vorstellung ausdrückt, es schaffen zu können, wenn sie nur entsprechend interessiert und motiviert sei. Die soziale Verwaltung des Übergangs zum Erwachsenenleben verliert ihre Sichtbarkeit, ihre festen Einrichtungen: Bereits die Entwicklungsstufen bis zu einer Integration in den Arbeitsmarkt verunklären sich. Das Ungleichgewicht zwischen subjektiven, habituellen Erwartungen und objektiven Verwirklichungsmöglichkeiten spiegelt sich nicht mehr im Übergang zwischen Ausbildung und Berufsleben, sondern im Übergang von Auffangnetz und Ausbildungsplatz, nicht mehr in einer positiv konnotierten Zeit des Suchens und Versuchens, sondern in einer Zeit der Unsicherheit von unbestimmter Dauer, nicht mehr in einem Raum, der durch die Abwesenheit festgelegter und unvermeidbarer Durchgangsstellen legitimiert ist, sondern in einem Zwischenraum mit festgelegten und gleichzeitig vagen Anforderungen und spezifischen Bedingungen, die über labile institutionelle Praktiken eine Sozialisation in eine Instabilität bewirken. Das jugendspezifische Muster des Austestens von arbeitsweltlichen Positionen verliert für Lena die Gültigkeit. Sie ist den Widersprüchen zwischen den Forderungen einer Erfolgsgesellschaft und knapper Lehrstellen, die die

Grundvoraussetzung des Einstiegs in den ersten Arbeitsmarkt bilden, ausgesetzt. Weil es eine Knappheit an offenen Lehrstellen gibt, wurde ein Auf-Auffangnetz für Jugendliche, die keine Lehrstelle finden, eingerichtet. In diesem Auffangnetz wird über Aktivierungsmaßnahmen die Verantwortung für die lehrstellenlose Situation an die Jugendlichen zurück übertragen. Diese Responsibilisierung führt auf der Seite der Jugendlichen zu Selbstvorwürfen und Besserungsansprüchen, die sich an die eigene Person richten. Diese Form der *Aufbewahrung* von Jugendlichen in Eingliederungsmaßnahmen zielt auf eine Identitätsbildung zwischen Ausschluss und Integration. In diesem Zwischenraum droht Identität zu driften, da weder Kohärenz noch Kontinuität einen Rahmen bilden. Zäsuren, Brüche und Diskontinuitäten werden nicht als sinnvoll erlebt, gesellschaftliche Anerkennung fehlt. Lenas Versuch, Identität zu konstruieren, ist doppelbödig: Sie versucht, *die Not zur Tugend zu machen*, indem sie auf die Freiheiten verweist, die sie noch hat, solange sie nicht den arbeitsgesellschaftlichen Anforderungen unterliegt. Die Integration von Arbeit in das Leben markiert einen entscheidenden Schritt für sie: Sie läuft darauf hinaus, den Alltag, Gewohnheiten und Träume zu strukturieren, eine Veränderung, die den Einbruch einer ganz anderen *Ordnung der Dinge* für sie bedeuten würde. Dass Lena die eigenständige Suche nach einer offenen Lehrstelle zaghaft im Sommer nach dem Abschluss der Pflichtschule antrat, ist weder als eine Weigerung, sich vom Arbeitszwang abhängig zu machen, zu betrachten, noch ausschließlich darauf zurückzuführen, dass der Arbeits- oder Lehrstellenmarkt sie ausschließt. Arbeit nimmt ihren Platz im alltäglichen Leben nicht von selbst ein. Sie in das Alltagsleben zu integrieren, erfordert eine Reihe von Anpassungsleistungen, die undurchschaubarer werden und immer seltener die Gelegenheit finden, sich im Alltag der Jugendlichen zu konkretisieren. Arbeit zu finden, entspricht für Lena dem fast verzweifelten Willen, dem alltäglichen Leben einen stabilen Bezug zu schaffen. Die *Freiheiten*, die sie ohne feste Lehrstelle hat, machen ihr zugleich Angst: Sie erfährt ihren Weg als Gratwanderung und spürt die Gefahr, ins soziale Aus kippen zu können, eine Gefahr, die ihr täglich über die Aufforderung zum Eigenengagement und über ihre Position als lehrstellenlose Kursteilnehmerin vergegenwärtigt wird.

In Lenas aktueller Lebensphase verdichten sich Konflikte und Widersprüche sowohl psychosozialer, habitueller als auch struktureller Art, die weitgehend auf sie zurückgebunden und als Ambivalenzen erfahren werden. Das Modell des psychosozialen Moratoriums stellte bis in die 1980er Jahre eine idealtypische Form der (bürgerlichen) Sozialisation dar (Keupp 1999), dem heute, bedingt durch strukturelle Veränderungen, die gesellschaftliche Basis abhanden gekommen ist. Die Vorstellung von einer stabilen Identität, die nach einer Phase der Identitätsdiffusion weitgehend abgeschlossen sei, gehört der Vergangenheit an. Die Entgrenzung von Jugend hat nicht nur eine

Verlängerung der Jugendphase und eine Ausdifferenzierung von Übergängen zur Folge, sondern betrifft das Verhältnis zwischen Arbeit und Leben ganz grundsätzlich.

Unter den gegenwärtigen Bedingungen von strukturell freigesetzten Arbeitsplätzen und Lehrstellenlücken wird der ehemals garantierte Übergang aus der Jugendphase in die Erwachsenenphase durch die Vorstellung vom selbstverantwortlichen Individuum ersetzt. So wirkt die Arbeit auf völlig neue Weise in die Jugendphase hinein: Nicht mehr die phasenweise Befreiung von arbeitsgesellschaftlichen Verpflichtungen, die mit einem Integrationsversprechen gekoppelt waren, markieren die Schnittstelle zwischen Kindheit und Erwachsenendasein, sondern arbeitsgesellschaftliche Anforderungen sickern direkt in die Jugendphase hinein (Vgl. Schröer 2004), allerdings ohne verlässliche Orientierungsmuster und mit schwer kalkulierbaren Bedingungen. Das Auffangnetz als Zwischenraum bietet keine gesellschaftlich anerkannten kulturellen Riten der Vorbereitung auf eine Einbindung in die bestehende Gesellschaftsordnung, seine institutionelle Verwaltung zielt vielmehr darauf ab, Jugendliche zu verwahren. Die Beschneidung jugendlicher Entfaltungsmöglichkeiten wird von der Institution geradezu erwartet, indem *alles* auf die Herausbildung von *Arbeitsfähigkeit* konzentriert wird. Der Appell an das Eigenengagement führt so lange zum Gefühl, selbst an der Situation als Lehrstellenlose verantwortlich zu sein, wie die Jugendlichen im Auffangnetz gefangen bleiben. Ihm zu entkommen, erscheint als undurchschaubares Spiel, als Produkt des Zufalls: Sich *richtig* zu verhalten und *richtig* zu handeln, wird zum Impetus von Außen, weitgehend ungeklärt bleibt, wie *das Richtige* am Handeln definiert ist.

So befindet sich Lena in einer Phase, die eine Art Jonglieren zwischen den Anforderungen von Außen, den Lebensbedingungen und den inneren, internalisierten Anforderungen darstellt. In dieser offenen Lebenssituation ohne ausreichende Ressourcen und verlässliche Orientierungsmuster handlungsfähig zu bleiben, fordert die Schaffung eines Ausgleichs der Diskrepanzen zwischen Innen und Außen heraus, zwischen den Erwartungen, sich als Person am gesellschaftlichen Leben beteiligen zu wollen und der Verweigerung der Teilhabe als vollwertig ernst genommene Akteurin am Arbeitsmarkt. Diese psychosoziale Balance zu halten bzw. zu erreichen, bedeutet, ein Repertoire an Bewältigungsstrategien zu schaffen, die eine Lösung der problematischen und ungewollten Situation versprechen, das zugleich identitär überlebensnotwendig ist. Die Reaktionen wiederum, die unter dem Druck schwieriger Verhältnisse zustande kommen, werden von der Erwachsenenwelt häufig als nonkonforme, deviante Verhaltensmuster wahrgenommen und beurteilt und, so schließt sich der Kreis der Widersprüche, für die lehrstellen- oder arbeitslose Situation verantwortlich gemacht.

Die Institution lässt Lena nicht völlig fallen. So kann es ihr gelingen, ein Selbstbild aufrecht zu halten, das nicht vollkommen disqualifiziert ist. Ambivalenz drückt sich darin aus, dass Lena einerseits ihre Aufnahme in den Verein für Jugend und Arbeit als Erfolgserlebnis schildert, sie kann es aber nicht als Kapital am Arbeitsmarkt verbuchen. Mit der Zeit, die sie im Kurs verbringt und den Erfahrungen, die sich mit der erfolglosen Lehrstellensuche verbinden, nimmt sie sich als ausgegrenzt, stigmatisiert und wertlos für die Arbeitsgesellschaft wahr. Mit Zorn, mit Angst und mit Abwehr reagiert sie dann auf das Anerkennungsdefizit und sucht nach Erklärungen für ihre Lage, die außerhalb des persönlichen Einflussbereiches liegen. Die Leere, das Fehlen einer fassbaren, sichtbaren und für andere anerkennbaren Tätigkeit wiegt schwer. Wenn sie sich mit starken Gefühlen äußert, wird das von der Erwachsenenwelt als Disziplinlosigkeit beurteilt. Die institutionelle Verankerung, die ihr Bedürfnis nach Anerkennung nicht befriedigen kann, steht in Widerspruch zu ihren eigenen Erwartungen und Wünschen: Während sie einen Beruf erlernen möchte, verbringt sie ihre Zeit damit, zu hören, wie man sich *richtig* benimmt. Sich mit der Lage als Kursteilnehmerin zu arrangieren, bedeutet, eine provisorische Identität in einem Übergangsraum zu entwickeln: So wenig sich Lena von der Institution ernst genommen fühlt, so wenig nimmt sie die Institution ernst. Je länger sie in der Eingliederungsmaßnahme feststeckt, umso stärker wird ihr Gefühl der Ohnmacht. Sie setzt der Ordnung der Institution undiszipliniertes Verhalten entgegen und verstößt gegen Regeln: Sie kommt zu spät, betrunken oder gar nicht. Ihre *Unzuverlässigkeit* ist Spiegel der gesellschaftlichen Rahmenbedingungen und der Art, wie sie sich von der Gesellschaft behandelt fühlt. Sie macht die Regeln des gesellschaftlichen Spiels zu ihren eigenen. So scheinen die Trainings im Sozialverhalten, die die Institution anbietet, ein Sozialverhalten zu therapieren, das erst von ihr erzeugt wurde. Lenas Widerständigkeit legitimiert auf diese Weise die Einrichtung eines Auffangnetzes für dissoziale Jugendliche.

Lena entwickelt eine eigene, an die äußeren Bedingungen angepasste Ökonomie im Umgang mit dem Konkurrenzmarkt der Eingliederungsmaßnahmen. Ihr bekannte Jugendliche informieren sie über das Feld der Maßnahmen. Die verschiedenen Angebote, die ihrem Ziel, eine Lehre zu machen, nahe kommen, wägt sie nach pragmatischen Gesichtspunkten ab. Sie kommt der institutionellen Logik zuvor, Jugendliche von einem Kurs in den anderen zu schicken, indem sie sich immer wieder für neue Programme meldet. Vor diesem Hintergrund ist auch ihr provokantes Verhalten als rationale Strategie, aus der Maßnahme, in der sie sich aktuell befindet, ausgeschlossen zu werden, zu verstehen.

Tatsächlich gerät durch das Verhalten der Jugendlichen, auf Eigeninitiative die Maßnahmen zu wechseln, die Konkurrenz innerhalb der Eingliederungseinrichtungen unter Dynamik. Schließlich leben diese Einrichtungen von

Jugendlichen als Kunden ihrer Angebote. Wenn die Teilnehmer des Kurses des Vereins für Jugend und Arbeit kollektiv beschließen, in den Konkurrenzbetrieb zu wechseln, kann diese Strategie als Ausbruchsversuch aus den Eingliederungsmaßnahmen gelesen werden. Zugleich wird deutlich, wie sich die Logik und Ökonomie von marktwirtschaftlich orientierten Dienstleistungsunternehmen, an denen sich die Eingliederungsmaßnahmen orientieren, auf deren Kunden überträgt:

Aufgrund eines unbefriedigenden Angebotes wird ein neuer Anbieter gesucht. Als Akteure durchschauen die Jugendlichen die Spielregeln innerhalb des Feldes der Eingliederungsmaßnahmen und nutzen sie für sich.

Je länger die erfolglose Suche nach einer Lehrstelle für Lena dauert, umso stärker wird ihr Gefühl, zur Gruppe von Menschen zu zählen, die sich am gesellschaftlichen Rand aufhalten. Sie trifft Jugendliche, die, so wie sie, mehr Zeit als jene haben, die sich im Arbeitsprozess befinden. Einmal im Auffangnetz angekommen, scheint sich eine eigene Dynamik zu entwickeln, die Jugendliche in unterschiedlichsten Betreuungseinrichtungen zueinander führt, deren soziale Lagen sich ähneln, die mit ähnlichen Schwierigkeiten konfrontiert sind und die an bestimmten Orten des öffentlichen Raums aufeinander treffen. So erfährt Lena darüber, wo und wie man zu günstigem Essen, zu vorübergehenden Schlafmöglichkeiten, zu einer leistbaren Wohnmöglichkeit kommt. Sie sammelt Informationen durch Bekannte mit Erfahrungskapital in ihrem prekären Dasein, das weit über die Lehrstellensuche hinaus in das Alltagsleben reicht. Die räumliche Nähe, die durch ihre lehrstellenlose Situation, die Art der staatlichen Verwaltung und die Eigendynamik unter den Peers zustande kommt, lässt sie eine soziale Nähe zu prekarisierten Jugendlichen spüren und führt dazu, dass sie sich in ihrer näheren Zukunft als sozial Randständige entwirft: Sie geht davon aus, mit 18 Jahren zu wenig Geld zu haben, um sich eine eigene Wohnung leisten zu können und sieht sich in einer Notunterkunft wohnen. Diese nüchterne, illusionslose Perspektive trifft in ihren Träumen von ihrer späteren Zukunft auf das Gegenteil: Obwohl sie sich als junge Frau beschreibt, die mit Bildungsinstitutionen wenig anfangen kann, entwirft sie den Plan, „später einmal" ins Bildungsmoratorium zurückzukehren, um ihrem wahren Berufswunsch, Sozialarbeiterin oder Therapeutin zu werden, nachzukommen. In der Ausbildung, die sie während der Schulzeit als Zwang empfand, sieht sie einen Fluchtweg aus ihrer derzeitigen Situation.

Im Gespräch mit Lena

Dezember 2006

Ich geh Kurs …

[…]

Wie gings denn dann weiter, nach dem neunten Schuljahr?

Zuerst hab ich wegen Lehrstellen geschaut, aber nicht so viel, weil ich eigentlich … ja, ausschlafen ist eigentlich irgendwie auch gemütlich [lacht]. Meine Mutter hat immer gesagt, nein, du stehst jetzt auf, ganz in der Früh, um sieben Uhr und dann fangst gleich an zu suchen und dann hat sie aber auch nichts gesagt, hat auch länger geschlafen. Und dann am Ende der Sommerferien hab ich mich lehrstellensuchend[24] beim AMS [Arbeitsmarktservice] gemeldet. Ich weiß nicht, warum erst am Ende, weil ich … ich hab nicht gewusst, wie ich das tun soll! Ich bin schon zum AMS, hab mir aber nur die Sachen ausgedruckt, hab nicht gewusst, dass ich mich da lehrstellensuchend melden muss. Dann hat meine Mutter gesagt, sie geht jetzt einmal mit mir hin, weil ihr kommt vor, dass ich nix tu oder so und dann bin ich mit ihr zusammen hin gegangen und lehrstellensuchend gemeldet. Und dann hab ich durch eine Freundin erfahren, dass sie Kurs [im Verein für Jugend und Arbeit] gehen will, dass das so gut sein soll. Da hab ich mir gedacht, ja, das hört sich nicht schlecht an, ich geh einmal zum AMS und melde mich dafür an. Das hab ich dann gemacht, dann bin ich zum Infotag eben gegangen und zwei Tag später haben sie gesagt, ich bin aufgenommen. Das war nicht schlecht. Und die Angebote vorher vom AMS, da hab ich mich nicht überall beworben, weil es teilweise außerhalb von Graz war. Mit dem Postbus ist schon dumm, jeden Tag raus fahren und Moped hab ich eigentlich auch keines. Aber sonst hab ich mich schon beworben, aber da haben sie immer gesagt, ja, wir haben schon wen, geht einfach net, sie nehmen mich nicht auf und so. Und dann hab ich gesagt, ich geh Kurs, find ich sicher leichter was. Und jetzt hab ich mich bei JASG [Jugendausbildungsgesetz][25] angemeldet, der Kurs fängt am 22. Jänner an und jetzt schau ich einmal dort. Es ist viel besser, find ich, weil da bist ein Jahr sicher einmal drinnen, da hast schon am Anfang … da gehst einmal ein Jahr lang arbeiten, wie ein ganz normaler

[24] Sich permanent als „lehrstellensuchend“ zu bezeichnen, verweist darauf, dass behördliche Etikettierungen von außen in die Sprache der Jugendlichen einfließen und durch Internalisierung zu einem Bestandteil in ihrem Identitätsfindungsprozess werden.

[25] Vgl. das Kapitel „Zwischen Ausbildung und Beruf“.

Lehrling, gehst Berufschule und alles. Dein Lehrjahr wird dir sowieso angerechnet und meistens findest so dann eh einen Platz. Wirst auch vorbereitet, wenn du nicht so gut warst in der Schule, das ist eigentlich nicht so schlecht und drum hab ich mich dort beworben.

Also du willst aus diesem Kurs raus und in einen JASG-Kurs einsteigen? Bist du schon aufgenommen?

Ja, genau. Nein, aufgenommen noch nicht. Also einer von unserem Kurs, der Ozan, der ist aufgenommen worden, der ist jetzt schon aufgenommen worden in ein Programm. Der hat einen Aufnahmetest dort machen müssen, haben sie gleich gesagt, ja, sie nehmen ihn auf. Und er ist seit Montag jetzt schon dort. Es ist sicher besser als hier, weil du gleich einen Lehrvertrag hast. Du kriegst halt nicht so viel Geld, weil es vom AMS aus gezahlt wird, aber du hast wenigstens irgendwie ein Lehrjahr angerechnet. Also, wir waren ja alle dort, die ganze Gruppe vom Kurs, sind alle hingegangen dort. Dann hat sie [die Beraterin] ein paar Fragen gestellt, für was wir uns interessieren, was wir gern machen täten. Da zeigt sie dir so eine Liste, welche Berufe es alles gibt, weil alle Berufe kannst nicht machen und ich glaub, je mehr Berufe du nimmst, umso besser ist es, dass du aufgenommen wirst. Und nicht so wie beim jetzigen Kurs, da fragen sie eigentlich nur so über den Beruf, Berufswünsche, Orientierung, Kommunikation und so.

[...]

Ein Praktikum mit Lehrstelle ...

Wir müssen zum Beispiel beim Kurs jetzt bis Donnerstag ein Praktikum haben [es ist Dienstag]. Es haben fast keine Leut ein Praktikum, weil es so schwer ist, was zu finden. Ich mag kein Praktikum zum Beispiel als Blumenbinder oder so machen, weil mich das nicht interessiert. Das bringt mir ja nichts, wenn ich ein Praktikum mache, das mich nicht interessiert. Aber wenn ich jetzt bis morgen nichts finde, dann mach ich irgendein Praktikum, das ist mir eh egal. Aber das Problem ist, wir müssen eines machen, wo offene Lehrstelle drinnen ist und das ist echt schwer zu finden, weil es gibt fast keine offenen Lehrstellen im Moment.

Und helfen sie da, bei der Suche?

Na, sie tun eigentlich ... eigentlich tun sie gar nix. Sie sagen dir nur, ja, geh in den Computerraum und such das oder schau im Telefonbuch nach. Mehr sagt sie [die Trainerin] eigentlich eh nicht. Nur, ich seh das nicht ein, weil, wenn ich jetzt bis morgen kein Ding find eben, wo eine Lehrstelle frei ist, dann nehm ich ein Praktikum ohne Lehrstelle [regt sich auf], weil sonst fliegst aus dem Kurs raus. Um das geht es. Das ist so stressig, wir haben einen Nachmittag

Zeit gehabt zum Suchen! Und da haben eben die meisten nichts gefunden, was eigentlich eh logisch ist. Und wenn irgendwer was hat, haben die meisten dort schon angerufen und dann sagen sie nein, sie suchen Lehrlinge, aber keine Praktikanten. Das ist alles ein bissel stressig irgendwie. Jetzt muss es eine Praktikumsstelle mit einer Lehrstelle sein.

Also, damit du zumindest die Möglichkeit hast, als Lehrling übernommen zu werden?

Ja, genau. Aber wenn nichts Gescheites frei ist, dann bringt mir das ja nix, dann hab ich ja keine Chance! Und wenn es mich nicht interessiert, dann werde ich das auch nicht machen, wenn sie dann sagen, ja, dass sie mich aufnehmen täten. Wenn mich das nicht interessiert, dass ich eine Lehre mache, drei Jahre, in einem Bereich, der mich nicht interessiert, nur weil das gerade frei ist. Dann gehst eh nicht hin, net?

Ja. Du willst ja eigentlich Verkäuferin werden.

Ja, entweder Einzelhandelskauffrau, ja [Pause]. Zahnarztassistentin wollt ich auch werden, aber Zahnarztassistentinnen sind so viel und du kriegst schlecht bezahlt und das ist nachher auch schwer, eine Lehrstelle zu finden.

Und was ist, wenn du jetzt keine Praktikumsstelle mit freier Lehrstelle findest?

Ja, da muss ich am Montag in den Kurs rein gehen und ich krieg „unentschuldigt". Weiter Praktikum suchen, die ganze Zeit und wenn du nix findest, sitzt aber im Kurs, kriegst trotzdem „unentschuldigt". Und drei Mal „unentschuldigt" heißt, dass du raus fliegst. Obwohl du im Kurs bist und was tust. Das ist irgendwie schon arg, irgendwie ist das schon arschig, in der Hinsicht, wenn sie sagt, ja, jeder kann ein Praktikum finden. Da sag ich, okay, stimmt, man kann immer ein Praktikum finden, wenn man nicht mit Lehrstelle suchen muss, kann man wirklich immer eines finden, weil das ist echt nicht schwer. Brauchst dich echt nur dahinter klemmen, aber so mit Lehrstelle ist nicht so einfach. Weil in der Stadt herum gehen und fragen: „Tschuldigung, kann ich bei Ihnen ein Praktikum machen?" Das geht auch nicht.

Wie bist du zu den anderen Praktikumsstellen gekommen?

Also, das letzte Praktikum hab ich bei einer Kosmetikerin gemacht. Und dort hat es mir eh voll getaugt, hat sie mich eh voll gelobt, hat sie mir diesen Lippenpflegestift mitgegeben um 18 Euro [Sie holt ihn zum wiederholten Mal aus ihrer Tasche und benützt ihn. Als sichtbares Symbol der Anerkennung ihrer Arbeitsleistung legt sie Wert darauf].

Und dort hat es mir gut gefallen. Beim ersten Praktikum als Konditor hat es mir gar nicht gefallen, da bin ich am dritten Tag gegangen, weil es mich echt anzipft hat, dass ich die ganze Zeit für alles die Schuld gekriegt habe. Da hab ich gesagt, nein, ich geh, ich komm nimmer. Und sie [die Chefin] hat auch gleich zu mir gesagt, wenn ich will, kann ich eh gehen, weil, sie nehmen mich sicher nicht als Lehrling. Das dritte Praktikum hab ich dann gemacht als Zahnarztassistentin, dort hat es mir auch gut gefallen, hat alles gepasst.

Da hast ja schon einige Erfahrung.

Geht so. Weil Ferialjob hab ich auch gemacht, ein Monat, Bürokauffrau und das hat mir auch gefallen. Also zwei Mal als Konditor, einmal Bürokauffrau und einmal Zahnarztassistentin und eben als Kosmetikerin hab ich schon gearbeitet.

Und im Einzelhandel, da, wo du eigentlich hin willst?

Wollt ich machen, aber da, wo ich es machen wollt, haben sie gesagt, Einzelhandelskauffrau nehmen sie fast nie zum Praktikum auf und ich hab mich eh beworben, da in der Sporgasse [Gasse in der Grazer Innenstadt] oben. Und dann haben sie gesagt, ich soll in zwei Wochen noch einmal anrufen und ich glaub nicht, dass sie mich da aufnehmen werden, wenn sie sagen, in zwei Wochen anrufen [lacht]. Da haben sie sicher schon wen und die Lehrstelle steht nicht mehr offen drinnen im Internet: Also. Da haben sie schon hundert Prozent wen, glaub ich nicht, dass ich da noch anrufen brauche. Anrufen tu ich schon, aber es wird nichts sein. So Einzelhandelskauffrau, wenn ich wo angefragt habe, dann haben sie meistens schon wen gehabt, weil voll viel .... Weil eigentlich die ganze Gruppe Einzelhandelskauffrau macht.

[...]

Die Mama ist meine Erziehungsberechtigte.

Mein Vater wohnt sowieso nimmer bei uns, die sind schon voll lang getrennt eigentlich und ich wohn eben bei meiner Mutter. Nein, mein Vater, er ist so arg.

Wieso?

Ich hab eigentlich gar keinen Kontakt mehr mit ihm [Pause]. Meine Schwester schon, aber ich voll nicht. Ich halt das nicht mehr aus, dass er jedes Mal sagt, dass ich Schuld hab für Sachen. Das ist von klein auf gewesen! Immer: Das passt nicht, du bist schuld. Das interessiert mich überhaupt nicht, dass ich gleich wegen jedem Scheiß irgendwie eine eini gehaut gekriegt hab und das hat mich nicht interessiert und drum hab ich auch keinen Kontakt mehr mit ihm. Und dann hab ich ihm geschrieben [sms], dass er das größte Arschloch ist, das ich je gesehen hab und dass ich mit ihm nichts mehr zu tun haben will, und er akzeptiert es anscheinend eh, er hat sich eh nicht mehr gemeldet.

Seit wann ist denn der Kontakt abgebrochen?

Jetzt komplett, seit, erst vor kurzem, seit zwei Wochen so was. Aber auch früher, mit mir hat er eigentlich nichts gemacht und so, hat sich sowieso nie getroffen mit mir, ganz ab und zu einmal, aber da haben wir uns auch nur gestritten. Weil zum Beispiel, wenn ich sag, dass ich nachher in die Stadt gehen will, er sagt, nein, ich darf nicht und ich sag, ich geh aber trotzdem in die Stadt, weil die Mama hat es mir erlaubt, die Mama ist meine Erziehungsberechtigte. Wenn sie sagt, ich darf, dann geh ich auch, dann brauchst dich nicht einmischen irgendwie, was ich tun möchte, und dann dreht er wieder voll durch und haut zu, das interessiert mich nicht.

Wie alt warst du, als sie sich getrennt haben, deine Eltern?

Kindergarten, im letzten Jahr, fünf, glaub ich, oder so. Ich mein, für mich war es schlimm, weil ich hab mich zuerst auch nicht ausgekannt, weil er gesagt hat, er fahrt jetzt zur Post und so und wir wollten mitfahren und er, nein, das geht nicht und dann ist er immer den ganzen Tag weg gewesen. Wenn ich wenigstens was kriegen würde von ihm! Wenn er eh schon keine Lust hat, mit mir was zu unternehmen, soll er mir wenigstens Geld geben. [Imitiert den Vater:] „Mit dir kann ich mich nur blamieren und du führst dich so blöd auf."

Was stört ihn denn so?

[Aufgeregt:] Ja, das weiß ich nämlich selber nicht! Das hab ich ihn schon oft gefragt und er hat gesagt: Ja, dass ich so aggressiv bin und dass ich immer meine Meinung sag. Aber Entschuldigung, wenn das meine Meinung ist, warum soll ich es nicht zugeben? Da darf ich im Prinzip eigentlich eh nichts sagen, weil alles, was ich sag, stört. Wenn er einfach nicht damit klarkommen kann, dass ich meine Meinung sag, dann tut es mir aber leid. Ich sag es trotzdem weiterhin, das ist so. Und wegen der Lehrstelle sagt er auch immer, dass ich selber Schuld dran hab.

[Lenas Handy klingelt, genervt meint sie, es sei schon wieder die Mutter und hebt ab. Nach dem Telefonat beklagt sie sich über die Mutter, die ständig mit ihr „diskutieren" wolle:]

Welche Auseinandersetzungen gibt es denn mit deiner Mutter?

Ja, wegen dem Fortgehen und weil ich so gern Stadt gehe, so gut wie nie eigentlich daheim bin, außer zum Schlafen und deshalb diskutieren wir öfters. Ich weiß es nicht, ich geh den ganzen Tag Kurs und dann ist das schon okay, wenn ich nachher in die Stadt geh und was mach. Sie sagt irgendwie eh nichts dazu, aber wenn das halt jeden Tag ist, regt sie sich halt auf. Jakominiplatz [Platz in der Grazer Innenstadt], das zipft sie an, dass ich am Jakominiplatz ab und zu bin. So lang ich nicht irgendeinen Blödsinn tu, ist es ja wurscht im Prinzip. Versteh ich schon, dass sie sich Sorgen macht, aber trotzdem. Ich muss selber meine Erfahrungen sammeln. Wenn sie sagt, such dir andere Freunde, werde ich trotzdem keine neuen Freunde suchen gehen.

... weil ich nicht will, dass ich auch so werd ...

Sie sagt also, du sollst andere Freunde suchen?

Ja, obwohl sie sie nicht kennt nämlich, die meisten nicht, darum kann sie sich in Wirklichkeit gar nicht aufregen. Aber sie regt sich halt immer auf. Zum Beispiel in den Kontaktladen [Betreuungseinrichtung der Straßensozialarbeit mit Jugendlichen] gehe ich auch öfters, das find ich da drin einfach gemütlich und so viele Leute gehen auch dort hin, die ich kenn und so. Und die Betreuer sind ganz lieb, finde ich. Und sie mag den Kontaktladen nicht, sie sagt immer, da sind sowieso nur die drinnen, die nichts haben. Das stimmt aber auch nicht ganz. Sicher gibt es auch welche, die nichts haben, aber das sind sicher nicht alle! [Pause] Jetzt kann ich eh nicht mehr oft hingehen, weil ich Kurs gehe. Sicher, sie hat schon recht auch, weil Junkies sind auch dort. Aber ich mag keine Junkies, interessiert mich nicht. Okay, es gibt schon, es gibt schon Gründe vielleicht, dass du nicht selber schuld bist, dass dich irgendwer anjunkt oder so, aber trotzdem, eine Therapie machen würde ich trotzdem, aber die meisten checken das dann gar nicht mehr, weil, wenn du einmal irgendwie .... Mir hat ein Freund erzählt – der hat auch einmal gejunkt, aber das ist schon länger her, der hat vor zwei Jahren aufgehört – der hat gesagt, ja, ein Freund von ihm hat das einmal ihm rein getan und er hat das nicht gecheckt, weil er eben geschlafen hat nebenbei, und dann hat er ihn aufgeweckt und hat ihm gesagt, ich hab dich jetzt angejunkt und so. Und der ist dann gleich davon abhängig geworden, der ist dann aber durch eine Therapie wieder raus gekommen, der will damit auch nichts zu tun haben. Der hat gesagt, das ist das Schlimmste, was es gibt. So hab ich nichts gegen Junkies, im Prinzip, aber ich mag einfach nicht mit solchen Leuten herumhängen, weil ich nicht will, dass ich auch so werd, oder so. Junkie, nein. Wenn ich erwachsen bin, dann möchte ich auf jeden Fall nicht am Jakominiplatz stehen, wie andere Leute. Sie sind eh nett, aber ich könnt trotzdem nicht mit 30 oder so noch immer am Jakominiplatz stehen. Ich würd mir blöd vorkommen, ich komm mir eh jetzt mittlerweile auch schon blöd vor. Ich bin jetzt eh fast nie dort, weil es mir einfach auf die Nerven geht. Ab und zu schon, aber … da gibt es nämlich zum Beispiel eine, die ist alkoholabhängig und die hat ihre eigenen Kinder … Die ist in das Haus eingebrochen von ihren eigenen Kindern und hat sie bestohlen und so und das find ich arg, das verstehe ich nicht, warum. Es ist ja wurscht, wenn es irgendwo anders wär, aber nicht bei den eigenen Kindern oder so. Und die wollen halt auch nichts mehr mit ihr zu tun haben. Ist eh klar irgendwie. Und ich weiß, dass ich jetzt extrem dahinter sein muss, wegen der Lehrstelle, weil, wenn ich nicht gleich anfang zu suchen, dann such ich wieder nicht und tu wieder nix, das ist einfach blöd. Und dann denk ich mir, mahh, jetzt kann ich eh noch ein bissel warten, jetzt brauch ich eh nichts tun und dann werd ich nichts mehr tun oder erst viel später. Aber wenn ich jetzt die Chance habe, dann mache ich einmal meine Lehre, möchte ich echt die Lehre einmal abschließen, fertig haben, wenigstens das einmal. Um das andere mach ich mir jetzt noch keine Gedanken, die Lehrstelle ist das Wichtigste im Moment eigentlich. Und außerdem der Stress immer mit der Mama, das will ich mir nicht antun. Und drum.

Denkst du auch manchmal daran, auszuziehen von daheim?

Ich hab mir früher immer gedacht, ja, mit 16 möchte ich ausziehen, mit Freunden in eine WG ziehen oder so oder in eine Schlupfhauswohnung [Notschlafstelle für Jugendliche], aber die kannst sowieso erst mit 18 nehmen. Das ist auch nicht schlecht.

Wie kommst du auf eine Schlupfhauswohnung?

Ja, ich hab zu meiner Mutter schon gesagt, wenn ich 18 bin und nicht so viel Geld habe, nehme ich mir eine Schlupfhauswohnung, weil erstens ist es günstiger und zweitens ist es nichts Schlechtes eigentlich, wenn ich nicht so viel Miete zahlen muss. Für den Anfang ist es nicht schlimm, find ich. Und sie hat gesagt, ja, das ist meine Sache, wenn ich volljährig bin, kann ich eh machen, was ich will. Das ist ihr auf jeden Fall egal. Aber jetzt werde ich nicht ausziehen, das kann ich mir eh nicht leisten. Geh ich lieber fort mit dem Geld. Weil viel krieg ich ja nicht. 250, das find ich nicht viel im Monat, irgendwie. Also, ein Lehrling kriegt schon um einiges mehr, aber es ist ein Geld. Und als Einzelhandelskauffrau, als Lehrling kriegst zum Beispiel 350 so und im dritten Lehrjahr kriegst so 700, 800 Euro. Wenn du ausgelernt bist, einen Tausender. Das passt dann eh so. Jetzt komm ich nie aus mit dem Geld, weil wenn ich ein Geld hab, dann, ich weiß nicht, dann geb ich immer alles so schnell aus, weil ich mir denk: Mein Gott, ich hab ja noch so viel Geld, ich kann noch so viel tun. Und dann hab ich aber irgendwie nicht lang Geld und dann gibt mir meine Mutter schon. Aber sie sagt schon, dass ich was tun soll dafür, Staub saugen oder irgendwas machen, dass ich ein Geld krieg. So gibt sie mir schon auch, aber halt nicht so viel, zehn Euro oder so, oder fünf Euro, aber das passt eh.

[…]

… später einmal

Ich weiß gar nicht, warum ich so viel trink, aber jetzt seit zwei Monat trink ich die ganze Zeit irgendeinen Alk, das ist … [Pause]. Ich trink so gut wie immer. Jeden Tag.

Am Abend, wenn du unterwegs bist?

So, jetzt im Moment geh ich meistens zum Spar, kauf mir Bier, setz mich irgendwo hin, trink Bier, Bier und Bier und bis ich heimkomm, bin ich meistens so zu. Und das ist Scheiße irgendwie, aber ich weiß nicht, das ist lustig [Pause]. Und ich versuch so auch Sachen zu verarbeiten irgendwie, mit der ganzen Suche nach einer Lehrstelle und so. Es ist schon Scheiße, wenn man nix findet, sucht und sucht die ganze Zeit und dann Schuld kriegt. […] Ich hab so viele Vorstellungen gehabt, früher, da wollt ich einmal Tierärztin werden, am Anfang immer, weil ich immer so gern mit Tieren was gemacht hab, das hab ich cool gefunden. [Lacht:] Oder Polizistin wollt ich werden. Und jetzt hab ich eigentlich eine ganz andere Vorstellung, aber das werde ich nie machen können, weil ich … Sozialarbeiter oder solche Sachen, das find ich voll cool, das würd mir voll taugen oder so Psychologe ist auch witzig, so mit anderen Leuten über Probleme reden oder so, das wären so meine Wünsche, das wär das, was ich gern machen würd. Aber ich weiß, ich könnt jetzt keine … einfach nicht Matura machen und so lang Schul gehen und dann studieren und so, weil ich auch weiß, dass ich das nicht schaffen würde und ich nie so viel lernen würde, das ist zu schwer für mich und drum kann ich das nicht machen. Drum mach ich jetzt einmal die Lehre fertig und später vielleicht einmal die Abendmatura oder so und dann vielleicht studieren gehen oder so. Aber jetzt, jetzt will ich das einfach nicht, jetzt will ich einmal alles ausleben und so. Wenn ich Schul gehen würde, müsst ich so viel lernen und alles, das ist mir viel zu anstrengend alles. Berufschul musst zwei Monat gehen, zwei Monate halt ich auch aus. Wenn ich da zwei Monate irgendwie mitlerne und alles und daheim was lerne, merk ich mir das schon, denke ich. Aber Sozialarbeit wär so eine coole Arbeit, so wie im Kontaktladen, das wäre eine voll coole Arbeit. Sicher gibt es da schlechte Sachen auch, aber trotzdem, so, mit Jugendlichen reden, das ist voll super, ist cool … später einmal.

5.3. Logiken der Eingliederung

Die Entwicklung des österreichischen Sozialstaates ist durch eine geringfügige, aber stetige Erhöhung der Sozialausgaben und der Sozialquote gekennzeichnet[26]: 1980 betrugen die Ausgaben für Sozialleistungen[27] insgesamt ca. 19 Mrd., 1990 34,4 Mrd., 2000 57,3 Mrd. und 2006 71 Mrd. Euro.[28] Die Sozialquote ist von 26 % 1980 auf 28,5 % 2006 gestiegen. Die Entwicklung der Wirtschaft, des Arbeitsmarktes, Sozialreformen und demografische Entwicklungen gelten als ausschlaggebende, beeinflussende Faktoren für die Sozialquote. Von 1990 bis 2002 sind die Sozialausgaben für das Risiko Arbeitslosigkeit prozentuell am stärksten angestiegen, von 4,7 % 1990 auf 5,4 % 2002. 2006 betrugen die Gesamtausgaben für das *Risiko* Arbeitslosigkeit ca. 4,1 Mrd. €, im Vergleich dazu im Jahr 1990 1,6 Mrd. €. Innerhalb dieses Ausgabenpostens, der sich aus Geldleistungen wie Arbeitslosengeld, Notstandshilfe, Sonderunterstützungen und Sachleistungen wie aktive und aktivierende arbeitsmarktpolitische Maßnahmen zusammensetzt, fällt auf, dass zwischen 1990 und 2002 arbeitsmarktpolitische Maßnahmen die stärkste Wachstumsrate verzeichnen und sie 2006 mit ca. 1,7 Mrd. € noch vor dem Arbeitslosengeld (1,1 Mrd. €) den größten Anteil stellen.[29]

---

[26] Quelle der nachfolgende Zahlen: STATISTIK AUSTRIA.

[27] Die Ausgaben entsprechen der Summe der Sozialleistungen. Das ESSOSS (Europäisches System der Integrierten Sozialschutzstatistik) definiert Sozialleistungen als „Geld- oder Sachübertragungen, die von Sozialschutzsystemen an private Haushalte und Einzelpersonen erbracht werden, um die Lasten zu decken, die ihnen durch eine bestimmte Reihe von Risiken oder Bedürfnissen entstehen." Dabei werden acht Risiken, als Funktionen bezeichnet, unterschieden: Krankheit/Gesundheitsvorsorge, Invalidität/Gebrechen, Alter, Hinterbliebene, Familie/Kinder, Arbeitslosigkeit, Wohnen und soziale Ausgrenzung. Wohnen und soziale Ausgrenzung werden in den Statistiken von STATISIK AUSTRIA zu einer Kategorie zusammengefasst. Sie beinhaltet Wohn-, Mietzins- und Mietbeihilfen, Geld- und Sachleistungen der Sozialhilfe der Länder und Gemeinden, Flüchtlings- und Asylwerberbetreuung (Bund), Bewährungshilfe/Sachwalterschaft, Gebührenbefreiungen und sonstige Geldleistungen wie Leistungen des Hilfsfonds, Nationalfonds und der Kriegsgefangenenentschädigung. Mit 1,4 % stellt sie den geringsten Anteil an den gesamten Sozialausgaben dar.

[28] Die aktuell verfügbaren Zahlen (Zeitpunkt der Recherche: Oktober 2008) zur Sozialquote und den Sozialausgaben sind bis zum Jahr 2006 ausgewiesen (Quelle: STATISTK AUSTRIA).

[29] Ca. die Hälfte der Sozialausgaben entfallen auf Hinterbliebenenpensionen, Pflegegelder und soziale Betreuungseinrichtungen für ältere Menschen, ca. ein Viertel auf die Gesundheitsvorsorge, ein Zehntel auf Familienleistungen, 8 % auf invaliditätsbedingte Leistungen und ca. 5 % auf Arbeitslosen- und Arbeitsmarktleistungen. Über 70 % der Sozialausgaben werden in Österreich als Geldleistungen angeboten. Die Gesamtfinanzierung erfolgt zu jeweils

Die gestiegenen Ausgaben für die Arbeitslosigkeit sind vor allem durch die stark angewachsene Zahl von Leistungsbeziehern bedingt. Der Anstieg der arbeitsmarktpolitischen Mittel ab 1995 (2,8 Mrd. €, 2006: 4,1 Mrd. €) lässt sich vor allem durch Gelder aus dem Europäischen Sozialfonds erklären.[30]

Ein Rückbau des Sozialstaates lässt sich, so der Blick auf die Statistik über die Sozialausgaben in Österreich, quantitativ nicht feststellen. Nach wie vor existieren kollektive Mechanismen, um dafür Sorge zu tragen, dass viele Bedarfslagen und Bedürfnisse der in Österreich lebenden Menschen abgedeckt werden – im Kontext andauernder Arbeitsmarktprobleme, des Anstiegs der Langzeitarbeitslosigkeit und atypischer Beschäftigungsverhältnisse wird allerdings offensichtlich, dass sozialstaatlich geregelte Leistungen keineswegs ein Verarmungsrisiko ausschließen (Vgl. Tálos 1998).

Besonders im Bereich des Arbeitsmarktes sind staatliche Interventionen zahlreich, breit gefächert und in den letzten Jahren mit Nachdruck erfolgt. Diese Bedeutungszunahme des Staates, die sich in einer Wandlung der Modalitäten seines Eingreifens spiegelt, zeigt die Richtung einer politischen Veränderung an, die Castel am Beispiel der französischen Gesellschaft des ausgehenden 20. Jahrhunderts mit den Begriffen eines Wandels von der Integrations- zur Eingliederungspolitik umrissen hat und die heute auf die österreichische Gesellschaft übertragbar sind: Unter dem Begriff der Integrationspolitik fasst er Maßnahmen,

> „die vom Bemühen um globale Gleichgewichte, um die Vereinheitlichung der Gesellschaft vom Zentrum aus inspiriert sind“ (Castel 2000, 364):

Zugang zu sozialen Dienstleistungen und Schulbildung für alle, Ausbau des sozialen Sicherungsnetzes, Verteilungsgerechtigkeit von Chancen oder die Konsolidierung der Lage abhängig Beschäftigter zählen zu jenen Maßnahmen, die auch die österreichische Sozialpolitik bis zum Beginn der 1980er Jahre prägten und Klassengegensätze wie gesellschaftliche Spaltungen zumindest abmildern konnten.

Der Zugang zum Leistungssystem des Sozialstaates ist vom Typ des Beschäftigungsverhältnisses und der Dauer der bezahlten Arbeit abhängig – die

mehr als einem Drittel über Arbeitgeberbeiträge und Zuwendungen aus den Budgets der Gebietskörperschaften und zu mehr als einem Viertel über Beiträge der Versicherten. Im letzten Jahrzehnt haben die Anteile der Versicherten leicht zugenommen, jene der Arbeitgeber und Gebietskörperschaften abgenommen (bmsk).

[30] Unterstützung der vom Strukturwandel betroffenen Arbeitnehmer, Integration von Langzeitarbeitslosen, Älteren und Behinderten, Förderung der Chancengleichheit bzw. Förderung der Aus- und Weiterbildung, Vgl. http://www.europarl.europa.eu/factsheets/4_8_2_de.htm, 17.04.2008.

Integration bzw. Nichtintegration in den Arbeitsmarkt stellt so einen zentralen Bestimmungsfaktor für gesellschaftliche Spaltungslinien dar.

Das System der Sozialversicherung, das in den Bereich der Integrationsmaßnahmen fällt, bewirkt eine ganz allgemeine Sozialisierung von Risiken – all jene, die in den Geltungsbereich der Arbeit fallen, können die mit ihr verbundenen sozialen Rechte in Anspruch nehmen. Die Eingliederungspolitik hingegen richtet sich an besondere Bevölkerungsgruppen oder auf einzelne Regionen des sozialen Raumes, die sich in einer Mangellage befinden bzw. die unter einem Mangel an Integration leiden. Die Maßnahmen der Eingliederungspolitik lassen sich insgesamt als Versuche begreifen, das Niveau dieser Gruppen (Langzeitarbeitslose, Schulabbrecher, Problemfamilien, schwer vermittelbare Jugendliche etc.) anzuheben, um den Abstand zu einer Integration wettzumachen. Sie stellen neue Interventionstechnologien dar, die Aktionen lokalisieren und präzise auf bestimmte Ziele ausgerichtet sind, professionelle und nicht-professionelle Akteure mobilisieren sowie ein neues Verhältnis zwischen Zentralem und Lokalem schaffen, das mit den Traditionen öffentlichen Handelns bricht.

Nicht zufällig tauchen Fragen der Eingliederung zu einem Zeitpunkt auf, zu dem ein neuartiges Profil von *Problemgruppen* entsteht, die die traditionelle Konstruktion der Unterscheidung zwischen einer Absicherung durch Arbeit für alle, die arbeiten können und der Gewährung von Unterstützung für jene, die aus legitimen Gründen freigestellt sind, aufbricht. Noch entscheidender erscheint mir die Sichtweise, dass es ein neuartiges Profil des *bedürftigen Menschen* gibt, dem die Verantwortung für seine Notlage nicht mehr aufgebürdet, der aber auch nicht passiv versorgt wird. Die eingliedernde Intervention hilft ihm auf der Suche nach einem Platz in der Gesellschaft, indem seine eigenen Ressourcen mobilisiert werden. In den gängigen Begriffen mangelnder Anpassungsfähigkeit können die neuen *Problemgruppen* nicht mehr gefasst werden; ihre Probleme fügen sich nicht in traditionelle sozialstaatliche Interventionsmaßnahmen ein. Nach gewohnten Denkmustern ist diese Gruppe von Menschen nicht definierbar: Sie ist weder völlig verarmt, noch ungebildet, weder gefährlich, noch Angehörige der Arbeiterklasse. „Sie sind wirklich nichts, aber doch ein bisschen von alledem. [...] Sie stellen eine zu allem *querliegende* und *übergreifende* Frage" (Castel 2000, 367). Sie sind die *ganz normalen Überflüssigen.*

Der Europäische Sozialfonds (esf) ist jenes Finanzierungsinstrument, mit dem die EU ihre beschäftigungspolitischen Ziele in den einzelnen Ländern umsetzt. Er unterstützt in Österreich konkrete Arbeitsmarktprojekte, die der Logik von Eingliederungsmaßnahmen folgen. In seinen operationellen Programmen legt er Schwerpunkte fest, die so genannte Schlüsselfaktoren in der Anpassung an den wirtschaftlichen Wandel, wie lebensbegleitendes Lernen oder Flexibilität, ebenso umfassen wie die Integration von behinderten oder *arbeitsmarktfernen* Personen in den Arbeitsmarkt. Dabei legt der Fonds seinen Fokus auf die Förderung regionaler Beschäftigungsprojekte.

In der Strukturfondsperiode 2000 bis 2006 hat Österreich den Aufbau und die Umsetzung von so genannten Territorialen Beschäftigungspakten (TEPs) unterstützt, für 2007 bis 2013 hat der esf der Förderung dieser Partnerschaften eine eigene Priorität gewidmet. Partnerschaften zwischen AMS, den Ländern, den Bundessozialämtern und anderen Institutionen (Arbeitsvermittlungsstellen, Betreuungseinrichtungen im NGO-Bereich etc.) sind vertraglich geregelt und richten sich nach dem jeweiligen regionalen Bedarf:

> „Die partnerschaftliche Zusammenarbeit soll die Erhöhung der Wirksamkeit und Effizienz des Mitteleinsatzes, die Verbesserung der Betreuung bestimmter Zielgruppen, die Sicherung und Schaffung von Arbeitsplätzen, die Sicherung von Fördermitteln für die Region und die nachhaltige Sicherung des Lebensraumes bewirken" (http://www.pakte.at/teps/vorwort.html, 18.05.2008).

Als eigener Schwerpunkt für die Förderperiode 2007 bis 2013 formuliert, werden insbesondere die operativen Strukturen der Pakte gefördert, TEP-Koordinationsstellen sollen den Informationsfluss zwischen den Partnerinstitutionen sicherstellen, die Zusammenarbeit unterstützen und gemeinsame Programme erarbeiten; eine bundesweite Koordinationsstelle soll die einzelnen TEPs betreuen, Informations- und Knowhowtransfer sowohl national wie international sicherstellen und Öffentlichkeitsarbeit leisten. Wurden mit der ersten Förderperiode neue institutionelle Arrangements in Form von Vertraglichungen zwischen arbeitsmarktpolitisch relevanten Akteuren getestet, ist nun die Verstärkung einer Institutionalisierung des Arrangements, eine inhaltliche Schwerpunktverlagerung auf Organisation, Verwaltung, Koordination und Informationsaustausch angezeigt. Die Bewegung hin zu einer Selbstreferenzialität ist unübersehbar: Der ursprüngliche Ausgangspunkt, die Herausforderungen der österreichischen Arbeitsmarkt- und Beschäftigungspolitik – beispielsweise die Konzentration der Arbeitslosigkeit auf bestimmte Gruppen –, hat sich in Richtung eines aufwändig organisierten Mehrebenensystems der Verwaltung arbeitsmarktpolitischer Probleme verschoben.

Die Originalität der territorialen Maßnahmen besteht darin, dass sie vorsieht, ein Problem vor Ort anzugehen. Darin liegt aber auch ihre Ambivalenz, da sie zu einem lokalen Wartungsunternehmen für Probleme zu werden drohen. Die Überantwortung der Bearbeitung des Beschäftigungsproblems auf die lokale Ebene legt den Schluss nahe, dass sie auf der Ebene der Globalpolitik keine Lösung erfahren hat: „Sie läuft also Gefahr […] zu einer *reinen Verwaltung der Beschäftigungslosigkeit* zu werden" (Castel 2000, 373).

Der Wandel besteht so in einer Neuanordnung der Zuständigkeiten und lokalen Verhältnisse, nicht aber in einer grundlegenden Transformation der Bedingungen und Gegebenheiten, die die konkreten, lokalen Situationen von außen strukturieren. Probleme werden vor Ort gesucht und meistens auch gefunden, obwohl sie mitten im Zentrum des Staates liegen (Vgl. Bourdieu 1998). Mit diesen Entwicklungen lässt sich eine Form der Territorialisierung der sozialen Frage nachzeichnen, die eine generelle Bewegung weg von ortsunabhängigen verallgemeinerten Formen der Absicherung sozialer Risiken hin zu einer partikularen Intervention in kleinräumig-territorial identifizierbare Brennpunkte, *hot spots*, sozialer Probleme beschreibt (Vgl. Dangschat 2002).

Die Erwartung einer (Re-)Integration von bestimmten Personengruppen in den Arbeitsmarkt, die mit lokalen Maßnahmen und Projekten, die in die Förderphase 2000 bis 2006 des esf fielen, verbunden sind, scheint sich nur begrenzt einzulösen. Eingliederung bedeutet in diesem Kontext, zu verhindern, dass ein Teil der Bevölkerung vollkommen ausgegrenzt wird: Wenn Langzeitarbeitslose über Eingliederungsmaßnahmen betreute und befristete Arbeitsplätze in niedrig qualifizierten Hilfsarbeitertätigkeiten[31] zugewiesen werden, ist ihnen zwar ein deutlicher Platz in der Gesellschaft gegeben, sie bleiben aber in einem Zustand der Eingliederung gehalten, in einem Zwischenstatus zwischen Exklusion und endgültiger Eingliederung. Jene, die damit befasst sind, im Rahmen der österreichischen Beschäftigungsinitiativen Projekte zu erfinden, versuchen, die Personen, die in ihre *Zielgruppe* fallen, zu halten und deren Zeit um die angebotenen Aktivitäten herum zu strukturieren.[32]

Diese Maßnahmen bewirken eine *sekundäre Sozialisation* (Berger/Luckmann 1980) über labile, diskontinuierliche institutionelle Praktiken einer Subwelt, die eine „asoziale Stabilität“ (Castel 2000, 377) hervorbringen. Die Brüchigkeit verschwommener Beziehungskonstellationen, die über die Organisation von Eingliederungsmaßnahmen ein in sich abgeschlossenes System zu bilden beginnen, sind nicht kompatibel mit den Logiken anerkannter Institutionen. Die Menschen, die in ihnen leben, werden so in einen Zustand der *Schwerelosigkeit* versetzt. Dieses gesellschaftliche Zwischensystem stellt einen neuen Status des dauerhaften Überganges dar, der durch die Erosion und Transformation der Lohnarbeitsgesellschaft und der Form, in der

---

31 Als Beispiel soll hier das Projekt „JAN“ angeführt werden, das Langzeitarbeitslose in Umzugs- und Renovierungstätigkeiten im Bau- und Baunebengewerbe einbindet, eine höhere Qualifikation gar nicht erst anstrebt, da es lediglich darum geht, sie „job ready“ zu machen (Vgl. http://www.pakte.at/projekte/x_title.html, 18.04. 2008).

32 Zum Beispiel, indem sie ein Internetcafe für Senioren eröffnen und damit einen geselligen Raum schaffen, um den Alltag erträglicher zu machen. „4everyoung“ nennt sich ein weiteres Projekt (gemeinnützige KommunikationsgesmbH), das u. a. vom esf gefördert wird und sich auf ältere Menschen und ihr Verhältnis zum EDV-Bereich in ländlich, peripheren Gebieten spezialisiert hat (Vgl. http://www.4everyoung.at, 18.05. 2008).

ihr über Eingliederungspolitik begegnet wird, zustande kommt. Vor dem Hintergrund, dass selbst vollkommen integrierte und mit Kapitalien ausgestattete Menschen am gegenwärtigen Arbeitsmarkt ins Schleudern geraten, stellt sich die Aufgabe, eine Gruppe von Menschen, die sich im Prozess der Ausgrenzung befindet, und durch Herkunftsmilieu und Lebensbedingungen geschwächt ist, in das allgemeine System zurückzuholen, als kaum umsetzbar dar. Die neuen Formen der Eingliederung waren zunächst provisorischer Natur. Mittlerweile haben sie sich als fixer Bestandteil der Landschaft der aktivierenden Interventionsformen etabliert. Die Eingliederungsmodalität zielt auf eine eigene Daseinsweise ab, die heute ein völlig neues Problem aufwirft: Sie verurteilt die von ihr Erfassten zu einer permanenten Eingliederung, indem sie ein Netz aus neuen Aktivitäten, Initiativen und Projekten um sie herum spinnt.

Das mit der Internationalisierung der Märkte verbundene Bemühen um Wettbewerbsfähigkeit wird als Sachzwang akzeptiert. Diese politische Entscheidung bringt Gewinner und Verlierer hervor:

> „[...] für eine Gesellschaft, die ihre demokratischen Ideale nicht aufgegeben hat, scheint es nur recht und billig zu sein, dass diejenigen, die verloren haben, nicht einem Parias-Schicksal ausgeliefert werden" (Castel 2000, 378).

Wie für Frankreich gilt für Österreich, dass der Sinn der Eingliederung darin besteht, sich um die *nutzlosen Normalen* zu kümmern, die sich in den besonders *verwundbaren Zonen* des gesellschaftlichen Lebens absetzen. Eingliederungsmaßnahmen tragen dazu bei, diese Verlierer des Modernisierungsprozesses *ruhig zu stellen*, ihr Potenzial *abzukühlen* und den Übergang zu Gewalttaten und Aufruhr abzufedern: Bereits Goffman hat darauf hingewiesen, dass die Reaktionen jener, die man auf ihr Verlieren festnagelt, nicht vorhersehbar sind und außer Kontrolle geraten können. Deshalb wird ihnen ein *ehrenwerter Abgang* zumindest nicht verwehrt, der es ermöglicht, ein Selbstbild aufrecht zu halten, das nicht vollkommen disqualifiziert ist (Vgl. Goffman 1952).

Zwischen Ausbildung und Beruf

Statistiken, Daten und Fakten können einen Einblick in strukturelle Verhältnisse geben, sie zeigen aber wie Fotos nur bestimmte Ausschnitte der Wirklichkeit. Quantitative Daten sind machtvolle Argumentationsgrundlagen in öffentlichen, politischen oder ökonomischen Diskursen, sie gelten als unanfechtbare *harte Fakten*. Umso wichtiger ist es, die Qualität von Daten kritisch zu reflektieren. Als Argumentationsgrundlagen für politische Ziele oder wirtschafts-, gesundheits- und sozialpolitische Entscheidungen werden Statistiken regelrecht als *Waffen* eingesetzt: Arbeitslosenquoten beispielsweise werden als zentrale Größen für die soziale Situation dargestellt und dazu verwendet, um Erfolge oder Misserfolge von Regierungen zu illustrieren.

Das Phänomen der Arbeitslosigkeit ist besonders komplex, sie angemessen zu definieren und zu messen daher kein einfaches Unterfangen. Entsprechend differiert das Ausmaß der Arbeitslosigkeit je nach Art der Erhebung und Definition. So etwa ist die nationale Arbeitslosenquote mit gewissen Einschränkungen zwar ein Indikator für den Grad der ungenutzten Arbeitsressourcen jener Personen, die über einen gewissen Zeitraum hinweg in die Arbeitslosenversicherung eingezahlt haben. Sie gibt jedoch keine vollständige Auskunft über das Gesamtausmaß der ungenutzten Arbeitskräfteressourcen, da die Zahl der Selbstständigen nicht berücksichtigt wird und nur Personen in die Berechnungen einbezogen werden, die als arbeitslos registriert sind. Gerade in den letzten Jahren, in denen seitens der Politik wie auch des AMS verstärkt zur Selbstständigkeit und Unternehmensgründung ermuntigt wird, werden selbstständige Tätigkeiten oft nur so lange ausgeübt, wie man keine unselbstständige Beschäftigung gefunden hat.

Teilnehmer an AMS-Schulungen werden nicht als Arbeitslose gezählt. Deren Zahlen sind jedoch beträchtlich und seit den 1990er Jahren deutlich angestiegen. Kinderbetreuungsgeldbezieherinnen und Präsenzdiener werden zu den Beschäftigten gezählt, was besonders bei Frauen zu starken Verzerrungen der Arbeitslosenquote führt. Sich nicht beim AMS registrieren zu lassen, obwohl man de facto arbeitslos ist, drückt die Quoten weiter nach unten. Gerade bei Jugendlichen kommt es häufig vor, sich in der Phase der Lehrstellensuche oder beim Übertritt von der Ausbildung in den Arbeitsmarkt nicht sofort ans AMS zu wenden. Diese Faktoren lassen einen nicht unbeachtlichen Graubereich der Arbeitslosigkeit vermuten, der die tatsächliche Arbeitslosenquote stark anheben würde.[33] Die im Folgenden angeführten Zahlen sollen deshalb nicht eins zu eins als Abbildung der Wirklichkeit genommen werden, sondern als Ausschnitte, die strukturelle Verhältnisse, Trends und Verschiebungen andeuten.[34]

Im Jahr 2007 waren in Österreich 186.000 Personen als arbeitslos gemeldet. Die Arbeitslosenquote lag bei 4,4 %. Mit 8,7 % (2006: 9,1 %) war die Arbeitslosenquote Jugendlicher fast doppelt so hoch. Zwischen 2002 und 2007 ist die Jugendarbeitslosigkeitsquote insgesamt um 2,5 % gestiegen. Seit

---

[33] Rund 147.000 Personen suchten in Österreich im ersten Quartal 2008 zwar offiziell keine Arbeit, stünden aber grundsätzlich innerhalb von zwei Wochen für eine Arbeitsaufnahme zur Verfügung. In diesem Zusammenhang wird von einer „stillen Arbeitsmarktreserve" gesprochen. (http://www.statistik.at/web_de/static/arbeitsmarktstatistik_1.quartal_2008_-schnellbericht_031570.pdf, 21.20.2008).

[34] Wenn nicht anders ausgewiesen, sind die nachfolgenden Daten der Arbeitsmarktstatistik (Jahresergebnisse 2007) des AMS Österreich entnommen (www.ams.at, „Arbeitsmarkt").

2005 (10,3 %) ist sie leicht rückläufig, was insbesondere auf arbeitsmarktpolitische Maßnahmen, wie Schulungen oder Lehrstellenförderungen der Be-Betriebe, zurückzuführen ist. 2007 gab es 52.200 Jugendliche ohne Arbeit, in der Steiermark lag der Anteil Jugendlicher unter den Arbeitslosen bei 16,3 % und bildete damit den für Österreich durchschnittlichen Wert (16,1 %) ab. Sowohl Arbeitslosigkeit als auch das Arbeitslosigkeitsrisiko steigt mit dem Sinken des Ausbildungsniveaus. Der Anteil an Arbeitslosen mit Pflichtschulabschluss liegt bei 47,8 %, gefolgt von Arbeitslosen mit Lehre (33,9 %), das höchste Arbeitslosigkeitsrisiko ergibt sich mit 16 % für Personen, die keinen über den Pflichtschulabschluss hinausgehenden Bildungsstand aufweisen. Auch die Zahl der Langzeitarbeitslosen unter den Jugendlichen steigt an. Im Sommer 2006 waren es ca. 9.000 15- bis 24-Jährige, die als „langzeitarbeitslos" bezeichnet werden. Diese absolute Zahl entspricht ca. 20 % der arbeitslosen Jugendlichen.

2007 standen 5.540 lehrstellensuchende Jugendliche 3.223 offenen Lehrstellen gegenüber. In Summe fehlten im November 2007 in ganz Österreich 2.317 Lehrstellen. Rechnerisch fallen auf jede offene Lehrstelle 1,7 Lehrstellensuchende. Regional betrachtet sind hinsichtlich der Lehrstellenandrangsziffer erhebliche Unterschiede feststellbar: In Wien stehen 2.089 Lehrstellensuchende 318 offenen Lehrstellen gegenüber (6,6:1), nach dem Burgenland mit einem Verhältnis von 2,7:1 und Niederösterreich mit 2,6:1 folgt die Steiermark mit 2,1:1. Auffallend für den österreichischen Lehrstellenmarkt ist die hohe Konzentration offener Lehrstellen im Gastgewerbe, in allen anderen Berufen ist die Zahl der offenen Lehrstellen deutlich geringer als jene der Lehrstellensuchenden. Die Lehrstellensuchenden konzentrieren sich vor allem auf kaufmännische Berufe, gefolgt von Friseurinnen und KFZ-Mechanikern. Die Relationen zwischen registrierten Lehrstellensuchenden und gemeldeten offenen Lehrstellen stellt sich seit 2000 als relativ stabil dar, eine Konstante, die vor allem durch politische Steuerungsmaßnahmen (z. B. JASG-Maßnahmen, Blum-Prämie etc.) erreicht wird. Zu Beginn der 1980er Jahre bildeten rund 24 % der Betriebe in Österreich Lehrlinge aus. Dieser Anteil reduzierte sich bis 2005 um die Hälfte auf 12 %. Parallel dazu hat sich die Zahl der Lehrplätze seit Beginn der 1980er Jahre um mehr als ein Drittel verringert. In dieser angespannten Situation wurde Ende 2005 per Regierungsbeschluss der so genannte Blum-Bonus eingeführt, benannt nach Egon Blum, Regierungsbeauftragter für Jugendbeschäftigung und Lehrlingsausbildung. Gefördert werden seither Betriebe, die zusätzliche Lehrlinge aufnehmen und ausbilden. Für jeden zusätzlichen Lehrling beträgt die Förderung im ersten Lehrjahr 400 €, im zweiten 200 € und im dritten 100 € pro Monat. Laut einer von der Arbeiterkammer Niederösterreich herausgegebenen Studie werden weit mehr Blum-Prämien vergeben als dadurch tatsächlich neue Lehrstellen geschaffen werden. Der so genannte Mitnahmeeffekt, Fälle, in denen Lehrstellen gefördert werden, die ohnedies entstanden wären, beträgt für 2006 77,8 % (Vgl. Wacker 2007).

Für Jugendliche, denen eine Integration in den Arbeitsmarkt nicht gelingt, wurden in Österreich im Rahmen des Nationalen Beschäftigungsplanes (NAP) Maßnahmen mit dem Ziel eingerichtet, den Einstieg in Berufs- und Arbeitswelt zu erleichtern. Seit 1998 finden sich darin drei Maßnahmenbereiche: Das so genannte Auffangnetz, Maßnahmen zur Erhöhung des Angebots an Lehrstellen und Ausbildungsplätzen so wie Maßnahmen zur Vorbereitung von Jugendlichen auf eine Berufsausbildung. Die letztgenannten Maßnahmen umfassen Kursprogramme des AMS zur Berufsorientierung, -findung und -vorbereitung, spezielle Beratungen und Förderungen für Mädchen wie die Möglichkeit des Nachholens des Hauptschulabschlusses. Um das Angebot an Lehrstellen und Ausbildungsplätzen zu erhöhen, wurde beispielsweise 2003 das Bundesausbildungsgesetz novelliert und die so genannte Vorlehre, die für Jugendliche eine Alternative zu Hilfsarbeitertätigkeiten darstellen und den Übertritt in eine reguläre Lehrausbildung erleichtern sollte, durch eine integrative Berufsausbildung ersetzt.[35]

In diese Maßnahmen fallen darüber hinaus Anreizsysteme für Betriebe, die Lehrlinge ausbilden, wie etwa Fördergelder oder Befreiungen von Beiträgen für die Unfallversicherung.

Das Auffangnetz besteht in erster Linie aus Maßnahmen nach dem Jugendausbildungsgesetz (JASG), die im Ausbildungsjahr 1998/1999 als Reaktion auf die sich Mitte der 1990er Jahre abzeichnende Lehrstellenlücke implementiert wurden. Seit 2001/2002 unterliegt die Verantwortung für die Umsetzung der Maßnahmen dem AMS. Die Anstrengungen im Kontext der Bekämpfung der Jugendarbeitslosigkeit konzentrieren sich in Österreich auf eine Weiterentwicklung und Anpassung des dualen Ausbildungssystems, das

---

[35] Durch die Berufsausbildungsgesetz-Novelle 1998 wurde die Vorlehre für Jugendliche mit Benachteiligungen eingerichtet. Aufgrund eines relativ starren rechtlichen Korsetts wurde sie nur sehr wenig in Anspruch genommen. Eine tatsächliche Einbeziehung benachteiligter Jugendlicher in das Berufsausbildungsgeschehen konnte nicht erreicht werden. Gründe: Informationsdefizite sowohl seitens der Unternehmen als auch der potenziellen Lehrstellensuchenden; geringes Interesse seitens der Jugendlichen, da die Ausbildungsdauer verlängert und die Lehrlingsentschädigung gegenüber Hilfstätigkeiten gering ist; Vorbehalte von Seiten der Unternehmen; bestehende konkurrierende Ausbildungsmodelle.
Die Novelle 2003 zum Berufsausbildungsgesetz schaffte die gesetzliche Grundlage für eine integrative Berufsausbildung für benachteiligte Personen. Diese Ausbildung soll entweder als eine Lehrausbildung mit einer verlängerten Lehrzeit stattfinden oder benachteiligten Personen eine Teilqualifikation vermitteln, die ihnen den Eintritt in den Arbeitsmarkt ermöglicht, wenn die Erreichung eines Lehrabschlusses nicht möglich ist. Diese Ausbildung hat die Vorlehre ersetzt. Bei einer Verlängerung der Ausbildung kann die Lehrzeit um maximal ein Jahr, in Ausnahmefällen um zwei Jahre, verlängert werden, sofern dies für die Erreichung der Lehrabschlussprüfung notwendig ist.

in den Diskursen als Garant einer stabilen Arbeitsmarktintegration von Jugendlichen gilt. Das duale Ausbildungssystem stellt eine Besonderheit im europäischen Ländervergleich dar: Die Ausbildung in der Lehre, deren gesetzliche Grundlage das Berufsausbildungsgesetz (BAG) von 1978 (mehrmals novelliert) bildet, unterscheidet sich deutlich von der beruflichen Ausbildung in Vollzeitschulen und verbindet mit dem Lehrbetrieb und der Berufsschule zwei Ausbildungsstandorte. Während die Ausbildung im Betrieb der Vermittlung berufsspezifischer Fertigkeiten gewidmet ist, konzentriert sich die Berufsschule auf die Vermittlung fachtheoretischen Wissens und die Erweiterung der Allgemeinbildung. Je nach Lehrberuf beträgt die Ausbildungszeit zwei bis vier Jahre, die meisten Lehrberufe sehen eine dreijährige Ausbildung vor. Rund 40 % der Jugendlichen wählen nach Absolvierung der Pflichtschule diesen Ausbildungsweg (Vgl. Heckl 2006). JASG-Lehrgänge versuchen durch die Bereitstellung von Lehrstellen in Ausbildungseinrichtungen dem Mangel an betrieblichen Lehrstellen entgegenzuwirken, mit dem Ziel, Jugendliche in eine betriebliche Lehrstelle zu vermitteln. Das AMS beauftragt Trägerorganisationen, in der Steiermark zum Beispiel das bfi (Bundesförderungsinstitut Österreich, Aus- und Weiterbildungseinrichtung) oder Jugend am Werk (Jugendbetreuungseinrichtung), mit der Durchführung der Lehrgänge, denen ein Berufsorientierungscoaching vorgeschaltet ist. Zielgruppe der Maßnahmen sind Lehrstellensuchende mit positivem Schulabschluss, behinderte Jugendliche mit abgeschlossener Schulpflicht, Jugendliche mit *besonderen Vermittlungshemmnissen* oder Teilnehmer früherer JASG-Lehrgänge, die keine Lehrstelle gefunden haben. Die Jugendlichen müssen, um in den Lehrgang aufgenommen zu werden, beim AMS als lehrstellensuchend registriert sein bzw. fünf erfolglose Bewerbungen nachweisen (Vgl. Heckl 2006). Die Lehrgänge dauern bis zu zwölf Monate und beinhalten die praktische und theoretische Ausbildung für den jeweiligen Beruf, die Lehrgangsteilnehmer erhalten eine Ausbildungsentschädigung von 150 € netto monatlich plus Sozialversicherung und gelten als Lehrlinge im Sinne der Kranken-, Unfall- und Pensionsversicherung. Die Ablehnung einer (zumutbaren) Lehrstelle führt zum Verlust der Teilnahmeberechtigung.

Der Großteil der JASG-Lehrlinge ist beim Eintritt in den Lehrgang 16 oder 17 Jahre alt, mehr als zwei Drittel haben einen polytechnischen Lehrgang oder die Hauptschule besucht, 12 % gingen in eine berufsbildende mittlere Schule und knapp ein Fünftel besuchte eine AHS oder BHS.

Evaluationsstudien der Lehrgänge[36] charakterisieren und interpretieren die Problembereiche der Teilnehmer einmütig: Zwar verfügen alle über einen positiven Haupt- oder Pflichtschulabschluss, schulische Grundlagen vor al-

[36] Z. B. Heckl 2006, Lechner 2002.

lem im sprachlichen und mathematischen Bereich fehlen jedoch. Sprachliche Schwierigkeiten werden u. a. darauf zurückgeführt, dass zwei Drittel der Teilnehmer einen Migrationshintergrund aufweisen. Ein großer Teil stammt laut Berichten aus schwierigen sozialen und familiären Umfeldern und weist Persönlichkeitsprobleme auf: Defizite im Bereich der sozialen Kompetenzen, mangelnde Arbeitsdisziplin, geringe Frustrationstoleranz. Sie können sich schwer an den Arbeitsalltag anpassen, haben Schwierigkeiten, pünktlich und zuverlässig zu sein oder Eigenverantwortung zu übernehmen. Im Rahmen der Maßnahme wird deshalb auf klare Grenzen und Regeln besonders Wert gelegt: Wer zu oft zu spät kommt, bekommt fünf Euro abgezogen. Die minimale Entschädigung von 150 € im Monat lässt das Gefühl der finanziellen Benachteiligung anderen Lehrlingen gegenüber entstehen: „Die haben das Glück und wir haben das Pech“ (Heckl 2006, 22).

Auch wenn in den JASG-Lehrgängen Zusatzmodule im sozialpädagogischen und persönlichkeitsbildenden Bereich angeboten werden, denen vor allem aus Sicht der Organisatoren eine hohe Priorität eingeräumt wird, liegt die Attraktivität der Lehrgänge im Unterschied zu anderen Maßnahmen, wie sie etwa vom Verein für Jugend und Arbeit angeboten werden, in der Konzentration auf die fachpraktische Ausbildung, die Vermittlung der Fertigkeiten und Kenntnisse eines Lehrberufs im ersten Lehrjahr. Hier haben die Jugendlichen das Gefühl, ihre Zeit nicht mit für sie unsinnigen Rhetoriktrainings oder fiktiven Bewerbungsgesprächen zu vertun. Eine Schulungsteilnehmerin des Vereins für Jugend und Arbeit:

> „Wozu soll ich Kommunikation machen, wenn ich wissen will, wie man jemandem die Haare schneidet? Manchmal denk ich schon, wofür ich hier sitze? Zeit ist Gold.“

Vor allem zeitliche Beweggründe und das Bedürfnis danach, den gewählten oder gewünschten Beruf auch zu erlernen, hat die Gruppe der zwölf Teilnehmer der Schulung des Vereins für Jugend und Arbeit dazu bewogen, sich geschlossen für die JASG-Lehrgänge am AMS zu bewerben. Am Ende des ersten Lehrjahres können durchschnittlich 27 % der JASG-Teilnehmer in eine betriebliche Lehrstelle vermittelt werden, 37 % finde keine Lehrstelle und verbleiben im Lehrgang, 33 % treten aus dem Lehrgang aus.[37]

---

[37] Im zweiten Lehrjahr erhöht sich die Vermittlungsquote auf 34 %, der Verbleib im Lehrgang auf 38 %, der Lehrgangsaustritt verringert sich auf 23 %. Es ist davon auszugehen, dass jene Jugendlichen, die nicht bis zum Ende des zweiten Lehrjahres an eine Lehrstelle in einem Betrieb vermittelt werden, ihre Lehre in den Einrichtungen beenden müssen. Die Vermittlung ist deutlich begrenzt, lediglich 6 % der Betriebe nehmen Jugendliche im dritten Lehrjahr in ein Lehrverhältnis auf. Je länger die Maßnahme dauert, desto geringer sind die Chancen auf eine betriebliche Vermittlung.

Diese Drop-out Rate kommt einerseits durch freiwillige Austritte zustande bzw. zwingt Jugendliche aufgrund der knappen Ausbildungsentschädigung dazu, als Hilfskräfte am Arbeitsmarkt unterzukommen, andererseits durch Ausschlüsse der Jugendlichen von den Trägereinrichtungen aus disziplinären Gründen. Betrachtet man die längerfristigen Wirkungen der Maßnahmen, befinden sich 53 % der Teilnehmer nach sechs Monaten in einem Beschäftigungsverhältnis[38], nach zwölf Monaten 55 %. 21 % bzw. 19 % befinden sich nach sechs Monaten bzw. einem Jahr in Arbeitslosigkeit bzw. in weiteren Qualifizierungsmaßnahmen, 26 % bzw. 25 % in erwerbsfernen Positionen, d.h. in geringfügigen Beschäftigungsverhältnissen bzw. *Out of Labourforce*[39]. Hinsichtlich des Beschäftigtenstatus befinden sich nach sechs Monaten 25 % in Lehre, 20 % in geförderter Lehre, 7 % in Beschäftigung und ein Anteil von 0,5 % in geförderter Beschäftigung[40] (Vgl. Heckl 2006).

Die JASG-Maßnahmen tragen zu einer Entlastung des Vorgemerktenregisters an lehrstellensuchenden bzw. arbeitslosen Jugendlichen bei: Ohne JASG-Maßnahmen gäbe es in Österreich um 2.000 bis 4.000 mehr Lehrstellensuchende. Die Anzahl der 15- bis 24-jährigen Jugendlichen, die an Schulungsmaßnahmen des AMS Steiermark teilnahmen, erhöhte sich von 2.327 im Jahr 2002 auf 2.871 im Jahr 2005.[41]

Eigenen Berechnungen zufolge würde die Jugendarbeitslosigkeitsrate um 1-2 % anwachsen, wenn man den Anteil der Jugendlichen, die sich in Maßnahmen befinden, als arbeitslose Jugendliche betrachtet. In ganz Österreich haben 2006 insgesamt rund 64.900 Jugendliche (2005: 57.200) an AMS-Schulungen teilgenommen.[42] Tendenziell ist ein Anstieg der Teilnehmer an Schulungsmaßnahmen zu verzeichnen. Insgesamt betrachtet stellen Lehrgänge ein arbeitsmarktpolitisches Instrument dar, um Jugendlichen trotz Lehrstellenlücke eine Lehrausbildung bzw. Kompetenzschulungen in anderen Bereichen zu ermöglichen. Sie sind als Auffangnetz konzipiert, damit Jugendliche nicht unmittelbar nach der Schule in Arbeitslosigkeit gleiten bzw. dem Arbeitsmarkt gänzlich fern bleiben. Was damit aber auch geschaffen wird, ist eine soziale Spaltung zwischen den Lehrlingen, die in Selbsteinschätzungen der Teilnehmer zum Ausdruck kommt („Eigentlich sind wir Lehrlinge zweiter Klasse“ (Fritz)) ebenso wie in Vorbehalten der Betriebe

---

[38] Dieser Arbeitsmarktstatus umfasst die Lehre, geförderte Lehre, Beschäftigung und geförderte Beschäftigung.

[39] D. h. sie befinden sich weder in einem regulären Beschäftigungsverhältnis, noch nehmen sie die Dienste des AMS oder Versicherungsleistungen in Anspruch.

[40] Personen, die eine Eingliederungshilfe oder Solidaritätsprämie beziehen bzw. in gemeinnützigen Beschäftigungsprojekten oder in sozialökonomischen Betrieben beschäftigt sind.

[41] Quelle: AMS Steiermark, Abteilung für Statistik

[42] http://www.ams.at/ueber_ams/14169_13070.html, 21.10. 2008

den potenziellen Lehrlingen gegenüber. Nicht selten wird den Jugendlichen ihre Kursteilnahme anstatt zur Eintrittskarte in den ersten Arbeitsmarkt zum Ausschlusskriterium aus der Arbeitsgesellschaft:

> „Es ist besser, man sagt nicht, dass man Kurs macht. Bei mir hats dann schon öfter geheißen: Danke, du brauchst nicht mehr kommen" (Fritz).

6. Logiken der Hilfe – Praktiken des Rückzugs

6.1. Behördenwege

Im Bereich sozialstaatlicher Sicherungssysteme ist prinzipiell zwischen sozialen Dienstleistungen, die sich an das kognitive Bedürfnis nach Zuspruch, Rat, Information, Aufklärung oder an emotionale Bedürfnisse wenden und finanziellen Zuwendungen wie etwa der Auszahlung des Arbeitslosengeldes, der Sozialhilfe oder der Notstandshilfe zu unterscheiden. Sowohl das Auszahlen von Geldbeträgen als auch die dienstleistungsbezogene Form der staatlichen Unterstützung unterliegen dem Wesen der Hilfe, deren Ambivalenzen am Beginn des Sozial- bzw. Wohlfahrtsstaates stehen und sich bis heute halten: Unterstützung und Betreuung auf der einen, Paternalismus und Kontrolle auf der anderen Seite.

Alle im Rahmen dieser Arbeit befragten Jugendlichen waren bzw. sind mit Behörden der monetären Sozialleistung konfrontiert. Als Arbeitslose oder Sozialhilfeempfänger sind sie heute zugleich auch Kundschaft eines neuen Marktes: Unter dem Eindruck einer wirtschaftlichen Rezensionswelle, der in den 1980er Jahren in Österreich einsetzte, wurden finanzielle Mittel vom Staat bereitgestellt, um Ausbildungs- und Weiterbildungskurse für Jugendliche zu schaffen. Um den Anspruch auf Sozialleistungen nicht zu verlieren, werden Jugendliche heute immer häufiger und vehementer zur Inanspruchnahme dieser Dienstleistungen aufgefordert: Ihre *Vermittlungsfähigkeit* am Arbeitsmarkt soll damit verbessert werden. Was hier als öffentliche Dienstleistung verkauft wird, wird von den Jugendlichen allerdings als Zwang erfahren. Entgegen der Selbstdarstellung des Arbeitsmarktservices als kundennahes Dienstleistungsunternehmen, wird es als staatliche Institution wahrgenommen, um sie zu kontrollieren. Aus der Perspektive der Jugendlichen lassen sich Kontroll- und Beratungsfunktion nur schwer vereinbaren. Auffällig ist, dass viele der Jugendlichen, wenn sie über ihre Situation als Arbeitslose erzählen, in die dritte Person wechseln und damit als Subjekte einen beobachtenden Standpunkt einnehmen und sich selbst zu Objekten der Beobachtung machen. Zugunsten gesellschaftlicher Erwartungen scheinen sie bereit zu sein, ihren Status als Subjekte gänzlich aufzugeben und mit der Institution zu paktieren, die ihnen die Entscheidungsfähigkeit für einen gewissen Moment abnimmt. So schildert mir Lena, meine 17-jährige Gesprächspartnerin, ihre Sichtweise über die Eingliederungsmaßnahme für Lehrstellensuchende folgendermaßen:

> „Schon wieder Kommunikation. Das geht mir wirklich schon voll am Arsch. Aber wir machen weiter. Wir schauen, dass Lena anständig reden lernt und dass Lena weiß, wie sie sich benehmen muss beim nächsten Vorstellungsgespräch."

Im Kontakt mit Behörden stellt sich die Frage nach dem Verhältnis zwischen Freiheit und Zwang. Ähnlich wie Webers und Foucaults Bürokratiekritik, nach der sozialstaatlichen Einrichtungen die Absicht zugrunde liegt, die Subjekte zu befrieden, argumentiert Anthony Giddens, dass Kontakte mit Behörden generell einen undemokratischen Akt darstellen, weil die Umverteilung der Mittel von oben nach unten verläuft (Vgl. Giddens 1998). Dass staatliche Ordnungsinstitutionen im Besitz der Macht sind,

> „tief in das Leben, die Loyalitätsempfindungen und vor allem das Selbstwertgefühl der von ihnen abhängigen Menschen einzugreifen" (Sennett 2002, 215),

wirft die Frage auf, ob sozialstaatliche Maßnahmen als direkte Zugriffe auf die menschliche Psyche zu betrachten sind oder es lediglich am nötigen Respekt gegenüber den verwalteten Individuen mangelt. Für Habermas stellt die Praxis sozialstaatlicher Programme zwangsläufig eine Form von Disziplinierung dar:

> „[...] mit ihnen [ist] eine Praxis der Tatbestandsvereinzelung, der Normalisierung und der Überwachung verknüpft, deren verdinglichende und subjektivierende Gewalt Foucault bis in die feinsten kapillarischen Verästelungen der Alltagskommunikation verfolgt hat. Die Verformungen einer reglementierten, zergliederten, kontrollierten und betreuten Lebenswelt sind gewiss sublimer als die handgreiflichen Formen von materieller Ausbeutung und Verelendung; aber die aufs Psychische und Körperliche abgewälzten und verinnerlichten Konflikte sind darum nicht weniger destruktiv" (Habermas, 1985, 151).

Die Arbeitslosenversicherung bildet eine horizontale Struktur, bei der der Transfer, beruhend auf dem Gedanken der Solidarität, von den Erwerbstätigen hin zu den Erwerbslosen erfolgt. Dazwischen steht der Staat, der regulierend und kontrollierend eingreift. Das Bevormundungsproblem liegt weniger darin, dass der Transfer von oben nach unten verläuft, denn vielmehr in der Zweckbestimmung sozialstaatlicher Einrichtungen, in materieller Hinsicht für einen Ausgleich zu sorgen. Der Zwang, Beiträge zu entrichten, heißt zugleich das moralische Recht, Leistungen zu beziehen. Der Zwang generiert so gleichzeitig einen Rechtsanspruch, der allerdings an die Unterwerfung unter eine spezifische Form bürokratischer Rationalität geknüpft ist (Vgl. Magnin 2005). Die Auszahlung der Sozialhilfe stellt eine materielle Unterstützung dar, sie ist jedoch, in Anknüpfung an dieses Argument, mit hohen symbolischen Kosten für die Jugendlichen, die sie in Anspruch nehmen, beladen: Sie ist zugleich Zeichen ihres Scheiterns und potenzieller Indikator betrügerischer Absichten und anderer Kategorien moralischer Verderbtheit.

In den monetären Sozialleistungen kommt für die Erwachsenengesellschaft zwar ein Wesensmerkmal der gesellschaftlichen Solidarität zum Ausdruck: Das aufgeklärte Eigeninteresse lässt es als rational erscheinen, kollektiv gestaltete und finanzierte Unterstützungsmechanismen einzurichten. Niemand ist gefeit vor den Wechselfällen des Lebens, weshalb Risikostreuung gerade in einer Gesellschaft mit hohen und häufig auftretenden Risiken eine vernünftige Strategie ist. Formen einer modernen gesellschaftlichen Solidarität zu generieren und zu erhalten wird allerdings durch immer wieder aufflammende Sozialschmarotzerkampagnen erschwert.

Gerade diese kulturelle Aufladung monetären Transfers verunmöglicht es vielen Jugendlichen, dem Status als Stigmatisierte zu entkommen. Der Verdacht, sich nicht aus eigenen Kräften an der gemeinsamen Schaffung des gesellschaftlichen Wohlstandes beteiligen zu wollen, schwebt besonders über jenen Jugendlichen, die eine familiäre Geschichte der staatlichen Unterstützungsleistungen im Hintergrund haben. An den oft verunglückten Start ins Leben schließt sich häufig eine veritable Unterstützungskarriere an, die auf einer Dauerbeziehung zum Wohlfahrtsstaat beruht. Dies kann sich bis zur Zuschreibung steigern, einer *Sozialhilfedynastie* anzugehören. Zunächst als Kinder sozialbedürftiger Familien registriert, werden sie dann, im Jugendalter, als *unwürdige Bedürftige* kriminalisiert und ausgegrenzt bzw. sind auf niederschwellige Angebote der sozialen Arbeit angewiesen. Ab einem bestimmten Alter, dann, wenn das Jugendamt aufgrund seiner Altersdefinitionen die Zuständigkeit abgibt, stehen sie als *würdige Bedürftige* auf den Fürsorgelisten oder werden weiterhin als *unwürdige Bedürftige* in für sie vorgesehenen Aufbewahrungsanstalten notversorgt. Der Normalisierungsversuch misslingt in vielen Fällen. Jugendliche, die Sozialhilfe empfangen, gelten als Teil jener Bevölkerungsgruppe, die sich an der Einkommensarmutsschwelle[43] bewegt. Zugangsregelungen und andere Barrieren führen dazu, dass viele Personen Sozialhilfe erst gar nicht in Anspruch nehmen.[44]

[43] Die auf Basis der Einkommensarmutsschwelle berechneten Einkommensraten belaufen sich im EU-Schnitt auf 15 %, die Armutsrate Österreichs liegt mit etwa 13 % im unteren Mittelfeld. Von den rund 65 Millionen einkommensarmer Menschen in EU-Europa leben etwa eine Million oder 1,6 % in Österreich (Heitzmann 2003, 34).

[44] Doris Kapeller z. B. zeigte in einer Fallstudie für Graz die Barrieren auf, die mit dem Gang zum Sozialamt verbunden sind: Öffentlich zuzugeben, dass man versagt hat, bedeutet für die Betroffenen einen zusätzlichen Makel und ist mit Scham verbunden. Langes Warten, die Erniedrigung am Sozialamt, die Intransparenz des Verfahrens, die Rückersatzforderung etc. schrecken viele ab bzw. führen dazu, dass viele aufgeben (Vgl. Kapeller 2003, 33f.).

Die *Non-Take-Up Rate* österreichischer Haushalte liegt bei 49 % bis 62 % (Vgl. Fuchs 2007). Fuchs' Erklärungen für diesen Umstand stimmen mit den Befunden anderer Studien überein: Menschen schämen sich ihrer Armut, der sichtbaren Abhängigkeit, sie haben Angst vor behördlichem Zugriff und der Offenlegung ihrer Einkommensverhältnisse. Die Regressforderungen des Sozialamtes schrecken ab: Das Recht der Behörde, die zugesprochene Sozialhilfe bis hin zu den Erben zurückzufordern, ist eine weitere Armutsfalle bzw. zwingt zum Verharren in Abhängigkeit.

> „In Wirklichkeit ist die „Sozialhilfe" nämlich gar keine unbedingte Hilfe an Hilfsbedürftige, sondern nur ein (zinsenloser) Kredit bis zum – zugleich entmutigten – Wiedereintritt in Lohn und Brot" (Marin 2007).

Der verschwenderische Umgang mit der Zeit von Sozialhilfebeziehern bringt eine grundlegende Demütigung mit sich: Ihnen wird signalisiert, dass ihre Zeit, im Gegensatz zu jener der Tüchtigen und Erfolgreichen, nichts wert ist bzw. wird ihnen nicht zugetraut, Zeit eigenständig zu gestalten. Die Arbeitsforschung bestätigt mit vielen Untersuchungen, dass arbeitslose Menschen Probleme damit haben, mit der frei gewordenen Zeit klarzukommen. Mit zunehmender Dauer werden sie unfreier und weniger autonom in ihren Handlungsmöglichkeiten (Vgl. Kirchler 2002).

Mitwartende am Sozialamt, von einem der befragten Jugendlichen als „fertige, kaputte Menschen" bezeichnet, verstärken das Gefühl der Erniedrigung und Abgrenzungsversuche. Ausländische Sozialhilfeempfänger sind ihnen besonderer Anlass zur Empörung: Sie müssten nicht warten und erhielten unendlich höhere Geldleistungen als die befragten Jugendlichen. Vorurteile, Ausländerhass und Konkurrenz unter den Armen werden durch stigmatisierende Praktiken der Behörden geschürt.[45] Hier wird eine häufig angewandte Strategie des Stigmamanagements sichtbar, die auf kunstvollen Differenzierungen beruht und in der Abgrenzung von der Kategorie besteht, der man sich selbst nach dem Willen der Umwelt zurechnen soll. Die Jugendlichen haben die negative Sichtweise der Gesellschaft internalisiert und möchten diese um keinen Preis auf sich selbst anwenden.

Was die befragten Jugendlichen von den allgemeinen Befunden über die mit dem Behördenweg verbundenen Barrieren unterscheidet, ist ihr Umgang mit Scham: Sie scheinen sich ihrer Situation nicht zu schämen. Zuzugeben, dass es ihnen an finanziellen Ressourcen mangelt, empfinden sie nicht als

---

[45] Tatsächlich wird durch die Trennung der Zuständigkeiten für Österreicher und Migranten der Eindruck vermittelt, dass Ausländer leichter an Sozialhilfe kämen als Inländer. Während sich österreichische Sozialhilfebezieher unerträglich lang anstellen müssen, können Migranten einen Termin vereinbaren (Vgl. Kapeller 2003, 34). Die Jugendlichen wussten darüber nicht Bescheid, so entsteht für sie der Eindruck, Ausländer wären bevorzugt.

Makel oder Stigma. Im Gegensatz zur Elterngeneration, die sich noch dafür schämt, als Sozialhilfeempfänger zu den *Asozialen und Gescheiterten* zu zählen, deren Schamgefühle bedrückend genug sind, um der Öffentlichkeit den Rücken zu kehren und sich mit Verzicht auf Sozialhilfe ins Private zurückzuziehen, um der Schmach und dem Stigma zu entkommen, scheint die normative Erwartung der Gegenwartsgesellschaft von Schamlosigkeit (Vgl. Neckel 1991) bei den befragten Jugendlichen ihre volle Wirkung zu entfalten. Ist für die Elterngeneration in einer Gesellschaft, in der alle Erfolg haben müssen und die Individualisierung so weit fortgeschritten ist, dass Scheitern nicht zugegeben werden darf, die Sozialhilfe kein Thema, verbergen die Jugendlichen nicht sich selbst oder ihre Makel, sondern die Scham und springen in eine, der Scham entgegengesetzte Attitüde: In Wurstigkeit, Unverschämtheit oder Aggression. Sie verbergen sich und ihre finanzielle Notlage nicht, damit sind sie auch der Scham nicht verdächtig.

> „Wenn Scham unsichtbar bleibt, so deshalb, weil sie durch Sichtbarkeit verborgen wird" (Anders 1987, 29).

Inmitten einer Kultur, die der Expressivität des Einzelnen Raum geschaffen hat, wird Scham zu einem heimlichen Rest der Persönlichkeit, zu einer darstellungsunfähigen Empfindung – sie wird verschwiegen, weil ihre Darstellung mit einem modernen Tabu belegt ist. Soziale Normalitätserwartungen hinsichtlich der persönlichen Biografie sind stark an den Glauben der Machbarkeit der eigenen Lebensgeschichte geknüpft. Erfahrungen mit Prekarität sind den Jugendlichen nicht fremd. Sie gehören zu ihrem Alltag. Von Sozialhilfe oder Arbeitslosengeld zu leben, sehen sie als Übergangsphase, die sie als normal empfinden.

> „Jeder, der sich schämt, verliert an Macht […]. Wenn Macht zu haben aber zum Wert an sich wird, und Überlegenheit eine Norm, die durch Scham unterboten wird, steigert sich die Beschämung zur absoluten Macht- und Wertlosigkeit. Um diesen Verletzungen zu entgehen, muss das moderne Subjekt das Verbot errichten, beschämbar zu sein" (Neckel 1991, 179).

Die scheinbare Schamlosigkeit der Jugendlichen entspricht einer Neutralisierungstechnik, um Verletzungen und Demütigungen zu entgehen. Eine wachsende Schamangst wird durch Schamlosigkeit performativ bedeckt. So gestaltet sich auch ihr Bewusstsein dem Staat gegenüber anders als das ihrer Eltern: Zwar ist das Vertrauen in den Staat auch verschwunden, aber die Gründe für die Gefahrensituationen der Jugendlichen werden an den Staat zurückgelenkt. Sie treten staatlichen Leistungen wesentlich fordernder und selbstbewusster gegenüber.

6.2. Realismussinn als Ressource – Fallanalyse Jana

Jana ist 21, ihr Sohn Tim ein Jahr alt. Beide wohnen, seitdem Tim auf der Welt ist, in einem Gemeindebau am Rand der Stadt Graz. Tims Vater, von dem sich Jana mittlerweile trennte, sitzt wegen Raubüberfalls im Gefängnis. Im dritten Monat, erzählt sie mir, sei sie schwanger gewesen, als es passierte und bis Ende 2009 bliebe er in Haft. Bei keinem unserer Treffen schien sie wirklich unglücklich über diese Situation zu sein, ihre Beurteilung der Sachlage schwankte zwischen Verteidigung des Freundes – er sei zu Unrecht verurteilt, Kränkung – er überließe ihr alle Verantwortung für das Kind, und distanzierter Selbstbehauptung – sie käme allein besser zurecht als mit einem unverlässlichen Freund an der Seite. Die letzte Reaktion ist zugleich Anschuldigung und die Rede einer jungen Frau, die bereits viel an struktureller und körperlicher Gewalt erlebt hat.

Jana ist leger gekleidet, in Jeans und T-Shirt, in Basics, wie sie im Jargon der globalen Großhandelsketten der Bekleidungsindustrie genannt werden. Unauffällig. Unauffällig bestimmt auch, wenn sie auf der Straße unterwegs ist. Niemand würde in ihr eine Jugendliche erkennen, die wegen Drogenmissbrauchs in der städtischen psychiatrischen Klinik landete, niemand würde auf die Idee kommen, dass sie aufgrund eines Bagatelldelikts sechs Monate in U-Haft saß, niemand könnte auch nur erahnen, dass sie innerhalb von vier Jahren fünf Mal den Job wechselte, unterbrochen von Phasen der Arbeitslosigkeit und Arbeitslosenschulungsmaßnahmen.

Als ich sie das erste Mal traf, erzählte sie davon, dass ihr Leben mit Kind nun geregelter sei als vorher. Es zwinge sie, am Morgen aufzustehen, regelmäßig für Essen zu sorgen, spazieren und einkaufen zu gehen und genug zu schlafen, um tagsüber für den Sohn da sein zu können. Im Gegensatz zu den anderen Jugendlichen, mit denen ich sprach, hatte Jana immer Zeit für ein Gespräch und war auch immer zu Hause, wenn ich sie besuchte. Auch Sohn Tim war dabei.

Wenn ich zu ihr in die Wohnung komme, läuft der Fernsehapparat: Werbesendungen in Kombination mit Gewinnspielen, die aufgrund ihrer aufdringlichen, zu Telefonanrufen auffordernden, lauten und raschen Art eine Stimmung der Hektik und Unruhe erzeugen. Jana und Tim bleiben völlig gelassen und unberührt von dieser Hintergrundkulisse. Sie scheinen sie gewohnt zu sein. Kurz unterbricht Jana und reagiert auf das Tele-Angebot:

> „Ich tät schon gern einmal ein Haus bauen. Das gehört dann mir! Aber dazu fehlt mir das Geld. […] den Jackpot hätt ich jetzt schon gern."

Das Leben wird nach dem Prinzip des Zufalls strukturiert, Lotteriespiele werden zu Symbolen einer aleatorisch gewordenen Welt (Comaroff/Comaroff 1997, 295f). In einer Gesellschaft, deren wirtschaftliche Struktur immer weniger von Industrie und Produktion bestimmt ist, wird Spekulation zu einer wichtigen Marktstrategie und findet Eingang in die Alltagspraxis. Jene, die Zeit haben, weil ihnen die Arbeit fehlt, sind das Klientel der Glücksspiele, die *live* in den privaten Raum eindringen und in ganz persönlicher Form eine einfache Möglichkeit des Geldverdienens präsentieren. Die an sich nichtpersonale, unpersönliche Kommunikation wie jene zwischen Jana und dem Glücksspielmoderator simuliert den Anschein von persönlicher Intersubjektivität, Intensität der Unmittelbarkeit und von *face to face* Interaktion, der durch die faktische Möglichkeit, in direkten Telefonkontakt mit dem Moderator zu treten noch verstärkt wird. Die Verwirrung und Vermischung zwischen öffentlichem und intimem Leben nimmt hier eine weitere Facette an: Die Machtverhältnisse zwischen kommerzialisierter Medienkultur und ihren Konsumenten nehmen umso menschlichere Züge an, je intimer der Raum ist, in dem sich nichtpersonale Bedeutungen und Handlungen in persönliche verkehren. Die Küche der eigenen Wohnung wird so zum Ausdruck eines Raumes simulierter, kalkulierender Privatheit. Das Ausgeschlossen-Sein wird durch die Illusion, am öffentlichen Leben teilhaben zu können, überlagert und damit für Jana erträglicher. Die Teilhabemöglichkeiten am Öffentlichen beschränken sich auf eine improvisierte, virtuelle Welt der Wahrscheinlichkeit, des Zufalls und des Spiels mit dem Glück. Der pseudoprivate Raum lebt von einer Gemeinschaftsfiktion zwischen Verkäufern und einer Gruppe potenzieller Abnehmer, die sich aus Müttern mit Kleinkindern, Hausfrauen, Kranken und Arbeitslosen zusammensetzt, aus Menschen, die viel und oft an Tageszeiten zu Hause sind, an denen andere bei der Arbeit oder in der Ausbildung sind. Die Sendezeiten von Werbe- und Glückspielsendungen entsprechen den Tageszeitstrukturen von nicht im öffentlichen Bereich Tätigen. Eine bewusste Marktstrategie trifft so auf Langeweile und Eintönigkeit, auf Frustration und das Gefühl von Einsamkeit:

> „Ich schalt halt in der Früh den Fernseher ein, da hab ich ein bissel Unterhaltung [lacht], echt! Und dann siehst du die ganze Zeit Dinge, die du net wirklich brauchst, irgendwann aber doch gern hättst. Grad wie der Bub noch ganz klein war und ich allein da mit ihm, da hab ich schon auch angerufen und so Sachen bestellt. Sie bieten dir ja gleich so viele Sachen mit an. Wenn du eine Küchenmaschine kaufst zum Beispiel, kriegst gleich einen Fernseher dazu geschenkt [lacht]. Deshalb hab ich auch noch Schulden zum Wegzahlen. [...] Ich bin halt diejenige, die sagt, mir wurscht, ich kann eh dann und dann zahlen, gell. [...] Wegen dem Handy auch. Habe ich angemeldet und gekauft und dann nie bezahlt. Mit Absicht – ich hab ja kein Einkommen gehabt! Jetzt hab ich nur noch bei zwei Handybetreibern eine Ratenzahlung, da zahl ich 30 Euro im Monat. Ist so. Die restlichen 7.000 hat der Papa gezahlt, aber ich muss es ihm schon zurückzahlen, wenn ich dann arbeiten geh. Aber das tut mir dann auch nicht mehr weh, hab ich wenigstens keine Zinsen dabei."

Janas Umgang mit Geld bzw. Konsum (ohne Geld) ist so wie vieles andere in ihrem Leben auf die Gegenwart gerichtet, ohne Pläne und ohne Blick auf die Zukunft.[46] Schulden zu machen erscheint wie selbstverständlich, sie geniert sich auch nicht dafür.[47] Ihre eigene Erklärung spricht von einer kühlen und kühnen Logik: Um nicht vollends von der Peer Group ab- und ausgeschlossen zu sein, holt sie sich das, was sie benötigt – ein Handy. Ein Handy zu bekommen, ohne Geld zu besitzen, erscheint als einfach und ihre Strategie, den Zahlungsaufforderungen nicht nachzukommen und von einem Betreiber zum nächsten zu wechseln, zunächst als geschickter Trick. Dass sich dabei eine Summe von Schulden anhäuft, ist ihr egal, dass sie selbst letztendlich die von den Telefongesellschaften Ausgetrickste ist, übersieht sie. Jana hatte die Möglichkeit, sich das Geld von ihrem Vater auszuborgen. Die Verschuldung verschiebt sich damit in den privaten Bereich. Sich zu verschulden erscheint hier nicht als sorgloser Umgang mit alltäglichem Konsum, wie er Jugendlichen häufig angelastet wird, es spiegelt ein Leben am Existenzminimum und die einzige Möglichkeit, kurzfristig noch irgendwie an den Statussymbolen, an dem, was alle besitzen, teilhaben zu können, um nicht gänzlich abgeschnitten von jener Kommunikation zu sein, die gerade für Jugendliche zur Selbstverständlichkeit geworden ist. Jugendverschuldung lässt sich als Armutsphänomen erklären, sie trifft insbesondere Jugendliche, die arbeitslos oder teilzeitbeschäftigt sind, sich in Karenz oder Umschulungsmaßnahmen befinden (Vgl. Gabanyi/Hemedinger/Lehner 2007). In einer Gesellschaft, die kaum noch Stabilitäten, gangbare Berufsverläufe und soziale Sicherheiten bereitstellt, wird es sinnlos, für zukünftige Projekte zu sparen. Der Wunsch nach traditionellen Symbolen wie ein eigenes Auto, ein Haus und eine stabile Familie ist als Erbe der modernen Gesellschaft noch abrufbar. Ihn zu verwirklichen aber wird immer schwieriger. Das Auseinanderklaffen zwischen Wünschen, Träumen und den objektiven Bedingungen, die die Realisierung erschweren, führt zu tiefen, inneren Ambivalenzen, die sich in Janas Rede

---

[46] Als verschuldete Jugendliche zählt Jana zu einer statistischen Minderheit von etwa 7 % der österreichischen Jugendlichen. Von der österreichischen Schuldnerberatung wurde die Grenze zwischen Geldausborgen und Schuldenmachen bei 100 Euro angesetzt. Entgegen Panik erzeugender Medienberichte, die vor allem das unvernünftige Konsumverhalten und die Konsumgesellschaft als Ganze für die „massenhafte Verschuldung Jugendlicher" verantwortlich machen, müssen die statistischen Relationen im Auge behalten werden. Aus vorliegenden Berichten lässt sich nicht schließen, dass der entsprechende Anteil der Bevölkerung auch gefährdet wäre, in die Schuldenfalle zu kippen. Verschuldungen treffen nur eine kleine Gruppe von Jugendlichen, die allerdings zum überwiegenden Teil (59 %) mit prekären Lebensumständen aufgewachsen und mit prekären Verhältnissen konfrontiert ist (Vgl. Gabanyi/Hemedinger/Lehner, Linz 2007).

[47] 54 % der österreichischen verschuldeten Jugendlichen erklären es als bewusste Entscheidung, mehr Geld auszugeben, als sie haben (Vgl. Gabanyi/Hemedinger/Lehner, Linz 2007).

über beinahe alle Lebensbereiche widerspiegelt. In einem fort verfällt sie in widersprüchliche Aussagen, die sich in ihr Denken eingeschrieben haben und ein Handeln schwierig machen. Sie sei nicht „arbeitsfaul“, so ihr eigener Wortlaut, gearbeitet habe sie immer, die Chefs waren immer zufrieden mit ihren Leistungen, sie möchte nach der Karenzzeit wieder arbeiten, zugleich meint sie:

> „Du arbeitest ein ganzes Leben lang und hast nichts gemacht. Und so, wenn es mich freut, fahr ich fort, fahr ich Urlaub oder sonst irgendwas. Oder ich weiß net, wenn jetzt ein schönes Wetter ist, pack ich den Buben zusammen und geh auf irgendeinen Hügel rauf. Das kannst ja nicht machen, wenn du jeden Tag arbeitest. Gehst arbeiten, kommst heim, gehst liegen, stehst wieder auf, gehst arbeiten und das ist jeden Tag das Gleiche. Ich mein, ich krieg nicht viel Geld, aber es geht sich aus. Ich muss halt zurückstecken. Ich kann mir keinen Flachbildfernseher leisten oder so. Aber! Wer braucht denn das? Das, was ich hab, gebe ich aus und mehr brauche ich nicht.“

Einen Moment später erzählt sie davon, dass sie gemeinsam mit ihrem neuen Freund den Plan ins Auge gefasst hat, zunächst für ein Auto und dann für ein eigenes Haus zu sparen.

Ihrer Mutter wirft Jana vor, „arbeitsscheu“ zu sein. Dahinter verbirgt sich einerseits die gesellschaftlich-diskursiv hergestellte Verunglimpfung von arbeitslosen Personen, die Jana selbst nicht selten zu spüren bekommt, andererseits zeigt sich, dass Identität durch Arbeit kein Konzept der Vergangenheit ist. Arbeit stiftet nach wie vor Identität, ermöglicht einen Platz in der Gesellschaft, eine Position, an die sich gesellschaftliche Nützlichkeit zum einen und öffentliche Anerkennung zum anderen binden. Der Traum des Leiharbeiters bleibt es, zur Stammarbeiter zu werden. Verbunden damit ist jedoch die Ahnung, es nicht zu schaffen:

> „Der Chef von der Leihfirma, bei der ich war, der hat gesagt, er zahlt mir den Staplerschein, wenn ich wieder arbeiten gehe, nach der Karenz. Dann kann ich wieder zu Magna [Magna Steyr, Automobilhersteller in Graz] gehen, Stapler fahren. Und da reiß ich mir noch weniger Haxen aus als vorher [lacht], das ist voll gemütlich.
>
> *Also über eine Leihfirma bist du zu Magna gekommen?*
>
> Ja, und darum bin ich eben auch gekündigt worden, weil ich als letzter genommen worden bin auch noch, gell. Er hat eh gesagt, wenn ich früher gekommen wäre, hätt ich bleiben können. Arbeiten will ich schon, ich bin nie arbeitsfaul gewesen. […] Und wenn die Karenz vorbei ist, muss ich sowieso. Wie soll ich denn sonst leben bitte?“

Identität durch Arbeit allerdings beginnt zu bröckeln, wenn man bereits mit Beginn der Lehrstellensuche das Gefühl vermittelt bekommt, nicht gebraucht zu werden, wenn die Lehrabschlussprüfung nur mehr dazu taugt, überhaupt einen Abschluss zu haben. So argumentiert Jana konsequenterweise, sie wolle zwar ihren Lehrabschluss als Malerin und Anstreicherin nachholen, arbeiten will sie allerdings nicht in diesem Berufsfeld. Institutionalisierte Berufslaufbahnen werden kaum noch geboten. Die Konsequenz liegt in der Verweigerung einer Planung der beruflichen Karriere. Zum Sub-text „Wozu soll ich?" gesellt sich der gar nicht so tief liegende Subtext „Mit mir nicht!", der sich in einer Technik des Stigmamanagements widerspiegelt: Wenn sich Jana der Arbeitswelt verweigert, minimiert sie zuallererst die Zeitspanne, während der sie in die Arbeitswelt eingespannt ist. Es gelingt ihr, das Gefühl der eigenen Integrität zu wahren, wenn sie sich als Nutznießerin von Freiheit definiert und den Rest der Welt als Gefangene. Einblicke in die Arbeitswelt hat Jana bereits gesammelt. Sie arbeitete als Malerin auf Baustellen, als Verkäuferin im Lager, als Kellnerin in Gaststätten, als Leiharbeiterin in der Automobilbranche. Sie jobbte beim *e-express*; die Wagons der ÖBB (Österreichische Bundesbahnen) werden von diesem Unternehmen betreut:

> „Das war so im Zug, weißt eh, mit diesen Trolleys, so das Essen ausführen. [...] Da hast einen Dienstplan gehabt, gell. Und dann haben sie dich oft ... du hast 16 Stunden am Tag gearbeitet, und dann haben sie dich oft, wenn du am nächsten Tag frei gehabt hast, angerufen, eineinhalb Stund, bevor etwas zu tun war: „Ja, können Sie vorbei kommen, einspringen?" Da war ich immer der Trottel."

Der Ausdruck *ständiger Zeitarbeiter* scheint kein zynisches Wortspiel mehr zu sein. Vieles spricht dafür, dass es nicht die Arbeit an sich ist, die abgelehnt wird, sondern die bedeutungslose Beschäftigungsform, die keinerlei Fundament für einen Entwurf einer Zukunft abgibt. Als Antworten darauf können Strategien gelesen werden, die den Stellenwert von Arbeit im Lebenskontext dann umdeuten, wenn er nicht einzulösen ist:

> „Ich will keine Arbeit, nein, tu ich nicht. Ich mein, es kann ja sein, dass ich jetzt raus geh und von einem Auto zusammengeführt werd. Für was soll ich mir da Großes überlegen? So wie es kommt, so kommt es."

Die Lebensweise Janas verlangt Überlebensstrategien, die der Gegenwart verbunden sind. Was einmal sein kann, interessiert kaum mehr, weil Träume der Vergangenheit einer rationalen Gegenwart zum Opfer gefallen sind: Tierpflegerin zu werden, wäre der Traumberuf Janas gewesen. Er lässt sich aufgrund fehlender Kapitalien nicht umsetzen.

Jana erlernte das Geschick, mit Prekarität umzugehen und von der Hand in den Mund zu leben. Sie lernte, sich provisorisch durchzuhanteln, ohne Gewissheit, was der nächste Tag bringen wird.

„Das Einzige, was ich meinem Sohn wirklich mitgeben will, ist […], dass er die Schul fertig macht, dass er zumindest den Hauptschulabschluss macht, weil das haben die meisten heutzutags ja gar nicht mehr. Das sollt er schon machen, damit er wenigstens einmal was machen kann, wenn er fertig ist. Aber sonst?“

Als Mutter ist Jana dazu gezwungen, sich Gedanken über die Zukunft ihres Sohnes zu machen. Ihre Wünsche für ihr Kind sind ebenso realitätsnah (die Hauptschule abzuschließen) wie unrealistisch (mit dem Hauptschulabschluss allein „etwas machen zu können“). Die fehlende Sicherheit im Hinblick auf ihre eigene Zukunft überträgt sich auf ihre Vorstellungen über die Zukunft ihres Sohnes: Die Aufstiegshoffnungen sind gedämpft. Ohne Beimengung eines träumerischen Irrealismus benennt sie klar das Minimum an Bildungsniveau, das sie sich für ihren Sohn erhofft. Hier greifen selbst die Versprechen und Illusionen der Fortschrittsgesellschaft nicht mehr. Weder Träume und Utopien, noch Resignation und Fatalismus organisieren sich um einen Lebensplan herum, weil es diesen Lebensplan nicht mehr gibt. Damit gibt es auch keinen Auftrag mehr für den Sohn. Das Erbe bricht.

Jana ist in einer Familie aufgewachsen, die mit penibler Sorgfalt und Strenge den Anschein mittelständischer Normalität zu wahren versucht. Die Mutter lebt nach gescheiterten Erfahrungen am Arbeitsmarkt als Hausfrau und Mutter zweier Kinder, der Vater geht einem gut bezahlten Beruf als Beamter einer Krankenversicherungsanstalt nach. Gutes Benehmen, eine Ausbildung, ein sicherer Beruf und sicheres Einkommen – gestrebt wird für die Kinder nach einem Lebensverlauf, der selbst für die Elterngeneration nur noch schwer einzulösen ist: Der Vater konnte noch auf familiäres Erbe setzen und eine Beamtenkarriere einschlagen. Der Mutter, als fremduntergebrachtes Kind ohne leibliche Eltern aufgewachsen, gelang es nicht mehr, den Prekaritäten des Arbeitsmarktes zu entkommen. Sie setzte letztlich auf ihre Rolle als Hausfrau und Frau eines mittelständischen Beamten, die ihr kulturelle Identität und Anerkennung innerhalb des sozialen Umfeldes einbrachte. Jede Erzählung Janas über ihre Familie zeugt von einem bitteren Kampf um Aufrechterhaltung des sozialen Status. Die Angst vor einem Absturz spiegelt sich weniger in der Furcht vor finanziellen Einbußen durch Arbeitsverlust, Scheidung oder Krankheiten, denn vielmehr in Bedeutungszuschreibungen und Werthaltungen und dem Versuch, Normalität zu wahren. Die Tochter, die sich in ihrer Phase der Adoleszenz mit entschiedener Haltung von den familiären Werten und Normen abgrenzt, erscheint als Bedrohung und Gefahr, das Bild der normalen Kleinfamilie zu stören. Sie bricht aus, trinkt, raucht, begeht kleine Delikte, junkt, lebt auf der Straße, bricht die Ausbildung ab, lebt von der Sozialhilfe und wendet sich an Institutionen für problematische Jugendliche. Diesem letzten Schritt, den sie tut, nachdem sie sich vorübergehend gänzlich von ihren Eltern distanzierte, sind Erziehungsbemühungen vorgelagert, die das Verhalten der *missratenen* Tochter nur noch zu verstärken scheinen. Sie wird geschlagen, sie wird zu ihrem Onkel, Oberstleutnant beim Bundesheer, aufs Land zum Erziehungsurlaub geschickt. Eine Erziehungshelferin vom Staat in Anspruch zu nehmen, was Jana ihrer Mutter vorschlägt, wird aufgrund der beschämenden Assoziationen mit der Berührung sozialstaatlicher Hilfe abgelehnt.

Die Loslösung des Jugendlichen in der Adoleszenz von der Familie ist eine anthropologische Grundkonstante, sie ist die Voraussetzung für die Herausbildung einer Erwachsenenidentiät und letztlich für eine kulturelle Dynamik, die Veränderungen und Innovationen verbürgt. Würden familiäre Verhältnisse in der kulturellen Sphäre und ihren Einrichtungen reproduziert, käme es zu einer gesellschaftlichen Erstarrung, zu einem kulturellen Inzest. Der Austausch, die Kommunikation mit dem *Neuen* ist nicht mehr möglich bzw. bricht ab (Erdheim 1991). Um sich als Jugendliche von der Familie abzusetzen, bedarf es gerade in kleinbürgerlichen Milieus dreister Mittel. Paradoxerweise produziert die Familie aufgrund ihrer Nichtakzeptanz des Absetzungsprozesses dessen Misslingen unbewusst mit. Jana ist in ihrer Adoleszenz mit einem Widerspruch zwischen den elterlichen Vorstellungen eines biografischen Verlaufs, der sich an einer Normalbiografie orientiert und den objektiven Gegebenheiten eines Ausbildungs- und Arbeitsmarktes der Uneinlösbarkeit dieser Vorstellung konfrontiert. Hinzu kommt, dass die verschwommenen Grenzen zwischen Innen und Außen, zwischen *Ich* und der *Welt* heute weitgehend alleine geschlossen werden müssen. Gesellschaftliche Übergangsriten fehlen, die Jugendphase ist kein Abschnitt zwischen relativ klaren Werten der Kindheit und des Erwachsenenalters mehr, sondern ein entwicklungsoffener Prozess, in dem sich Risiken und Überforderungen bündeln, die weder von der Familie noch von der Gesellschaft aufgefangen werden. Jana bricht im Alter von 17 Jahren mit ihrer Herkunftsfamilie, sie versteht die Welt ihrer Eltern nicht mehr, die Eltern verstehen ihre Welt nicht mehr:

> „Sie waren, ich mein, sie sind es eh noch immer, so rechthaberisch, gell. So einengend, kannst sagen. Weil wenn ich gesagt habe, ich möchte fortgehen, und da war ich doch schon 16, sagen sie: Ja, aber um zehn bist daheim. Ich mein, hallo [lacht]! Mit 16 um zehn daheim sein? Wo sind wir? Und dann bin ich halt einfach nicht heimgegangen oder irgendwann heim gekommen. [...] Ich hab halt andere Ansichten. Also, sie haben andere Ansichten als ich.
>
> *Was sind denn da die Unterschiede in euren Ansichten?*
>
> Ja, der Papa, ich mein, die Mama auch – obwohl sie meiner Meinung nach zu faul zum Arbeiten ist [imitiert]: Ja, du musst arbeiten gehen und das gehört sich so. Und wenn ich mich über was aufreg, dann sag ich das so, wie ich mir das denke

> und dann wird das halt ein bisschen vulgär, wenn ich mich wirklich aufreg [lacht] und sie sagen immer [imitiert]: Ja, wie sprichst du? Und hin und her. Und ja, wegen dem Kiffen haben sie sich angeschissen und ein Mädchen hat keinen Alkohol zu trinken und auf der Straße darf man keine Zigarette rauchen und so. Das sind halt so Punkte, wo ich gesagt habe, ihr habt einen kompletten Schuss. [...] Und dann haben sie immer gesagt, in der Schul auch zum Beispiel, du kannst mit allem zu uns kommen und so, gell. Und wenn ich dann wirklich einmal eine Elternhefteintragung kriegt hab, dann war die Hölle los daheim. Deshalb, nein, kann ich nicht, mag ich nicht."

Nachdem sie von zu Hause abhaut und schließlich auch ihre Lehre abbricht, beginnt ein für Jugendliche nicht unbekannter Weg auf der Straße: Jana findet Anschluss bei unterschiedlichen Gruppen von Jugendlichen, die sich im öffentlichen Raum aufhalten, ihr werden Informationen zugespielt, wo man gratis zu essen bekommt, wo man zeitweise übernachten kann, wie man sich günstig Alkohol und Drogen anschafft. Das Leben auf der Straße bietet ungewohnte Freiheiten, die reizen, die Zeitstrukturen verschieben sich, sie lebt in den Tag hinein, sie hängt herum. Unfreiwillig gerät Jana in Kontakt mit Streetworkern, die auf ihren täglichen Arbeitswegen den Spuren Jugendlicher folgen, um ihren Auftrag der nachgehenden Sozialarbeit einzulösen. Das Leben auf der Straße folgt eigenen Gesetzen und Ökonomien. Ständig nur herumzuhängen, langweilt mit der Zeit, was auf dem Plan steht, um sich die Langeweile zu vertreiben, wird von Jana als „Blödsinn machen" bezeichnet:

> „Einbrechen zum Beispiel. Wir haben Sachen demoliert, einfach so, weil es halt lustig war, irgendwo bei den Autos die Seitenspiegel runter gerissen [lacht]. Ich muss sagen, im Nachhinein eh deppert, aber momentan ist es witzig [lacht]. Oder einfach, wenn einer dich blöd angeschaut hat oder was umagemault hat, zurückgemault und dann die ärgste Rauferei überhaupt gehabt, gleich 50 gegen 20 oder so [lacht]. War recht witzig, zwischendurch einmal.
>
> *Und du hast auch mitgerauft?*
>
> Sicher! Meistens hat mein Freund angefangen und der hat dann so Schuss [Prügel] gekriegt [lacht] und ich bin neben gestanden und ich kann mir das nicht anschauen, wenn jemand meinen Freund überschiaßt [verprügelt] und dann bin ich halt meistens auch dazu reingeraten."

Hinter diesen *unvernünftigen* Handlungen verbirgt sich jene strukturelle Gewalt, mit denen Jugendliche aus den Teilhabechancen am öffentlichen Leben gedrängt werden, die sich verschärft, wenn Kapitalien und Ressourcen fehlen, um beachtet oder anerkannt zu werden. Um auf diese Gewalt überhaupt noch reagieren zu können, bleibt häufig nur noch der Körper als Einsatz im Kampf um Aufmerksamkeit. So sprechend prügelnde Fäuste und blutende Körper sind, so stillschweigend vollzieht sich körperliche Gewalt in Form von Techniken der Autoaggression, seien es Drogenmissbrauch, Selbstverletzungen, Bulimie oder Magersucht. Janas Drogenkarriere endete mit einem Aufenthalt in der psychiatrischen Klinik:

„Also, ich war, da wollt ich aber nicht hin, das war zu meinem 18. Geburtstag, da haben sie mich ins LSF [Landesnervenklinik Sigmund Freud] gesteckt, da war ich so Banane. Da sind wir fort gegangen und mein Bekannter hat nachher gemeint, ja, jetzt kommt die Rettung und du fährst mit, gell. Und ich hab gesagt, nein, fahr ich net, für was? Und er hat gesagt, ja, die bringen dich heim. Und dann sitz ich auf einmal im LSF unten [lacht] und hab gedacht, schön, gell. Und dann war ich sechs Wochen unten und dann hab ich einen Revers unterschrieben und bin heimgegangen, weil das dablost ja keiner [hält keiner aus].

Wieso?

Weil das ist furchtbar! Du kommst dort rein, kriegst ein Zimmer zugewiesen, dann musst, ich weiß net, du wirst mit Tabletten voll gepumpt noch ärger als heraußen. Du echt, ich war jeden Tag so wach [weich], ehrlich. Ich bin dort gesessen, da hat ein Freund mich besucht und da gibt es so einen kleinen Raucherhof, der ist so groß wie das Zimmer ungefähr, gell, da sag ich zu ihm, jetzt gib mir einmal eine Zigaretten, jetzt sitzen wir schon zehn Minuten da und ich hab noch immer keine geraucht, gell, und dann sagt er, ja, spinnst du, wir sitzen schon eine Stund da [lacht]. Sag ich, verarsch mich nicht, sagt er, fix sitzen wir eine Stund da, schau ich auf die Uhr, ja, echt, he. Und so, du kennst dich nix aus dortn. Und das Schlimme ist ja, da sind Kinder unten so im Alter von acht, neun Jahren, gell, und die sind auch extremstens, aggressiv und so. Der eine wollte seine Mutter mit der Schere abstechen, voll arg. Und die werden halt auch mit den ärgsten Tabletten zugemacht. Ich hab einmal zu einem gesagt, er soll mir eine aufbehalten, gell, und der Bub hat mir das nachher gegeben – ein Wahnsinn, wie das fährt! Ich hab mich echt gefragt, wie du einem Kind so was geben kannst. Und die Betreuer komplett unfreundlich drinnen und so. Und der Arzt ein provokantes Arschloch durch und durch. Der hat gesagt, weil wir haben so Gruppentherapien gehabt und ein jeder hat halt seine Sachen sagen können, was ihn gestört hat und so und was ihm an seinem Leben nicht passt und so hin und her, gell. Und dann wollt er mit mir reden und ich hab gesagt, ich will net reden, gell. Und er: Ja, du redest jetzt. Und ich: Nein, ich will net reden da. Und dann hat er angefangen, mich zu provozieren, was ich für ein Armmutschgerl [Versagerin] bin und dass ich in meinem Leben sowieso nix auf die Reih krieg und so, ja. Und dann hab ich gesagt: Wenn du jetzt net gleich still bist, dann schmier i dir ane, ja. Und dann hat er mich angeschaut und hat gesagt: Ja, komm, schlag zu. Und nur so, gell! Das ist ein Wahnsinn dort, also auf Entzug tät ich nie dorthin gehen, das ist ja wirklich arg dort unten.

Also, sechs Wochen warst dort.

Ja, ich Depp hab ja nicht gewusst, dass man da auf Revers heimgehen kann [lacht], sonst wär ich eh am nächsten Tag schon wieder abgezogen [lacht]. Mir hat dann drinnen eine gesagt: Wieso unterschreibst denn nicht einen Revers, du bist eh schon 18? Ich: Was, Revers? Sie: Ja, dann kannst heimgehen. Ich: Cool.

Haben dich deine Eltern auch besucht im LSF?

Ich wollt sie nicht sehen. Nein. Das war mir peinlich [lacht]. Nein, unten im Gugelhupf [Psychiatrie], das muss echt net sein [lacht]."

Die vermeintlichen Freiheitserfahrungen Janas endeten mit der Erfahrung institutionalisierter Macht. Ihr permanentes Austesten von Grenzen geht weit über phasenweise Devianz hinaus: Es ist eine Reaktion auf fehlende Zukunftsperspektiven, mangelnde Anerkennung, das Gefühl, ausgegrenzt zu sein und mangelnde Handlungsoptionen. Einer ähnlichen Logik folgt das Entstehen von kollektiven Ressentiments gegen andere Gruppen, zumeist gegen Ausländer. Der Hass Ausländern gegenüber speist sich aus einer kollektiven Frustration, paradoxerweise zugleich aus dem Gefühl, auf sich allein gestellt zu sein und dem Empfinden, andere, die auf der sozialen Leiter knapp oberhalb oder unterhalb stehen, ziehen Profit aus den Veränderungsprozessen – eine Mischung aus Missgunst und Verachtung, eine Suche nach Schuldigen für das eigene Unglück. Ihre Erfahrungen schlagen sich in einer gewaltlastigen, zynischen Sprache nieder, wenn Jana nach Gründen sucht, um ihre Lage zu akzeptieren:

„Rassist bin ich keiner. [...] Aber im Sozialamt oben, ich weiß net, steht ab neun Uhr, da kommst einmal um halb zwei dran [...], die ganzen Kanaken kommen vor einem dran, die aber nach dir kommen, das ist sowieso die größte Idiotie da. Dann gehst runter, ich hab für mich, für meinen Lebensbedarf gekriegt 86 Euro für ein ganzes Monat und dann bin ich runter zur Kassa, steht vor mir ein Neger und geht raus mit 1300 Euro. [...] Ich mein, ich denk mir schon, dass ich als Österreicher mehr Anspruch hab als ein Kanak, der da eina kommt, nix arbeitet, gar nix und dort eini geht und das Geld abkassiert."

In diesen Herablassungen und Schuldzuweisungen auf eindeutig identifizierbare Feindbilder spiegeln sich wohl auch die Suche nach einfachen Erklärungen für komplizierte Sachverhalte, die Sehnsucht nach einer heilen, gerechten Welt in einer unwirtlichen und als ungerecht empfundenen, Ängste und Unsicherheiten, der Mangel an Mitteln, um der Gegenwart selbstbewusst gegenüberzutreten und das Fehlen eines Ausgangspunktes für die praktische Umsetzung eines *gelungenen Lebens*. Die Frage nach sozialem, kulturellem Überleben stellt sich dringender als die Frage nach Selbstverwirklichung. Janas Forderungen und Ressentiments drücken sich entsprechend jener Logik aus, die ihr das System aufzwingt: So wie Ausländer gehört sie zu den Ausgegrenzten der Gesellschaft, zu den Versagern und Verachteten. Das am Anderen dem Eigenen Ähnliche, das kränkende Bewusstsein des Verlierers wird mit herablassenden Bemerkungen und Hassgefühlen gedämpft.

Jana empfindet ihr vergangenes Leben als „verbockt", vieles hätte sie anders gemacht, hätte sie die Möglichkeit dazu gehabt. Mit ihrer Schwangerschaft setzt eine Art Normalisierungsprozess ein. Ohne Kind, so Jana, würde sie nach wie vor „Blödsinn machen" und auf der Straße leben. Dass sie die Gemeindewohnung bekommen hat, führt sie auf ihre Rolle als Mutter zurück: *Jetzt* hat sie Anspruch auf staatliche Unterstützungen, die eine eigene Ökonomie des Umgangs mit staatlichen Behörden einfordert, ein Wissen und Informationen über Ressourcen, die in Notsituationen noch zur Verfügung stehen. Solange sie *nur* Jugendliche war, war sie auf Freunde angewiesen, lebte auf der Straße oder in Substandardwohnungen. Ihr Status als Mutter macht sie zu einer *würdigen Armen*, der Hilfsangebote zustehen.

> „Ich hab vorher eine Caritas-Wohnung gehabt, gell.
>
> *Und wie bist du zu dieser Wohnung gekommen?*
>
> Durch den Exfreund einer Freundin. Der hat den Pfarrer oder Pfarrersgehilfen dortn gekannt oder so was. [...] Dann haben wir diese Wohnung gekriegt ... vorher haben wir bei einer Freundin gewohnt. [...] Und dann haben wir die Wohnung gekriegt. Da ist der Mietvertrag so: Du hast zuerst drei Monate Probezeit, dann wird er verlängert auf ein Jahr und wenn du dann noch immer keine andere Wohnung hast, dann kann sein, dass du noch ein Jahr verlängert kriegst, wenn alles gepasst hat. Und ich bin dann schwanger worden [...], die Wohnung hat ausgeschaut, ich glaub, da hätt nicht einmal der ärgste Türk drinnen gewohnt [lacht], das war so grindig. Alter, überall, weißt eh, bei den Wänden die ganzen Platten, alles aufgesprungen, grindig, dreckig, in der Küche sind die Fettspritzer auf der Decken gepickt und die Küche alt und voll ekelhaft halt, gell. Aber bevor du auf der Straße wohnst, wohnst halt dort, net? Und ja, dann bin ich aufi zu dem ... zum Kaltengger [ehemaliger Stadtrat in Graz, zuständig fürs Amt für Wohnungsangelegenheiten] als erstes, genau. Der hat mir dann gesagt, wo ich hingehen muss. Dann bin ich dort hin gegangen, wo du die Wohnungen vergeben kriegst, hab den Bogen ausgefüllt und dann bin ich halt lästig gewesen. Da bin ich sicher einmal in der Woche hinaus: Was ist los? Ich brauch eine Wohnung! Und nach zwei Monaten hab ich

dann eine gehabt.

Mir scheint das nicht so einfach zu sein, eine Gemeindewohnung zu kriegen, oder?

Nein, da musst voll lästig sein. Und dann ist halt der gekommen, die Wohnung anschauen ... weißt eh, da musst so und so viel Punkte haben, musst 15 oder 10 Punkte zusammen kriegen, gell.

Welche Punkte?

Ja, weißt eh, das sind so Punkte, Makel an der Wohnung, entweder zu klein, Schimmelpilz, WC am Gang und solche Sachen. Ja, und da hab ich genau 48 Punkte zusammenkriegt. Ja, und dann hab ich diese Wohnung gekriegt, weil ich halt ziemlich lästig war. Bin ich hingegangen, gleich mit dem Mutter-Kind-Pass, gezeigt: Da, Geburtstermin. Gemma, gemma! [...] Ich mein, die meisten, die eine [Gemeinde-] Wohnung kriegen sind solche, die nicht arbeiten gehen, weil die sich keine andere [Wohnung] leisten können."

Jana lässt sich auf keinen Fall unterkriegen, selbst in herausfordernden und anstrengenden Alltagssituationen erkämpft sie das Notwendige, um einigermaßen gut leben zu können und vermeidet damit, sich in eine Opferposition zu begeben. Mit Hartnäckigkeit und ohne Scheu vor Autoritäten fordert sie das ein, von dem sie glaubt, dass es ihr zusteht. Diese Selbstgewissheit ist die Kehrseite einer tiefen Verunsicherung, die sich in ihrem konsequenten Einsatz von Neutralisierungstechniken spiegelt, in ihrer Strategie des Vermeidens von Schamgefühlen. Die Stimme des Gewissens, die mittelständischen Normen entspringt, scheint wie ausgeblendet. Die Lage, in der sie sich befindet, wird als Ergebnis ökonomischer Rationalität oder sogar besonderer individueller Schläue gedeutet, um sich nicht auch noch selbst an der Stigmatisierung als *sozial Schwache* zu beteiligen. Relativ früh hat sich Janas nutzenorientierter Umgang mit dem Staat bemerkbar gemacht: Sie erzählt davon, dass ihre exzessiven Ausbrüche von zu Hause in der frühen Jugend (mit 15, 16) deshalb zu einem permanenten Unternehmen geworden sind, weil ihre Mutter damit aufgehört hat, die Polizei zu verständigen, nachdem man ihr mit Sanktionen des Jugendamts drohte. So bekommt man den Eindruck, sie durchschaut moralische und rechtliche Codes und findet ein Geschick, diese zu umgehen.

Janas Mutter ist in einem Heim aufgewachsen, hatte gesellschaftliche Verachtungen erfahren und war mit leidvollen Sozialbeziehungen konfrontiert. Sie heiratete einen Mann, der für sie sozialen Aufstieg in den Mittelstand möglich machte. Umso stärker scheint die Angst vor Mindereinschätzungen durch die Berührung mit staatlichen Instanzen und Institutionen zu wirken.

Es sind Inferioritätsängste, die gerade im Mittelstand, der sich nach oben orientiert und nach unten hin abzugrenzen versucht, Panik erzeugen können, die ihre Mutter davon abhielten, wieder als staatlich Registrierte unter Kontrolle zu stehen:

> „Du musst denken, ihre Eltern, die haben nie gearbeitet, haben 15 Kinder zur Welt gebracht, gell. Der Vater Alkoholiker gewesen und so. Und sie war dann ein Heimkind. Ist bei Pflegeeltern aufgewachsen und dann hat sie halt den Papa damals kennen gelernt, der ist arbeiten gegangen und alles, gell. Und jetzt hat sie halt einen gehobernen Lebensstil und jetzt ... ja. Aber sie heuchelt eh, gell. Sie jammert immer [imitiert]: Das kann man nicht machen, nicht arbeiten gehen und so. [Lacht:] Und selber geht sie ... wenn sie einmal arbeiten geht – weil Arbeit gäbe es genug, die sie machen könnte – dann sagt sie, nein, das macht sie nicht und dafür ist sie sich zu schön, gell. Und wenn sie einmal arbeiten geht, zwei, drei Monat, oder auch einmal ein halbes Jahr, damit sie gerade mal die Arbeitslose kriegt, die sie dann eh nicht beansprucht ... aber wurscht! Und das war es dann.
>
> *Das Arbeitslosengeld beansprucht sie nicht?*
>
> Einmal hat sie es beanspruchen wollen. Da war ich mit ihr mit. Da hat sie die ganze Wartezeit nur gesudert: Was das für asoziale Leute sind, die da sitzen und das ist eine Frechheit und was weiß ich. Und irgendwann war es auch mir zu deppert. Und dann ist sie halt nicht rein gegangen [zum AMS-Berater] und hat halt gesagt, der Papa verdient eh genug. Dann sind wir gegangen."

Bei der Mutter sind die Strategien und Codes sozialmoralischer Milieus noch deutlich ausgeprägt: Schamgefühle über einen möglichen Statusverlust sind an ihrem Rückzug und an der Vermeidung von Öffentlichkeit für Probleme und Nöte zu erkennen. Hilfe zu empfangen wird als schlimmer empfunden als sie zu entbehren. Die Demütigungsakte auf den Ämtern zeigen ihre Wirkung. In Janas Lebenszusammenhängen beginnen die kulturellen Muster des Rückzugs und des Vermeidens zu erodieren:

> „Ich wäre froh gewesen, wenn ich ins Heim gekommen wäre. Ehrlich! Aber ich weiß nicht, ich muss auch nicht unbedingt mit dem Jugendamt etwas zu tun haben. Aber wenn es bei irgendwelchen Ämtern Hofergutscheine zu holen gibt? Warum nicht? Und das ist halt für sie [die Mutter] asozial, gell. Das dablast sie gar nicht."

Sowohl Jana als auch ihre Mutter versuchen mit unterschiedlichen Strategien ihre Unterlegenheitsgefühle zu umgehen: Die Mutter, indem sie sich hinter den eigenen vier Wänden versteckt, Jana, weit stärker von der Individualisierung sozialer Ungleichheiten getroffen, indem sie die Scham und Scheu vor Behörden ablegt, sich als kalkulierende Akteurin präsentiert und damit jenen

Status der selbstverschuldet Gescheiterten abwehrt, wie er dem Diskurs über die Umwandlung von Außenursachen in Eigenschuld entspricht. Und dennoch: Mit dem Jugendamt möchte sie, seitdem sie selbst Mutter ist, nichts mehr zu tun haben. Es sind allerdings weniger schamhafte Berührungsängste mit der Institution, als vielmehr Ängste vor disziplinierenden Eingriffen und einer Kontrolle ihres Privatlebens, die ihren Respektabstand zur Behörde begründen und als reale Bedrohungen empfunden werden, die sich aus ihrem Erfahrungshintergrund speisen, aus den Erfahrungen ihrer eigenen Mutter, aus Erfahrungen ihrer Freunde und deren Kinder:

> „Es sind viele Kinder abgenommen worden, zu Pflegeeltern und wieder heim und so. Und das will ich nicht, dass das mit dem Buben passiert. Da habe ich wirklich panische Angst, weil sobald ich sag, ich bin überfordert hin und wieder, dann wird das Kind weggenommen oder so. Das darf man nirgends sagen, auch wenn er mir manchmal wirklich auf den Nerv geht, weil da hängt er den ganzen Tag beim Haxen und Mama, Mama, Mama … und dann denk ich schon manchmal: He, geh einfach weg, gell?"

Diese Angst hält sie selbst davon ab, sich weiterhin an eine niederschwellige Kontaktstelle für Jugendliche zu wenden, von der sie sich vorher, bevor ihr Kind zur Welt kam, gut betreut fühlte. So setzt sich das habituelle Erbe, sich mit Problemen und Schwierigkeiten ins Private zurückzuziehen, fort, da bald klar wird, dass die staatliche Hilfe mit Kontroll- und Disziplinierungsmaßnahmen verwoben ist, die jene besonders treffen, die bereits als *auffällig* registriert wurden. Vom Staat beobachtet zu werden, darf nicht darüber hinwegtäuschen, dass ihr Status dennoch von einer prinzipiellen *Überflüssigkeit* gekennzeichnet ist, die von einem Platzmangel in der Sozialstruktur herrührt.

6.3. Streetlife – Streetwork

Seit Beginn der Implementierung Sozialer Arbeit im zweiten Drittel des 19. Jahrhunderts richtet diese ihr Handeln auf spezifische örtliche Einheiten aus. Bewohner in Armutslagen wurden in ihren Wohnvierteln von ehrenamtlichen Armenpflegern beaufsichtigt, ihre Notlagen untersucht, um entsprechende Unterstützungspläne zu entwerfen bzw. sie an andere öffentliche Unterstützungsinstanzen weiter zu vermitteln. Die Einteilung der Städte nach Armutsquartieren führte zu frühen Modellen einer *Kartografie des Sozialen*, wie das Beispiel des Ebenfelder Systems[48] deutlich macht, das in den 1850er

[48] Ehrenamtlichkeit, Individualisierung, Dezentralisierung und Vermeidung von Dauerleistungen machten das Modell innerhalb kurzer Zeit zur vorbildlichen Schule für andere Städte und zur kostengünstigen, effizienten Variante der Armenversorgung.

Jahren als Reaktion auf die sozialen Auswirkungen der entstehenden Industriegesellschaft als Versuch entwickelt wurde, um auf neu entstandene soziale Probleme zu antworten.

Heute werden Sozialkartografien als Grundlagen für Stadtentwicklungsprogramme erneut herangezogen, um auf die *neue soziale Frage* (Castell 2000) der Gegenwartsgesellschaft zu reagieren: Sie identifizieren Räume als *soziale Brennpunkte* und definieren sie in administrative Planungsräume für die Stadtentwicklung um. Sozialer Arbeit wird in diesem Kontext die Aufgabe einer Aktivierungsinstanz zugewiesen. Über die Identifizierung *sozialer Brennpunkte* reagiert sie auf eine neue Unübersichtlichkeit, auf einen Wandel des sozialen Raums der Gesellschaft, der zu einer neuen Destabilisierung von Lebenslagen geführt hat. Michael Vester ortet für das Jahr 2001 bei ca. 10 % der Bevölkerung eine zunehmende Verfestigung sozialer Deklassierung durch eine vollständige Exklusion aus dem Arbeitsmarkt bzw. durch sozialmoralische Ausgrenzungen in bestimmten Wohnvierteln (Vgl. Vester u. a. 2001). Soziale Ungleichheit ist nach wie vor sozialstrukturell geprägt. Sie stellt sich aber nicht mehr wie zu Beginn des 19. Jahrhunderts als Klassenschicksal dar. Eine neue städtische Kategorie der *Überflüssigen* hat sich herausgebildet, die „Integrationsmaschine Stadt" (Häußermann 2006) gerät ins Stocken. Es entstehen überforderte Lokalgemeinschaften, deren soziale Zusammensetzung sich durch die gegenläufigen Bewegungen von Aufstiegs- und Abstiegsmobilität innerhalb der Arbeiterschaft und den Zuzug von Migranten verändert hat (Vgl. Kronauer 2008).

Heute wirken weder Arbeitermilieu noch Arbeiterbewegung als Transmissionsriemen von den Stadtteilen in die Gesellschaft hinein. An deren Stelle ist die Investition der Stadt in Gestalt von Beratungsstellen, Jugendstreetwork oder Cafés für alleinerziehende Mütter getreten.

Die beginnenden 1980er Jahre, die den Beginn des Streetwork in Österreich markieren, waren von widersprüchlichen Tendenzen geprägt: Soziale Bewegungen und eine sich individualisierende Gesellschaft, Kostendruck des Staates, neue soziale Probleme, Angst vor Arbeitslosigkeit und ein verändertes Kräfteverhältnis zwischen Kapital und Arbeit. Im Sozialbereich wurde nach Konzepten gesucht, die zu einer Kompromisslösung der sich widersprechenden Entwicklungen führen sollten. Gefunden wurden sie in Formeln wie Integration, Lebensweltbezug, Milieunähe oder Regionalisierung. Sie kamen den Forderungen sozialer Bewegungen nach Entbürokratisierung, Autonomie, Dezentralisierung und Selbstorganisation entgegen und konnten sich in Projekten wie Diversifikationsstrategien in der Straffälligenhilfe, Verringerung von Plätzen in Strafanstalten zugunsten ambulanter Straffälligenbetreuung, akzeptierende Drogenarbeit und Jugendstreetwork niederschlagen. Die Stärkung lokaler *bottom-up* Prozesse, die die Diskurse sozialarbeiterischen Handelns dieser Zeit prägten, waren mit der Forderung für ein Mehr an Partizipation, Alternativen zum bürokratielastigen und eingriffsorientierten Image der zentralstaatlichen Einrichtungen sozialer Arbeit zu verstehen. Solche *linken* Ansätze der Sozialen Arbeit, vor allem inspiriert durch John Mc Knights „Careless Society“ (Mc Knight 1995 [1973]), betonten in westeuropäischen Wohlfahrtsstaaten den emanzipatorischen Bezug auf gegenhegemoniale Aktivitäten von unten und auf Selbstregulierungsmöglichkeiten der Einzelnen. Im Mittelpunkt stand der Versuch einer Organisation des *Drucks von unten* mit dem Ziel, bessere Lebensbedingungen, Interessensartikulation und Selbstbestimmung der Klientel zu erkämpfen. Soziale Arbeit wehrte sich gegen das staatlich-bürokratische Vorgehen mit Praktiken, in denen sich der sozialräumliche Aspekt auf die Möglichkeiten zur Infrastrukturverbesserung in Verbindung mit einer raumbezogenen Interessenorientierung und -organisation konzentrierte.

Die aktuellen lokalen Strategien im Umgang mit problematischen Jugendlichen erweisen sich als *Coping-Strategien* und münden in einer Etablierung von Alltagspraktiken, die praxisökonomisch nicht zuletzt deshalb angemessen erscheinen, weil sie in einem Redundanzverhältnis zu den gegebenen Strukturen stehen. Verhaltensweisen von Jugendlichen innerhalb eines bestimmten Areals werden aus dessen Identifizierung als z. B. *gefährlicher Platz* abgeleitet. Aus dieser Sichtweise resultieren die Bestimmungen von Orten als *Orte der Desintegration* bzw. *Orte der Heilung* (ein Streetworker), die anhand der Aggregierung bestimmter Sozialindikatoren, z. B. der Zahl polizeilicher Anzeigen oder des Anteils von Migranten, identifiziert werden.

Durch die gezielte Bearbeitung dieser Areale oder Orte erfahren sie einen *Dramatisierungsschub*. Die Thematisierung bestimmter Territorien als *desintegriert, benachteiligt* oder *gefährlich* fixiert die Jugendlichen, die sich dort aufhalten. Die Wirkmächtigkeit solcher Symbolisierungen des Raumes unter Verwendung spezifischer Charakteristika wie *kriminell, dreckig* oder *gefährlich* zeigt sich im Zusammenspiel mit ihrer medialen und politisch-administrativen Vermittlung auf eindrückliche Weise, wie es am Beispiel des Grazer Jakominiplatzes gezeigt werden kann.

Am Jakominiplatz

Im urbanen Raum überlagern sich verschiedene gleichzeitige Öffentlichkeiten, Schichten der Nutzung, Perspektiven und Bedeutungen, die dem Raum durch die kulturelle Produktion seiner Benützer gegeben werden. Im flüchtigen Blick der Touristen werden Plätze der Innenstadt vielleicht nur Sehenswürdigkeit und fotografisches Erinnerungsfragment bleiben, für die Straßenreinigung ein Ort alltäglicher Routine, für Geschäftsleute kapitalträchtiges Dekor, für Jugendliche ein öffentlicher Raum, in dem sie sich aufhalten können, mit einigen wenigen Nischen, die Schutz und Intimität bieten.

Eines der Zielgebiete der Straßensozialarbeit stellt seit den 1980er Jahren der innerstädtische Jakominiplatz dar. Als Knotenpunkt des öffentlichen Verkehrs ist er durch Warten und zielgerichtete Bewegungen der Verkehrsmittel und der Benützer charakterisiert. Ein Platz, der nur wenige Minuten Stillstand zulässt, wenn man an den Haltestellen auf die nächste Straßenbahn oder den nächsten Bus wartet, ein Platz, den man überquert, um an andere Orte zu gelangen. Umsäumt ist er von Verkaufsständen, Imbissbuden und Lokalen von Fastfood-Ketten, Cafés und Restaurants, die beliebte Treffpunkte für viele Jugendliche bilden: Am *Jako* (Bezeichnung des Platzes durch Jugendliche) treffen sich Schüler nach Schulschluss, arbeitende Jugendliche nach Dienstschluss, lehrstellensuchende Jugendliche nach ihren Kursen, arbeitslose Jugendliche nach ihren Gängen aufs Arbeitsmarktservice – Freizeit wird hier verbracht. Für Jugendliche bedeutet der Platz etwas anderes als für viele Erwachsene, die ihn als eine funktionelle Einrichtung, die man sobald als möglich wieder verlässt, kodieren. Er ist Begegnungsort und Erlebnisraum, der Faszination und Spannung vermittelt.

Der Jakominiplatz ist auch von je her ein Ort, an dem Jugendliche sich treffen, deren Alltagsleben zum Großteil auf die Straße verlagert ist. „Cityszene ohne subkulturelle Merkmale" nennen Streetworker jene Jugendlichen, die sich äußerlich nicht von den anderen Jugendlichen, die sich auch am Platz aufhalten, unterscheiden, die vereinzelt oder in kleinen Gruppen in den Wartehäuschen sitzen oder zwischen Straßenbahnhaltestellen stehen, die kein fixes, stabiles soziales Gefüge bilden, sondern ein „amorphes Ding" (ein Sozialarbeiter) darstellen, ohne Zeit und Termin. Die Straßensozialarbeit in Graz erkennt in den letzten Jahren einen Trend hin zur Bildung von Kleinstgruppen mit wechselnden Mitgliedschaften und bezeichnet dieses Phänomen, das es selbst für sie schwierig macht, Jugendliche mit Problemen zu erkennen bzw. wieder zu erkennen „Cliquen-Surfen". Diese *Straßenjugendlichen mit besonderen Problemlagen* bilden die Klientel der Streetworker und in der Öffentlichkeit ein Konglomerat von Jugendlichen, die sich außerhalb jeglichen pädagogischen Bezugs befinden und als gefährlich bewertet werden, obwohl sie in ihrer alltäglichen Anwesenheit kaum wahrgenommen werden. Diese „Paradoxie der Sichtbarkeit" (Nassehi 1999) ist Ausdruck neuer Formen der Wahrnehmung, die auf neuen Formen sozialer Exklusionsmechanismen und dessen gesellschaftlicher, öffentlicher Bewältigung beruhen: Jugendliche werden als Thema, als Politikum in die Öffentlichkeit gehoben, während ihre neuen Problemlagen abgedrängt und zu einem unsichtbaren Phänomen gemacht werden, solange sie nicht auffällig werden. Erst wenn sie versuchen, sich sichtbar zu machen, geraten räumliche Abdrängungsmechanismen ins Spiel, wie am Beispiel der Grazer Punkszene, die den innerstädtischen Hauptplatz besetzte und allein mit ihrem auffälligen Outfit beunruhigte, gezeigt werden konnte (Vgl. Reiners/Malli/Reckinger

2006). Umgekehrt tragen soziale Ausgrenzungsprozesse, die sich innerhalb der Gesellschaft vollziehen und nicht wahrgenommen werden können, dazu bei, dass die Probleme heutiger Jugendlicher immer weiter aus dem öffentlichen Bewusstsein gedrängt werden: Wenn Drogenkonsumenten unsichtbar werden, wie es sich seit den 1990er Jahren vollzieht, weiß man zwar, dass sie existieren, aber man toleriert sie, da sie keinen sozialen Alarm auslösen (Vgl. López Blasco u. a. 2000).

Die Ohnmacht im Kampf um gesellschaftliche Anerkennung treibt Jugendliche in Resignation, in Verhaltensweisen mit selbstdestruktiven Zügen oder in die Revolte als ein Ausdrucksmittel dafür, dass die Adressaten, an die sie sich mit ihren Problemen und Anliegen wenden können, nicht auf sie reagieren. Den Jugendlichen, die sich am Jakominiplatz aufhalten, geht es nicht darum, über Konformitätsbrüche Selbstverwirklichung zu erlangen. Sie wollen sich keinen Raum greifen, sie sind weder sozialromantische Aussteiger aus der ungerechten Gesellschaft noch Zugehörige zu Jugendkulturen, die durch provozierende Störungen auf gesellschaftliche Missstände aufmerksam machen wollen. Hinter ihrer Anwesenheit auf der Straße stehen weder ideologische Konzepte noch bewusst gewählte Lebensstilentwürfe. Ihre Forderungen im Kampf um Anerkennung sind leise und vereinzelt. Viele von ihnen sind aus den Kontexten der Privatsphäre ihrer Herkunftsfamilien hinausgefallen und versuchen, es sich im öffentlichen Raum zurechtzurichten. Dabei hoffen sie darauf, ihre Ideen eines Erwachsenendaseins (Job, eigne Wohnung, selbst gegründete Familie) so bald als möglich realisieren zu können. Die Straße ist ihnen Zufluchtsort. Die 19-jährige Paula, die ich im Kontaktladen (Betreuungseinrichtung für Jugendliche auf der Straße) kennen lernte und am Jakominiplatz wieder treffe, erzählt mir, dass sie, seitdem sie 14 ist, in Notschlafstellen für Jugendliche übernachtet. Sie bezeichnet sich als

> „Stadtmensch. Ich bin dauernd in der Stadt unterwegs, egal wo. Ab und zu schau ich hier vorbei, weil ich die Leut kenne, weil ich, ja, ich weiß nicht … weil es sind Bekannte, Freunde da."

Der öffentliche Stadtraum wird so zu einem Raum der sozialen Nähe und der Vertrautheit, in dem Privatheit und Anonymität gefunden werden können:

> „Ich hab mich damals einfach wo dazu gestellt und ein Bier getrunken. Ich bin einfach akzeptiert worden, so wie ich bin. Irgendeinen Freund findest hier immer. Aber längerfristig will ich einfach eine Beziehung haben, ein normales, geregeltes Leben führen. Mit Arbeit, eigener Wohnung und Geld."

Die Begriffe und Bilder, mit denen sich Paula selbst beschreibt (z. B. „Stadtmensch"), sind bürgerlich konnotiert, gesellschaftskonform und verweisen auf ihre Zielvorstellungen und den Wunsch, in die bürgerliche Gesellschaft inkludiert zu werden. Sie sieht sich weder als Straßenjugendliche noch als einer subkulturellen Jugendszene angehörig. Tagsüber fügt sie sich unauffällig in den Strom der Vorbeiziehenden ein, obwohl sie, da sie zu viel Zeit hat, nicht daran teilnimmt.

Die Jugendlichen am Jakominiplatz fallen als Gruppe nicht auf, weil die rastlose Bewegung des Platzes keinen Blick freigibt für Menschen, die sich hier für längere Zeit aufhalten. Obwohl sie anwesend sind, bilden sie keinen wahrnehmbaren Gegenpol zum zielgerichteten Bewegungsfluss. Ihre Unsichtbarkeit inmitten des öffentlichen Stadtraumes entspricht einer neuen Qualität von Exklusion, die sich als Ausgrenzung *innerhalb* der Gesellschaft begreifen lässt. Exkludierte Jugendliche fallen nicht aus der Gesellschaft, sondern aus dem Geflecht der Wechselseitigkeiten, die kulturelle und soziale Anerkennungsverhältnisse begründen. Exklusion heute setzt vor allem die Substanz gesellschaftlicher Teilhabe außer Kraft. Diese Jugendlichen haben nicht das Problem der Ausbeutung oder Entfremdung zu bewältigen, sondern das Problem ihrer Überflüssigkeit. Abgehängte Jugendliche sind kein öffentliches Thema, ihre Bewältigungsstrategien sind kaum interessant. Der gesteigerte Mithaltedruck, als Arbeitskräfte gesellschaftliche Anerkennung, sozialen Status und Erwachsenenstatus zu erlangen, wird so zu einem individualisierten Problem, das mitten in der Stadt bewältigt wird. Dabei geht es nicht mehr um die „andere Seite der Stadt" (Knecht 1999) oder um die Frage, was *Backstage* hinter den Kulissen abläuft, sondern um die Verdrängung von Sichtbarkeit ohne eine räumliche Abdrängung zu vollziehen. Die Stadt wird immer weniger zum Ausgangspunkt oder zur Grundlage der Exklusion und vor allem Exklusionserfahrung, deren Horizont jenseits der Stadt zu liegen scheint, nämlich in den Partizipationsmöglichkeiten an der Erwerbsarbeit und ihren Folgen.

Jugendliche sind in eine besonders ambivalente Situation gestellt, da man ihnen gerade in dem Moment, in dem man sie zum Eintreten in die Gesellschaft auffordert, die Türe verschließt (Vgl. Lapeyronnie 2001). Der Widerspruch zwischen der verallgemeinerten Zusage von gesellschaftlicher Zugehörigkeit und der begrenzten Grundlage zu ihrer Verwirklichung wird mit dieser neuen Art der Exklusion voll aufgebrochen. Den Kern der Exklusionserfahrung bildet so eine innere Zerrissenheit zwischen Anspruch auf gesellschaftliche Zugehörigkeit und der Unmöglichkeit, sie zu realisieren. Exklusionserfahrungen sind zudem radikal individualisierte Erfahrungen ohne Möglichkeiten einer kollektiven Deutung. Soweit Gruppenbildungen überhaupt stattfinden, sind sie lose und als Schutz- bzw. Selbstbehauptungsmechanismen fragil. Die Erfahrung des Ausgeschlossenseins aus der Gesellschaft stellt sich für die Jugendlichen am Jakominiplatz in erster Linie als Scheiternserfahrung dar, die aus der Diskrepanz zwischen dem, was in einer Gesellschaft für sie möglich sein sollte, was erwartet wird, und der Unerreichbarkeit der Erwartungen erwächst. Sowohl innerer wie äußerer

Vorwurf, dass ihnen fehlt, was andere wie selbstverständlich haben, wird als alltägliche Ohnmacht im Kampf um Anerkennung erfahren.

Das Paradox besteht darin, dass den Jugendlichen am Jakominiplatz zwar eine Kollektivität zugeschrieben wird, obwohl es nicht möglich ist, sie am Platz als Gruppe oder jugendliche Gang zu identifizieren. Ihnen selbst bleibt der Ausweg, ihr Scheitern als Folge kollektiver Benachteiligung und Exklusion zu deuten, jedoch versperrt. Gerade die Zuschreibungen von außen treiben sie weiter in die Distanzierung und Entsolidarisierung nach Innen.

Obwohl die *Cityszene* kein Beispiel von sichtbarer Jugend darstellt, die sich bewusst absetzen und provozieren will, gerät sie immer wieder in die mediale Aufmerksamkeit. Eine Reihe von Gewaltereignissen, die sich zwar am Jakominiplatz, nicht aber innerhalb der Gruppe von Jugendlichen vor einigen Jahren zugetragen haben, löste eine skandalisierende und schockierende Reaktion aus, der sowohl ordnungspolitisch durch verschärfte Polizeikontrollen als auch sozialarbeiterisch durch verstärkte Präsenz am Platz begegnet wurde. Medienberichte verschärften die Zuschreibung des Platzes als lebensgefährlichen *Un-Ort* und die der Jugendlichen als bedrohliche Gefahr für die Bewohner der Stadt. Die mediale Darstellung und Wahrnehmung des Platzes tendierte dazu, an der Verbreitung gewalttätiger Verhaltensmuster mitzuwirken. Die Bekanntheit des Platzes und seine thematische Besetzung mit *Jugend, Gewalt, Sucht* und *Drogen* führten wiederum dazu, dass Jugendliche den Platz als *Actionraum* aufsuchen, „um sich kurz einmal zu schlägern“ (jugendlicher Gesprächspartner).

Auf diese Weise werden die zur Nachahmung Eingeladenen zu jugendlichen Gewalttätern hochstilisiert, wie sie in dieser Form nicht existieren. Diese Mechanismen haben sich Mitte der 1990er Jahre um die Etikettierung jugendlicher Gewalttäter als Rechtsradikale erweitert, zu einer Zeit, in der Österreichs mediale wie politische Öffentlichkeit ganz generell vom Thema einer zunehmenden Tendenz *rechtsextremer Gefahren* beherrscht war (Vgl. Zilian 1998). In Graz hat eine Welle energischer Reaktionen des staatlichen Zwangsapparates dazu geführt, dass nicht nur ernst zu nehmende rechtsorientierte Gewalttäter, meist im Erwachsenenalter, eingesperrt wurden, sie scheint das sichtbare Modephänomen der Skins oder anderer rechtsorientierter Gruppierungen ganz generell zerstreut zu haben. Vereinzelte Jugendliche bedienen sich zwar immer noch einer rechtsorientierten Symbolik oder Rhetorik, sie treten aber weder als Gruppierung auf, noch geht von ihnen eine reale politische Gefahr aus. Vielmehr sind ihre Selbstinszenierungen als Symptom zu deuten, sich eine Art *letzte Bastion der Sichtbarkeit* zu erkämpfen.

Im Kontaktladen

Verbunden mit der Arbeit auf der Straße ist die Betreuung und Versorgung von Jugendlichen in Kontakt- und Betreuungsstellen, die zu bestimmten Tageszeiten geöffnet haben und Jugendlichen eine Möglichkeit bieten, sich zurückzuziehen und ihre Grundbedürfnisse abzudecken. Sie liegen in jenen Stadtteilen, die als *hot spots* gewalttätiger und krimineller Jugendlicher in die mediale wie politische Öffentlichkeit rücken.

In einer Seitengasse, die vom innerstädtischen Jakominiplatz wegführt, untergebracht in einem Hinterhof, befindet sich jener Kontaktladen des Streetwork, in dem ich mich einige Zeit lang als teilnehmende Beobachterin aufhielt. Als so genannte niederschwellige Einrichtung[49] ist der Kontaktladen prinzipiell für alle Jugendlichen zwischen 15 und 21 Jahren zugänglich.

Ohne bürokratische Auflagen und Hemmschwellen kann kommen, wer von der Einrichtung weiß. Viele Jugendliche werden von Bekannten und Freunden über diese Möglichkeit informiert, viele von den Streetworkern selbst, die die Jugendlichen auf der Straße ansprechen. Für 2006 beispielsweise weist Streetwork in seinem Jahresbericht für die Betreuungsstelle 2.992 Kontakte mit Jugendlichen aus, in der Sozialen Arbeit auf der Straße wurden Jugendliche 3.100 Mal kontaktiert.[50]

Im Erdgeschoss der Kontaktstelle stehen den Jugendlichen ein Badezimmer, eine Toilette, ein Aufenthaltsraum und ein Zimmer, in dem zwei Drehfußballautomaten stehen, zur Verfügung. Tische, Stühle und Sofas füllen den saalartigen Aufenthaltsraum, in dessen eine Ecke sich eine Küchennische, Kühlschrank, Küchenkästen und ein Spülbecken befinden. Gegenüber ist eine Art Arbeitsplatz mit Schreibtisch, PC und Bücherregal, das mit Sachbüchern über Drogen, Broschüren über weitere Einrichtungen für Jugendliche, Gesellschaftsspielen, Mandalamalbüchern und Buntstiften gefüllt ist, eingerichtet. Die Wände sind behangen mit Informationsplakaten,

---

[49] Bernhard Rohde spricht davon, dass es kein Zufall ist, dass sich die als innovativ verstehende Jugendarbeit Fachtermini wie „niederschwellig", „flexibel" oder „integriert" aneignet, denn damit versucht das System Jugendhilfe sein „Einfallstor" in den – verfassungsrechtlich besonders geschützten – Bereich der Familie möglichst weit zu öffnen, um seine Hilfsangebote noch näher an den Jugendlichen und die Eltern zu bringen, ohne dass dies gleich als *fürsorgliche Belästigung* missverstanden werden kann. Möglichst passgenau wird versucht, gesellschaftlichen und familiären Wandel mit einem sozialpädagogischen Reflex einer problemsuchenden Sichtweise zusammenzufügen – dies nicht zuletzt auch deshalb, um die eigene Existenzberechtigung in Zeiten leerer öffentlicher Kassen nachzuweisen (Vgl. Rohde 2003).

[50] Ein Kontakt wird gezählt, wenn ein Gespräch mit einem Jugendlichen stattgefunden hat, bei dem zumindest der Spitzname bekannt war und umgekehrt der Jugendliche darüber Bescheid wusste, dass er mit Streetworkern in Kontakt steht (Jugendstreetwork Jahresbericht 2003).

auf denen unterschiedlichste Drogen beschrieben werden, ihre umgangssprachlichen Bezeichnungen, ihre Wirkungen, ihre Risiken. Daneben hängt eine Reihe von abstrakten Bildern, die im Rahmen eines Malnachmittags entstanden sind. In der hinteren Ecke des Saals sind ein Radio und ein CD-Player auf einen Tisch gestellt. Es gibt wenige Verbote: Kein Alkohol, keine eigenen CDs, keine Waffen. Geraucht darf überall werden.

Im Laufe der Öffnungszeit, manchmal vormittags, manchmal nachmittags für je ca. fünf Stunden, füllt sich der Laden mit jungen Mädchen und Burschen, die aus ganz unterschiedlichen Gründen vorbei schauen. Manche kommen in Gruppen, um sich hier, wie in einem Kaffeehaus, niederzulassen, zu tratschen, einen Kaffe zu trinken, zu rauchen, andere Bekannte zu treffen. Gemeinsam ziehen sie wieder weiter. Andere kommen allein, setzen sich schweigend an den PC oder streichen sich ein Brot, trinken einen Saft und gehen wieder. Andere bitten darum, das Badezimmer benützen zu dürfen. Hin und wieder will ein Jugendlicher ein vertrauliches Gespräch mit einem aus dem Betreuerteam führen – sie ziehen sich in den ersten Stock zurück, der Büro- und Besprechungsräume beherbergt. Manche scheinen sich zu langweilen, sie sitzen schweigend da, beobachten und warten, so scheint es, auf Unbestimmtes, bis sie die Kontaktstelle ebenso schweigend, unscheinbar und unbeachtet wieder verlassen, wie sie gekommen sind. Nur wenige verbringen die gesamte Öffnungszeit lang im Laden. Ein ständiges Kommen und Gehen umgibt eine Gruppe von *Stammjugendlichen*, die sich untereinander kennen und eine freundschaftliche, vertraute Beziehung zu den Betreuern pflegen. Sie begrüßen einander mit einer selbst kreierten, ritualisierten Geste, einer komplizierten Handschlagsprache als Freundschafts- und Vertrautheitszeichen. Sie tragen Jeans, Sneakers, T-Shirts. Sie holen sich zu essen und trinken, es gibt Brot, Aufstriche, Obst und Gemüse, Saft und Kaffee. Jürgen, ein schmächtiger Bursche mit lässiger Kleidung im *military look*, beschwert sich darüber, dass es im Laden nie Semmeln gebe. Zu teuer, die knappe Antwort eines Betreuers. Auf die weitere Diskussion um die Preise von Semmeln, die Jürgen mit den Hinweisen darüber, dass Semmeln günstiger seien als Brot anzetteln möchte, lässt er sich nicht ein. Drei weitere Burschen mischen sich ins Gespräch ein, meinen, Jürgen solle froh sein, dass es Brot zum Essen gibt und wechseln das Thema. Sie beginnen über seine Hosen im Militärlook zu lästern. „Mode von vorgestern" ist auch der einstimmige Kommentar der Mädchen, die sich am Gespräch beteiligen. Jürgen zieht sich zurück, die anderen diskutieren über Modemarken weiter.

Die Jugendlichen, die den Besuch im Laden in ihren Alltag einbinden, bilden die Konstante im fluktuierenden sozialen Arrangement und geben den Ton an, während um sie herum die lautlosen und langsamen Bewegungen der restlichen Jugendlichen den Rahmen markieren. Die Zeit der Jugendlichen scheint zu verschwimmen, der Raum, in dem sie sich aufhalten und die Dynamik, die sich durch die Bewegungen und den Stillstand ergibt, spiegelt die transitorische Phase der Adoleszenz, die ihre zeitlichen Grenzlinien verloren hat, symbolisch wider. Wie ein Sog wirkt die Unbestimmtheit, Ziellosigkeit und Richtungslosigkeit des Zeitempfindens der Jugendlichen, das sie aus dem Alltag in den geschützten Raum der Kontaktstelle tragen. Gudrun, die schon seit Jahren hierher kommt, erzählt mir:

> „Ich stehe auf, wasche mich, wenn nicht in der Wohnung eines Freundes, dann hier oder bei den Drogenstreetworkern. Ich komme hierher, esse und trinke was und warte, bis wir hier raus müssen. Dann gehen wir auf den Jakominiplatz oder in den Stadtpark oder ins Schwimmbad und saufen."

Der PC ist häufig besetzt. Ein Informationszettel, der darüber angebracht ist, verweist darauf, dass der Computer ausschließlich für Zwecke der Job- und Wohnungssuche verwendet werden darf. Tatsächlich benützen ihn die Jugendlichen häufiger, um zu chatten, zu mailen und im *world wide web* zu surfen. Jürgen, der schon eine Zeit lang am PC sitzt, zeigt mir Bilder von verstümmelten Unfallopfern und Fotos, die offenbar direkt aus dem medizinischen Horrorkabinett stammen: www.rotten.com, eine seiner Lieblingsseiten im Netz. Rotten.com lebt von absurden, brutalen, schockierenden und ekeligen Bildern und Berichten und erhebt den Anspruch, durch Archive für verwirrende Bilder die Besucher der Website in ein „wahrhaft unangenehmes Experiment" zu führen. Durch gefakte Unfallbilder der toten Lady Di wurde die kalifornische Gruppe, die hinter rotten.com steht, bekannt. Mit der Verbreitung ekeliger Fotos will sie nicht nur irritieren, sondern auch beweisen, dass jede Zensur, die das Netz reinigen will, unmöglich ist. Diese Seite ist im Kontaktladen ausdrücklich verboten. Umso größer scheint die Schaulust zu sein, denn binnen weniger Minuten versammelt sich eine ganze Gruppe von Jugendlichen um den PC und testet aus, wessen Magen stabil genug für die Ekelszenen ist, diskutiert, ob die Bilder echt oder gestellt bzw. manipuliert sind und amüsiert sich am Schock der Neulinge, die, wie ich, die Seite zum ersten Mal sehen.

Der zähe Fluss, die Wiederholung der Geschichten, Gesichter und Tagesabläufe zogen mich nach wenigen Tagen in eine Welt jenseits des hastigen Treibens von Menschen, deren Leben den arbeitsgesellschaftlichen Regeln, Normen und Werten gehorcht. Weder der Wochentag noch die Tageszeit scheinen von Bedeutung. Warten, bis einige Stunden des Tages vergehen, bestimmt die Zeit im Kontaktladen: Wie in einem Wartesaal blättern die Jugendlichen Broschüren oder die Tageszeitung durch. Oder sie malen Mandalas aus, die seit einigen Jahren in Pädagogik und Psychologie für Kinder und Jugendliche zu Entspannungs- und Meditationszwecken eingesetzt werden, um Stille, Disziplin und Loslassen von der Hektik des Alltags zu fördern und unnötige Bewegungen zu vermeiden. Gudrun erklärt mir, dass es sie beruhigt, die vorgedruckten Abbildungen bunt auszumalen. Die Konzentration auf das kreisförmige archaische Symbol mit den feinen, systematischen Mustern mit festem Mittelpunkt lässt sie abtauchen in eine meditative Stimmung. Wenn sie die „Arschgesichter“, die sie umgeben, nicht mehr ansehen könne, beruhigt sie sich mit dieser Beschäftigung, die ihr, so ihre Erfahrung, den unmittelbaren „Anfall von Aggressionen“ nimmt. Überraschend springt sie im nächsten Moment auf, schreit durch den Saal, dass ihr langweilig sei und fordert die anderen zu einem Match am Drehfußballautomaten auf.

Wieder ist eine Stunde vergangen. Die Jugendlichen analysieren noch kurz das Match, bevor Gudrun eine neue Idee zum Zeitvertreib fasst: Sie wolle Musik hören, habe eine CD mitgebracht, die sie den anderen gern vorspielen möchte. Mit dieser Bitte wendet sie sich an eine Betreuerin, die ihr, offenbar zum wiederholten Male erklärt, dass es im Laden verboten ist, eigene CDs anzuhören. Zu oft eskalierten, als es noch erlaubt war, Streitereien zwischen den Jugendlichen mit unterschiedlichem Musikgeschmack. Dann wolle sie eben Radio hören, meint Gudrun und dreht das Radio in voller Lautstärke auf und beginnt zu tanzen. Einige schütteln den Kopf, andere machen mit und wirbeln tanzend durch den Saal.

Unbekannte Jugendliche, die in den Laden kommen, werden von den anderen durch eine kurze Schweigepause und skeptische Blicke, die ihnen zugeworfen werden, begrüßt. Sie unterbrechen die Routine kurzfristig, mehr Aufmerksamkeit wird ihnen nicht geschenkt. Später kommen zwei Burschen mit auffälligem Outfit: Ihr Haar ist schwarz gefärbt, der Hinterkopf kurz rasiert, das Vorderhaar streng gescheitelt. Sie tragen schwarze Bomberjacken und Springerstiefel. Ohne ein Wort zu sprechen, setzen sie sich in die hintere Ecke des Saals, beobachten das Geschehen und verlassen die Stelle nach zehn Minuten wieder. Kurz fragen sich die Jugendlichen, ob die beiden jemand kennt. Keiner kennt sie, keiner scheint sich über ihren Auftritt zu wundern, keiner sich weiter für sie zu interessieren.

Am selben Vormittag taucht ein groß gewachsener, stämmiger Bursche im Laden auf. Er ist bekannt, sie nennen ihn BB in englischer Aussprache. BB steht für Big Boss, wird mir erläutert. BB spricht langsam, lallend, verwirrt. Die Jugendlichen wissen sofort Bescheid: BB hat Drogen konsumiert. Er hat großes Bedürfnis zu reden, die anderen hören ihm verständnisvoll zu, ohne wirklich zu verstehen, was er sagt. Irgendwann wendet er sich einer Betreuerin mit der Bitte zu, seine Mutter anrufen zu dürfen. Sie solle ihm einen Euro aufs Handy schicken, damit er einem Freund eine sms senden kann. Die Betreuerin gibt ihm ihr Handy und kontrolliert seinen Anruf. Im Gespräch mit seiner Mutter wird BB immer leiser, beginnt schließlich zu weinen und legt auf. Er flucht und schimpft über seine Mutter. Die Jugendlichen wenden sich von ihm ab. Erst als er ein Messer auspackt und mich fragt, ob ich über die Klinge streichen will, drängen sich die Jugendlichen wieder um ihn und folgen seinem Angebot, die Klingenschärfe zu testen. Einer der Betreuer wird hellhörig und befiehlt BB, das Messer wieder wegzupacken. Während er es einpackt, bekundet er, kein „Stecher“ zu sein, das Messer fürs Jausnen und zum Flaschenöffnen zu verwenden. BB wird ruhig und döst vor sich hin, bis der Laden schließt und er aufgefordert wird, zu gehen.

An einem anderen Tag bringt John, ein 17-jähriger Bursche, Aufregung in die Alltagsroutine des Ladens. Er kommt mit blau gefärbten Lippen. Die anderen machen ihn darauf aufmerksam, sie scherzen und fragen ihn, ob er schon wieder an einem „Schlumpflutscher“ geschleckt habe. Immer wieder geht er ins Badezimmer und versucht, sich die Färbung abzuwaschen, doch das Blau kommt wieder und wieder zum Vorschein. Sabine, die neben mir sitzt, erzählt davon, „diese Tabletten“ auch genommen zu haben: „Eigentlich schluckt man sie. Zur Beruhigung. Er hat sie gelutscht, damit sie schneller wirken.“ Das Sedativum, das John offenbar in höherer Dosis konsumiert hat, wirkt. Er legt sich bald auf einen Couchstuhl und schläft. Er triggert, meint Sabine, die ihn genau beobachtet: „Fickpuder [Kokain] und Benzos [Benzodiazepin]“ so ihre Einschätzung seines Drogenkonsums und dann erzählt sie mir von ihren eigenen Erfahrungen. Vor zwei Monaten habe sie Benzos das erste Mal probiert und ihre Stimmung ist plötzlich und mit Wucht in eine andere Gemütslage gekippt, die sie mit traumatischen Erfahrungen in ihrer Kindheit in Verbindung bringt. Immer wieder fordert sie mich dazu auf, John zu beobachten, um den Unterschied zwischen Schlafen und Triggern festzustellen. Sie erklärt, man erkenne es an seinem unruhigen Gesicht und den zuckenden Muskeln seines Körpers, dass er seinen Drogenrausch lebt, sich an bestimmte Ereignisse seines Lebens erinnert, in diese Triggerwelt zugleich Sinneseindrücke einbaut, die er momentan wahrnimmt. John liegt über Stunden hinweg im Sessel, die anderen Jugendlichen und die Betreuer lassen ihn in Ruhe. Hin und wieder geht einer zu ihm, um nachzusehen, wie es ihm geht.

John kommt auch dann nicht zu sich, als schon alle gegangen sind. Eine Betreuerin versucht ihn behutsam zu wecken. Ohne Erfolg. Wenn er nicht aufwacht, müsse sie die Rettung holen, meint sie sachlich. Sie lassen ihn weiterdösen, während sie das Geschirr spülen und aufräumen. Nach einer halben Stunde versuchen sie es wieder, nun etwas unsanfter. John öffnet die Augen. Er ist benommen. Nach längerem Einreden kommt er zu sich, er reagiert auf ihre Fragen, schlüpft in seine zu große und für die Jahreszeit zu warme Daunenjacke und will gehen. Er müsse sich um eine Wohnung umschauen und einen Job finden, meint er nervös. Die Betreuerinnen beruhigen ihn, sagen ihm, er solle das morgen erledigen, geben ihm eine Flasche mit Wasser mit und informieren ihre Kollegin, die auf der Straße unterwegs ist, über Johns Zustand.

Am nächsten Vormittag setzt sich Sabine wieder zu mir an den Tisch. Sie kommt, wie schon am Tag zuvor, im Lederanzug und mit Motorradhelm in der Hand energievoll zur Tür herein und zieht die Blicke aller auf sich. Sie ist groß, schlank und ihr langes blondes Haar bewegt sich im Takt ihrer schwungvollen Bewegungen. Von allen Seiten prallen sexuell anzügliche Bemerkungen der Burschen auf sie, die sie mit charmantem Lächeln oder einer direkten, witzigen Bemerkung beantwortet. Wieder betont sie, so laut, dass alle es hören können, dass sie ihr um zehn Jahre älterer Freund hergebracht habe. Er warte in der Zwischenzeit in einem Café auf sie, da er aufgrund seines Alters nicht mehr in den Kontaktladen darf. „Mr. X" witzeln die Burschen über den geheimnisvollen Mann, von dem sie immer wieder hören, den sie jedoch noch nie zu Gesicht bekamen. Sabine lacht mit ihnen. Vor einem Monat, erzählt sie mir, nachdem sie sich einen Kaffee holte, hat sie ihren 18. Geburtstag gefeiert. Ihre Mutter, die zu dieser Zeit im Krankenhaus lag, hat ihr mitgeteilt, dass sie von Zuhause ausziehen soll. Sabine kann es kaum fassen, dass die Mutter ihr nicht gratulierte, sie stattdessen einfach raus geworfen hat. Noch am selben Tag hat sie, gekränkt und enttäuscht, ihre Sachen gepackt und ist nach Graz, um vorübergehend bei Freunden unterzukommen. Seither ist der Kontakt zur Mutter abgebrochen.

Eine Schlupfhauswohnung (Notschlafstelle für Jugendliche) will sie nun beantragen. In dem Moment ihrer Erzählung setzt sich ein Betreuer zu uns und bringt sich ins Gespräch ein. Er gibt ihr Tipps für die Beantragung und meint, ihre Chancen stünden gut. Er gibt dem Gespräch abrupt eine Wendung, indem er Sabine auf das lockere Thema des Motorradfahrens anspricht.

Im Kontext seiner Arbeit gehören vertrauliche, professionelle Gespräche nicht vor Außenstehenden geführt, da damit der Grundsatz der Anonymität gefährdet ist. Die konfliktuelle Situation zwischen Institution und Forscherin, immer als *Eindringling* wahrgenommen, wird mir durch die Dynamik des Gesprächsverlaufes, in das ich mich nur schweigend-zuhörend einbringe, auf beinahe parodistische Weise vorgeführt. Egal, welches Thema er ins Gespräch bringt, Sabine, die keinen institutionellen Regeln gehorcht, sondern ihrem momentanen Redebedürfnis folgt, lenkt es immer wieder in für den Betreuer verfängliche Richtungen. Er hat alle Hände voll damit zu tun, das Gespräch in seinem Kurs des lockeren *Small Talks* zu halten, während Sabine mit ihren *kleinen Sünden* prahlt und die Aufmerksamkeit aller auf sich lenkt. Kaum haben Sabine und Betreuer über die geteilte Leidenschaft der Motorradausflüge in schönen Landschaften gesprochen, erzählt sie von den unzähligen Unfällen, denen sie mit ihrem Freund gerade noch entgangen ist. Knapp war es jeweils, weil sie, die keinen Führerschein besitzt, in alkoholisiertem Zustand fuhr. Zigmal schon haben sie deswegen Polizeistrafen ausgefasst. Der Betreuer beginnt über Motorradmarken zu sprechen, Sabine erzählt von ihrer ersten Fahrt auf einer Vespa, die sie zuvor mit Freunden gestohlen hat. Mittlerweile hat sich ein Kreis von Jugendlichen um uns gebildet, die stehend oder am Boden sitzend zuhören. Die Dynamik des Gespräches verläuft zu Gunsten des Interesses Sabine, sich mitzuteilen. Der Betreuer zieht sich endgültig zurück, nachdem sie von der Gerichtsverhandlung erzählt, an der sie als Angeklagte teilnahm, weil sie „im Vollrausch eine vorbeigehende Tussi“ zusammengeschlagen habe.

6.4. Rückzug ins Private – Fallanalyse Sophia und Max

Sophia und Max sind 20 und seit etwa zwei Jahren ein Paar. Mit 18 sind die beiden in eine Mietwohnung gezogen, die Sophias Adoptivvater organisierte und seither finanziert. Max ist wie Sophia in einer Adoptivfamilie aufgewachsen. Max’ Adoptivvater arbeitete bei der Österreichischen Post AG, bis er aufgrund einer Erkrankung in Frühpension geschickt wurde. Die Mutter war als Hausfrau tätig, versorgte die Kinder ihres Mannes, ihre leiblichen und die adoptierten und nahm auch Kinder in Pflege. Sie ist an einer Krebserkrankung gestorben, als Max 16 war. Sein Adoptivvater starb ein Jahr später, weil er, so Max’ Erzählung, mit der Krankheit und dem Tod seiner Frau nicht zurecht kam und „es sich entsprechend mit dem Alkohol gegeben hat“. Die Zeit zwischen 16 und seiner Volljährigkeit verbrachte Max in einem Heim für Jugendliche, auf der Straße, in der städtischen psychiatrischen Klinik und in einer betreuten WG. Für Max ist die Familienkonstellation, in der er aufwuchs, schwer rekonstruierbar:

> „*Wie viele Kinder ward ihr da insgesamt?*
>
> Das ist alles so kompliziert! Die … also meine Schwester, die Tochter von meiner Mutter, mit der war eigentlich immer viel Streit, zwischen meinen Eltern und ihr.
>
> *Und sie war auch die Tochter deines Adoptivvaters?*
>
> Nein, es war so, dass die Mutter von meiner Mutter ihr die Tochter weggenommen hat und die ganz wo anders aufgewachsen ist, immer wieder aber auch bei uns war. Da gab es schon viele Streitereien zwischen Oma, meiner Schwester, meiner Mutter und dem Vater. Und die anderen zwei Halbschwestern, das sind die Kinder von meinem Vater aus erster Ehe.
>
> *Und einen Bruder hast du auch?*
>
> Ja, der ist auch adoptiert gewesen, so wie ich. Der ist bei meiner großen Schwester jetzt. Und ein Pflegekind haben wir auch noch gehabt. Und zwischendurch war das Kind meiner Schwester bei uns.“

Mit dem Tod der Adoptiveltern hat Max auch die Kontakte zu seinen Geschwistern verloren. Die Versorgungsleistungen übernahm zunächst das Jugendamt. Nach seiner Volljährigkeit wurde ein Sachwalter[51] gerichtlich bestellt, der seither Max' finanzielle Angelegenheiten regelt. Weder auf das Sparbuch, das seine Eltern für ihn anlegten und auf dem ein Teil seines finanziellen Erbes liegt, noch auf sein Konto, auf dem ihm monatlich seine Waisenpension von ca. 600 € überwiesen wird, hat er Zugriff, nachdem ihm die Unfähigkeit attestiert wurde, lebenspraktische Angelegenheiten ohne fremde Hilfe zu meistern. Irgendwie findet er es zwischendurch lästig, nur dann an Geld zu kommen, wenn er zuvor den Sachwalter kontaktiert. Andererseits ist er froh darüber, dass sich jemand um ihn kümmert:

> „Ich hab das Gefühl, ich kann noch nicht auf mich selbst aufpassen. Und der Sachwalter passt auf mich auf. Wie die Eltern gestorben sind, war ich so zwischendrin, mit gar nix fertig, nix Gscheites angefangen. War irgendwie eine Zeit, wo du eigentlich nicht so alleinig rumrennen solltest, wo du schon Eltern brauchst oder irgendwen, damit irgendwas geht. Und irgendwie bin ich immer noch so zwischendrin."

Dass er bei Sophia um einen geringen Mietbeitrag wohnen kann, darüber ist er froh, denn eine eigene Wohnung könnte er sich nicht leisten. Sophia ist in einer kleinbürgerlichen Familie aufgewachsen, ihre Adoptivmutter ist frühpensionierte Lehrerin, ihr Vater erfolgreich in der EDV Branche tätig. Sie beschreibt sich selbst als braves, angepasstes Kind, das Klavier spielen lernte,

---

[51] Die jährlichen Zuwächse an Sachwalterbestellungen von ca. 1.500 1985 auf 7.500 im Jahr 2001 und eine Zunahme der Personen unter Sachwalterschaft von ca. 21.000 1984 auf 35.000 allein bis 1999 haben 2006 ein vom Jubiläumsfonds der Nationalbank finanziertes Forschungsprojekt auf den Plan gerufen, das empirisch nachwies, dass Sachwalterschaft von einer Maßnahme, die für Menschen mit psychischer Krankheit oder geistiger Behinderung gedacht war, zu einer geworden ist, die heute primär für altersspezifisch erkrankte Personen zum Einsatz kommt. Der Sozialwissenschaftler Arno Pilgram führt Faktoren an, die zum quantitativen Anwachsen der Sachwalterschaft geführt haben könnten: 1. eine quantitative Zunahme der Zielgruppe, also eine Zunahme der geistig und psychisch Behinderten in der österreichischen Population, 2. eine Zunahme an Rechtsgeschäften als Indikator für insgesamt steigende Anforderungen an geistige und psychische Fähigkeiten zur Bewältigung des komplexer werdenden Alltagslebens, 3. zunehmend unzulängliche soziale Ressourcen zum Ausgleich von mentalen Schwächen, also ausdünnende familiäre soziale Netze, 4. eine sich verändernde Qualität der Rechtsgeschäfte und schließlich 5. die Individualisierung der Sozialleistungen und die Spezialisierung der Sozialdienste. Die Rechtsfürsorge kann unter diesem Licht betrachtet als Mittel zur Notstandsüberbrückung attraktiv und relevant, wenn nicht missbraucht werden (Vgl. Institut für Rechts- und Kriminalsoziologie, http://www.irks.at/downloads/Die%20neue%20Sachwalterschaft%20aus%20Sicht%20der%20Sozialwissenschaft.pdf, 22.07.2008).

Sonntag für Sonntag in der katholischen Kirche ministrierte und ihre Freunde bei der katholischen Jungschar fand. Mit elf Jahren begann sie sich für ihre leibliche Mutter zu interessieren, mit 14 organisierte sie auf Eigeninitiative ein Treffen mit ihr. Von da an beginnt die Beziehung zu ihren Adoptiveltern zu bröckeln, eine Beziehung zu ihrer leiblichen Mutter kann aber nicht aufgebaut werden. Sie haute das erste Mal von zu Hause ab und zog für drei Monate in eine betreute WG für Jugendliche. Das Gymnasium interessierte sie immer weniger, bis sie es nach einer Phase des täglichen Schulschwänzens abbrach. Bis sie 18 war, wohnte sie in Notunterkünften für Jugendliche, bei Freunden und lernte das Leben auf der Straße kennen. Nach einigen Jahren des vollkommenen Bruchs mit ihren Adoptiveltern näherte sie sich ihnen wieder an. Ihr Vater machte ihr das Angebot, eine Wohnung und eine Ausbildung vorzufinanzieren, das sie annahm. Sie begann eine Ausbildung zur Pflegehelferin in einer Erwachsenenbildungsmaßnahme und zog gemeinsam mit Max in eine Mietwohnung in einer bürgerlichen Villengegend von Graz.

Hier treffe ich die beiden, die es sich auf 50 m² mit zwei Katzen und vier Ratten eingerichtet haben. Auf fast freundschaftliche Art gewähren sie mir Einblicke in ihre Privatsphäre und binden meine Besuche in ihren Alltagsrhythmus ein: Wenn ich zu früh da bin, öffnen sie mir im Nachthemd und Pyjama und frühstücken, während wir reden. Freunde, die zu Besuch kommen, stören nicht weiter, die Lust auf ein Bier oder eine Bong (Wasserpfeife) wird durch meine Anwesenheit nicht gemildert, ebenso wenig wie die Lust auf Fernsehen oder Musik hören. Immer wieder kommt es vor, dass ich entweder mit Max oder Sophia für einige Zeit allein bin, weil die bzw. der andere noch etwas zu besorgen hat. Party, so sagen sie mir, wird fast jeden Abend gefeiert, manchmal zu zweit, manchmal zu zwanzigst, je nachdem, wie viele von den Freunden spontan Lust oder Zeit haben. Auch wenn sie sich in der Wohnumgebung nicht wohl fühlen, weil ihnen die Nachbarschaft zu „spießig“ vorkommt, bietet ihnen die Wohnung einen geschützten Intimraum, in dem sie sein können wie sie sind und tun können, wonach ihnen ist. Sie vermitteln das Gefühl, die Zeit dieses Zwischenstadiums, das Sophia von ihren Adoptiveltern gewährt und ermöglicht wird und das Max aufgrund seines Status als vollwaises Mündel, der nach gesetzlichen Regelungen ohnehin erst in drei Jahren aufgelöst werden kann, kaum unter sozialen Druck setzt. Sie nutzen es, um sich noch als Jugendliche zu fühlen bis sie in die Arbeitswelt eintreten bzw. sich stabil und erwachsen genug fühlen, Arbeit in ihr Leben zu integrieren. In den letzten Jahren wechselten Phasen des Jobbens mit Phasen der Arbeitslosigkeit, Phasen der Ausbildung mit Phasen des Sozialhilfebezugs ab. Heute sind beide wieder in der Situation, weder Arbeit zu haben, noch eine Kursmaßnahme zu besuchen.

Ihr Rückzug ins Private entspricht keinem bewusst gewählten Lebensstil, sondern einer Zwischenstation, die es ihnen ermöglicht, Vorstellungen von einem Lebenskonzept zu entwerfen. Weder Sophia noch Max ist es bisher ohne Umwege und Hürden gelungen, sich ins gesellschaftliche, öffentliche Leben zu integrieren und einen anerkannten Platz in der Gesellschaft zu finden. Ihr Wohnraum spiegelt so eine Antwort wider, die die Gesellschaft auf jugendspezifische Problemlagen gibt: Sie verdrängt sie in die Unsichtbarkeit und privatisiert sie. Wie die beiden mit ihren Problemen umgehen, kann die Öffentlichkeit nicht mehr erkennen, ihre Umgangsstrategien werden ins Innere gewendet, oder besser: Die Wendung nach Innen ist ihre Umgangsstrategie.

Adoptionsvermittlung

Dass wesentlich mehr (Ehe)Paare Kinder adoptieren wollen und dabei den von der Sozialbürokratie gesteuerten und strukturierten Prozess nicht scheuen und vor jahrelangen Wartezeiten auf ein Kind nicht zurückschrecken, als Kinder zur Adoption frei gegeben werden, spiegelt eine relative Konstante des statistischen Verhältnisses in Österreich seit etwa 20 Jahren wider.[52] Zuvor gab es mehr Adoptivkinder als Adoptivwerber.

Die Novellierung des Jugendwohlfahrtsgesetzes 1989 wird seitens der *linken Hand des Staates* als Erklärung dafür herangezogen, dass sich dieses Verhältnis umkehrte: Sie schaffte ein präventives Modell sanfter, sozialpädagogischer Eingriffsroutinen in die Familiensituation, ein Unterstützungsangebot für allein erziehende Mütter und mobile Frühförderung der Kinder – staatliche Hilfen wurden vermehrt im Privatbereich installiert, anstatt das Kind aus dem privaten Bereich in staatliche Einrichtungen bzw. staatlich vermittelte Unterbringungsmöglichkeiten, seien es Säuglingsheime, Pflegefamilien, Kinderdörfer oder Adoptionspaare, zu holen. Hinter dieser Verschiebung der Jugendwohlfahrtspraktik stehen kulturelle Transformationen, die zu Entgrenzungen und Neudefinitionen der Dichotomie *privat versus öffentlich* und zu veränderten normativen Vorstellungen über das kulturell konstruierte und Realität schaffende Bild über Familien geführt haben:

> „Das außereheliche Kind ist gesellschaftsfähig geworden. […] Vor zwei oder drei Jahrzehnten war das ein Makel und viele Mütter hat es dazu veranlasst, ihr Kind zur Adoption frei zu geben, weil es nicht akzeptiert worden wäre“,

[52] Laut Auskunft der Adoptionsstelle des Jugendamtes Graz wurden im Jahr 2006 acht Kinder zur Adoption frei gegeben, 31 Paare haben sich als Adoptiveltern beworben. Im Februar 2007 befanden sich 92 Paare auf der Warteliste für eine Vermittlung.

so der Erfahrungsbericht einer langjährig tätigen Adoptionsvermittlerin. Ihr kommt eine einflussreiche Rolle innerhalb des so genannten Adoptionsvierecks[53] zu, da ihre Position sie nicht nur zur Initiatorin und Befähigerin bei der Übernahme bestimmter, als erstrebenswert empfundener Rollen macht, sondern gleichzeitig auch zu einer Kontrollinstanz mit Sanktionsbefugnis. Ihr Auftrag ist es, die *bestmöglichen* Eltern für ein Kind zu suchen. Der Prozess der Auswahl ist für die übrigen Beteiligten nicht wirklich nachvollziehbar, da es kaum gesetzliche Regelungen gibt, die die Auswahl eingrenzen:

> „Grundsätzlich kann jede Einzelperson adoptieren, muss nicht verheiratet sein, ein geregeltes Einkommen muss da sein und Frauen dürfen nicht jünger als 28, Männer nicht jünger als 30 sein" (Adoptionsvermittlerin).

Es liegt vorwiegend im Ermessen der Vermittlungsperson, welche Standards sie anlegt. In der Sozialverwaltung gibt es wenige Bereiche, in denen eine einzige Person ohne exakt formulierbare Regelbestände derart schicksalsträchtige Entscheidungen fällen kann (Vgl. Hoffmann-Riem 1984). Die Entscheidungsgrundlage der Adoptionsvermittler orientiert sich trotz des Diskurses über die unzähligen Wege der pluralisierten Beziehungsgestaltung an bürgerlichen Vorstellungen über das traditionelle Familienmodell. Die Ansprüche der Moderne an die Normalfamilie sind kollektiv internalisiert, über staatliche Konstruktionen und Steuerungsmechanismen werden sie reproduziert.

Die Familie wird als etwas Natürliches wahrgenommen – sie präsentiert sich so, als hätte es sie schon immer gegeben. Die Voraussetzungen dafür, eine Familie zu gründen, sind allerdings ungleich verteilt. Eine Familie zu haben ist aus dieser Perspektive betrachtet ein Privileg, das zur allgemeinen Norm erklärt wurde. Sie ist ein symbolisches Privileg, aus der Normalität symbolischen Profit zu erzielen. Staatliche Eingriffe ins Private werden in Form von Korrekturmaßnahmen, Hilfsangeboten, Kontrollen und in Pflege- oder Adoptionsfamilien offensichtlich. Diese *Irritationen* des Privaten fordern dazu heraus, die Familie noch stärker zu naturalisieren und zu idealisieren, um die Künstlichkeit des Sozialgefüges zu neutralisieren:

> „Wir haben es unserer Tochter von Anfang an gesagt: Du bist im Bauch von einer anderen Frau aufgewachsen, aber ich bin deine Mama. Und wir sind eine ganz normale Familie, etwas ganz Natürliches. Man muss das nicht an die große Glocke hängen. Es ist was ganz Normales. Und viele sagen heute noch, Sophia sieht aus wie ihr Papa [Adoptivvater] und ihre Art hat sie von mir geerbt" (Sophias Adoptivmutter).

---

[53] Dazu zählen die Adoptionsvermittler, das zu adoptierende Kind, die annehmenden und abgebenden Eltern.

In der staatlichen Vermittlungs- und Verwaltungstätigkeit der Adoption treffen Menschen aus unterschiedlichen Milieus aufeinander, Menschen, die den Normanforderungen der Gesellschaft in unterschiedlichem Ausmaß entsprechen, Menschen, die unterschiedlich mit Ressourcen und Chancen für ein *gelingendes* Leben ausgestattet sind, Menschen, die Kinder gezeugt haben, selbst aber einer Perspektivlosigkeit und einem Anerkennungsdefizit ausgesetzt sind und keine Möglichkeit sehen, dem eigenen Kind eine Zukunftsperpektive zu bieten und Menschen, die keine Kinder zeugen können, sich aber wünschen, weiterzugeben, was sie als weitergebenswürdig erachten.

Die Situation der *abgebenden Mutter* macht sie prinzipiell zu einer diskreditierbaren Person. Die normativen Erwartungen, die an eine Mutter gestellt werden, werden dann zu Forderungen, wenn die Frage auftaucht, ob sie erfüllt werden können. Die leibliche Mutter Sophias, tätig im Prostitutionsgewerbe, ist in eine Spirale des Diskreditierbaren geraten: Sie gebärt uneheliche Kinder, die Väter sind unbekannt und abwesend, ihre Situation als Alleinerzieherin treibt sie in finanzielle Not, die Schande der Abgabe der Kinder wiegt schwer und wird geheim gehalten. Unter dem Druck der Geheimhaltung und aus Angst, als *unzuverlässige Mutter* einerseits und *ungeeignete Arbeitskraft* andererseits stigmatisiert zu werden, versucht sie ihre Situation zu normalisieren: In einer Partnerschaft sieht sie die Chance, aus dem Prostitutionsgewerbe auszusteigen. Immer wieder geht sie neue Beziehungen ein und gebärt Kinder. Die Beziehungen gehen allerdings in Brüche, die Kinder bleiben vaterlos. Die Familienkonstellationen, die sich so ergeben, werden immer verwobener und komplizierter, für Außenstehende zu einem undurchschaubaren Geflecht von Interaktions- und Verwandtschaftsbeziehungen, von Lügengeschichten, die dem Normalisierungsdruck und dem Versuch, der Stigmatisierung zu entkommen, geschuldet sind. Für die abgegebenen Kinder setzt sich diese Spirale fort: Wie die soziale Umwelt erwarten sie, dass eine Mutter jegliches Opfer für ihr Kind erbringt. Häufig suchen sie die Schuld bei sich selbst, erleben sich als nicht liebenswert oder aufgrund ihrer *bösen Impulse* abgelehnt. Einzugestehen, dass sie zur Adoption frei gegeben wurden, wird so zu einem stigmatisierenden Moment.

Im Wissen um die Existenz zweier Elternpaare liegt auch ein Risiko für das Gelingen der Identitätsbildung in der Adoleszenz. Gerade das undeutliche Vorhandensein eines Elternpaares, das in der Phantasie des Jugendlichen gewünschte, abgelehnte, vage oder fest umrissene Züge annehmen kann, kann die Entwicklung des Ich-Gefühls über den Weg der Identifizierung mit dem elterlichen Vorbild erschweren. Adoptivkinder haben die Möglichkeit, sich entweder mit den realen Adoptiveltern oder mit den in ihrer Phantasie ausgestalteten leiblichen Eltern zu identifizieren. Sie können eine negative Identität aufgrund der Identifikation mit den *schlechten* biologischen Eltern entwickeln.

Sophia wurde gleich nach der Geburt zur Adoption frei gegeben und im Alter von sechs Tagen adoptiert. Max wurde im Kinderwagen auf der Straße abgestellt. Seinen ersten Lebensmonat verbrachte er in einem Kinderheim. Seine leiblichen Eltern kennt er nicht. Studien der Adoptionsforschung verweisen darauf, dass mit zunehmendem Alter, insbesondere in der Pubertät und Adoleszenz und mit besserem Verständnis der Adoption mit all ihren Implikationen bei den meisten Adoptierten eine Auseinandersetzung mit ihrer Herkunft stattfindet, die häufig mit der Ablösung von den Adoptiveltern einhergeht (Vgl. z. B. Textor 1993). Sowohl für Sophia als auch für Max scheint die Adoption zentraler Schlüssel ihrer sozialen Ortlosigkeit zu sein. Die Frage danach, wer man ist, woher man kommt, wo man in der Ahnenreihe, in der Geschwisterfolge steht, warum so und nicht anders über einen entschieden wurde, erschwert den Identitätsfindungsprozess und den Ablösungsprozess vom Elternhaus. Beiden gelingt es schwer, den Übergang vom Ort des Aufwachsens und der Intimität in jenen der Öffentlichkeit zu vollziehen. Vielmehr wird die Ablösung vom Elternhaus zu einem Dauerzustand, weil die Konflikte der Adoleszenz in den Familien nicht aufgefangen werden konnten: Max' Adoptionsfamilie ist mit dem Tod der Adoptiveltern weggebrochen, Erziehungs- und Betreuungsleistungen wurden vom Staat übernommen. Sophias Familie war mit der Situation, ein „Substitut der Intimkommunikation“ (Vgl. Luhmann 1990) zu sein, das organisiert werden muss und mit dem Wahren von Normalität und Natürlichkeit überfordert. Für Sophia wurde die Paradoxie sichtbar, dass Leistungen einer Beziehung permanent konstruiert werden müssen. Ihr Bild über die Natürlichkeit der Familie, in der sie aufwuchs, zerbröckelte und das enttäuschte sie.

Im sozialen Umfeld mittelständischer Normalfamilien musste das Substitut besonders behauptet werden, ihre Adoptiveltern standen unter dem sozialen Druck, ein besonders gelungenes *Erziehungsprodukt* vorweisen zu müssen. Sophia stand daher unter sozialem, emotionalem und intellektuellem Leistungsdruck, der zunächst in eine Überanpassung, später zu einer adoleszenten Rebellion gegen die Adoptionsfamilie und kleinbürgerliche Normen und Werte führte. Dissonanzerfahrungen, einander widersprechende Elemente oder Aspekte von Vorstellungen über sich selbst, prägen den Identitätsfindungsprozess. Sophia erlebte diese Dissonanzen als psychisch unangenehm und setzte auf die Strategie, ihre leibliche Mutter und Geschwister zu suchen.

Während Sophia ihre leibliche Mutter kennen lernt und eine emotionale Bindung und Identifikation zu ihren Geschwistern („Die sind auch alle so wie ich, Außenseiter, die sich nicht anpassen wollen.“) aufbaut, bleibt Max den Vorstellungen über seine Eltern verhaftet und identifiziert sich mit dem Bild, das er über seinen leiblichen Vater entwickelt:

> „Ich denk mir, ich weiß nicht, was ich damit anfangen soll, wenn ich die [leiblichen Eltern] kennen tät [lacht]. Das Einzige, was ich wissen möchte ist, aber ich weiß net … ich hab gewisse Züge oder gewisse Sachen an mir, wo ich mir denk: Alter, wo kommt denn das her? Und deshalb möchte ich gern wissen, wie meine Eltern sind.
>
> *Was meinst denn? Welche Züge?*
>
> Meine Aushänger zum Beispiel. Wenn ich zum Schreien anfang, Sachen, wo ich mich selbst nicht mehr kenn. Da möchte ich wissen, wo ich das her hab, ob das mein eigener Spinner ist oder ich weiß nicht. [Pause] Verstehst? Wenn ich meinen Vater seh und der hat 20 Jahr Häfen am Buckel und ist von oben bis unten vollgstrickt, dann weiß ich endlich, woher ich das hab. Aber wenn der im Anzug daher kommt und mit Aktentasche und meine Mutter normale Hausfrau, dann denk ich mir: Aha, da kann was nicht stimmen [lacht]. Das ist dann sicher nicht mein Vater."

Verbunden mit der Frage nach den leiblichen Eltern ist die Beschäftigung mit den Freigabegründen. Sophia macht sich die Gründe, warum sie zur Adoption frei gegeben wurde, auf einer kognitiven Ebene verstehbar. Ihr fällt es leichter, damit umzugehen, weil sie eines von sieben Kindern ist, die ihre Mutter abgegeben hat. Sophia nähert sich der Welt des Prostitutionsgewerbes rational an und befindet es als besser für sie, in einer Adoptivfamilie aufgewachsen zu sein als bei ihrer leiblichen Mutter. Ähnlich wie Max sucht auch sie die Gründe für ihre Persönlichkeit und ihre Situation in ihrer biologischen Herkunft. Verstärkt wird diese Sichtweise durch die Ablehnung der Adoptiveltern der *missratenen* Tochter. Wenn ihre Adoptivmutter über sie spricht, unterscheidet sie zwischen jener Sophia vor ihrem Bruch mit der Familie und jener nach dem Bruch:

> „Das sind für mich zwei Personen: Das Kind, das sie damals war und die Jugendliche, wie sie jetzt ist."

Die *Besonderheit* des zunächst von der leiblichen Mutter ungeliebten Kindes, so die Sichtweise der Adoptivmutter, wird zu einer *Aussonderung*. Aber auch in der Adoptionsfamilie wird Sophia vom besonderen Kind zu einem ausgesonderten, nicht mehr in den Kontext der familialen Normen und Werte passenden. Die Erziehung nach kleinbürgerlichen Maßstäben ist schief gelaufen, die Suche nach Ursachen als Erklärung für Sophias Verhalten rückt in den Vordergrund. Die normativen Vorstellungen, wie Kinder erwachsen werden und wie sie sich als Erwachsene positionieren sollen, unterminiert Sophia mit ihrem für die kleinbürgerliche Familie unangepassten Verhalten. Die Adoptivmutter findet folgende Erklärung:

„Damals, als ich sie adoptiert habe, war ich noch der Meinung, dass zumindest 80 Prozent [soziale, habituelle] Umwelt sind, die ein Kind beeinflussen und 20 Prozent eben genetische Anlage. Ich meine, heute sagen ja die Gehirnforscher, dass 98 Prozent Anlage sind und nur zwei Prozent Umwelt. Das glaub ich auch nicht. Ich glaub, es sind 20 Prozent Umwelt und 80 Prozent Anlage. [...] Die Sophia ist jetzt dort, wo sie ganz ursprünglich war, wo ihre Mutter ist. Das sind ganz viele Felder unter uns, das ist viel wo anders als dort, wo sie bei uns aufgewachsen ist.“

Nach Erikson (1973 [1966]) umfasst Ich-Identität das Bewusstsein von der Kontinuität des Selbst. Von den Adoptiveltern wird ein Teil der persönlichen Vergangenheit und Gegenwart abgewertet, weil sie sich nicht eins zu eins in die habituellen Strukturen der Familie einpassen. Sophias Identitätsprobleme werden aufgrund einer fehlenden genealogischen Verankerung, die mangelnde lebensgeschichtliche Kontinuität und die Schwierigkeit, zwei Genealogien in einer Identität zu integrieren, verstärkt. Immer hat sie das Gefühl, sich entscheiden zu müssen. Für ein bürgerliches Leben oder dagegen. Für ihre Mutter hat sich Sophia deutlich disqualifiziert. Das Gefühl, weder da noch dort einen Platz zu haben, da und dort abgelehnt zu werden, führt zu einem inneren Konflikt der Identitätssuche, der sich ab dem Zeitpunkt des Interesses an der leiblichen Mutter und ihrer sozialen Position für Sophia als labyrinthische Irrfahrt durchs Leben manifestiert und ihren Ausdruck in einer sozialen Ortlosigkeit findet. Sophia lernt das Leben auf der Straße kennen und sucht nach Zugehörigkeit zu Gruppen von Jugendlichen, die sich im öffentlichen Raum aufhalten:

„Ich war zuerst bei den Punks, dann am Jakominiplatz, dann wieder bei den Punks. So hin und her.“

Wirklich zugehörig fühlte sie sich auch hier nirgends. Sie positioniert sich als mütterlich fürsorgende, helfende junge Frau, die das *Elend in Graz* eine Zeit lang beobachtet („Wenn du auf der Straße unterwegs bist, siehst du eigentlich erst, welches Elend es gibt.“). Sie lernt Jugendliche kennen, die ihre Orientierung verloren haben. Mit ihren Erzählungen vom „Leben da draußen“ vermittelt sie den Eindruck, ganz deutlich auf der Seite jener Jugendlichen zu stehen, die aus ihrer Sicht Opfer struktureller Gewalt und ungerechter gesellschaftlicher Verhältnisse geworden sind. Ihre Position ist die einer Helfenden, die eingreift, wenn sie das Gefühl hat, andere brauchen sie. Sie eignet sich Wissen und Informationen an, die ein Leben auf der Straße erleichtern, sie weiß, wo Nicht-Sozialversicherte einen Aids- oder Hepatitistest machen und sich ärztlich behandeln lassen können, wo man um 50 Cent täglich ein Mittagessen bekommt und um 10 Cent einen Kaffee. Sie kennt und beherrscht die sprachlichen und symbolischen Codes der Behörden und Ämter. Dieses Kapital setzt sie für sich und für ihre Freunde ein:

> „Meine Eltern regen sich auf, wie ich mich anziehe. Aber das ist meine Art. Und ich weiß, wie ich mich anziehen muss und benehmen, wenn ich auf ein Amt gehe oder zu einem Vorstellungsgespräch. Ich hab auch schöne Sachen daheim zum Anziehen, also das hab ich gut im Griff. Wenn ich mit zusammengebundenen Haaren und Ohrringerl und geschminkt in die Bank komm, dann reden sie mich mit Sie an und kriechen einem in den Arsch rein. Also, wenn man etwas erreichen will, dann muss man dementsprechend auftreten."

Dieses habituelle Kapital lässt ihren Umgang mit Behörden, mit Psychologen, Sozialarbeitern oder institutionellen Einrichtungen für Jugendliche spielerischer und pragmatischer erscheinen als Max'. Ihre Nähe zu sozialen Einrichtungen hat freiwilligen Charakter – sie *musste* nie in eine betreute Jugend-WG ziehen, sie *wollte* es. Der Weg zu ihrer leiblichen Mutter führte sie zunächst zur Vermittlungsperson ins Jugendamt, in deren Hand es liegt, den Kontakt zwischen Mutter und Tochter herzustellen; in Konfliktsituationen mit ihren Adoptiveltern wendet sie sich wie selbstverständlich an sozialstaatliche Einrichtungen, um deren Betreuung und Versorgung anzunehmen. Ihr Status als Adoptivkind prägte bereits früh ihr Bewusstsein dafür, dass es eine Jugendwohlfahrt gibt, die nicht nur mit Rechten ihr gegenüber ausgestattet ist, sondern auch mit Pflichten. Um sich von ihren Adoptiveltern zu lösen, bat sie darum, das Sorgerecht vorübergehend an eine Sozialarbeiterin zu übertragen. Angebote, die ihr zustehen, nimmt sie in einem vorsichtigen Umgang mit den Institutionen an, ihre Adoptiveltern will sie dabei nicht in Misskredit bringen:

> „Ich hab aber gleich von vorne herein gesagt, meine Eltern schlagen mich nicht, so ist nichts mit meinen Eltern, wir streiten einfach nur. Und das hab ich von Anfang an festgelegt sofort, weil ich auch nicht wollt, dass meine Eltern irgendwelche Probleme mit dem Jugendamt kriegen."

Max hingegen empfindet Maßnahmen der Jugendwohlfahrt als Zwang. Seine Familie, in der er sich wohl fühlte, wurde mit dem Tod seiner Adoptiveltern gewaltsam zerstört, er erlebte das Zusammenbrechen der Familie und stand dann allein da. Zunächst tauchte er bei einer ehemaligen Freundin unter und verband damit den Traum, in deren Familie aufgenommen und integriert zu werden. Für ihn zu unvermittelt tauchte das Jugendamt auf und empfand ein Jugendheim als besser für ihn. Dort unternahm er dann, nachdem er einige Male getürmt war, einen Selbstmordversuch:

> „Da gibt es eigentlich nicht viel zu erzählen, außer: Er ist missglückt. Und ich weiß nicht, ich weiß nicht, was ich darüber erzählen sollte. Ich kann mich selber an die ganze Aktion kaum erinnern, weil ich ziemlich besoffen war. Also, es war alles … ich kann mich an fünf Minuten erinnern und das war, als ich im Badezimmer drinnen gelegen bin. Das war es eigentlich. Geschnitten hab ich, Pulsader.

Und dann hat dich ...

> ... irgendwer hat dann die Tür aufgemacht und dann Rettung, Polizei. Alles, ist dann eh gekommen. Dann bin ich ins UKH [Unfallkrankenhaus], habens das zusammengenäht und dann bin ich ins LSF [Landesnervenklinik Sigmund Freud, Graz] gekommen."

Im psychiatrischen Krankenhaus blieb er einige Monate, bis er 18 war. Der Therapie im Krankenhaus konnte er nichts abgewinnen, im Gegenteil schienen ihn die Gruppengespräche und die Ärzte mit ihren Fragen zu nerven. Diese Aversion gegen Hilfsangebote von institutioneller Seite zieht sich wie ein roter Faden durch sein Leben, das durchgehend davon bestimmt war und ist. Sein Ablösungsprozess vom Elternhaus wurde auf markante Weise durch die Fürsorgetätigkeit des Staates ersetzt – Max' Ablösungsprozess spiegelt die Kehrseite der „sophisticated generation" [54] (Thalmann-Hereth 2001): Depressive Verstimmungen, das Gefühl, im Stich gelassen zu sein und die Aussichtslosigkeit, das Leben selbst geregelt zu bekommen. Max antwortet nicht nur mit einem Rückzug ins Private darauf, sondern auch mit Herablassung und Verachtung anderen benachteiligten Gesellschaftsgruppen gegenüber. Seine Aversionen richten sich in erster Linie gegen Ausländer. Erdheim macht auf die für die europäische Kultur charakteristische Verbindung zwischen Individualismus und Omipotenzphantasien aufmerksam[55]: Die Adoleszenz wird zu einer Zeit des Ehrgeizes und der Eigenliebe, des Hochmuts und der Selbstüberschätzung, der hohen Ansprüche und hohen Wünsche, und damit aber auch gleichzeitig zu einer Zeit der Kränkungen, Zurücksetzungen und Vernachlässigungen. Wenn Jugendliche merken, dass ihre Wünsche nicht in Erfüllung gehen, kann sich die Neigung verstärken, zu Drogen zu greifen oder einen Rückzug in die Depression anzutreten. So kann

---

[54] Damit ist gemeint, dass sich Jugendliche seit den 1990er Jahren in einem *Schwebezustand* befinden, der faktisch ihr ganzes Dasein bestimmt. „Sophisticated" zu sein heißt, Ambiguitäten zu erleben und Widersprüche für selbstverständlich zu halten. „Wenn man sich entscheiden muss, scheint etwas verloren zu gehen von diesem prallen Leben, das überall so greifbar scheint. Viele verschiedene Dinge sind erstrebenswert – oder eben alle gleich unwichtig. Wenn die Bedeutungshierarchie von Dingen für das persönliche Leben nicht klar ist, verwischen sich Figur und Hintergrund vom Lebenspanorama" (Thalmann-Hereth 2001, 26).

[55] Die europäische Kultur, so Erdheim, hat die Entidealisierung und Entwertung der Eltern bzw. der Erwachsenen auf die Spitze getrieben. Ergebnis dieses Kampfes ist die Übertragung der Omnipotenz vom Alter auf die Jugend. Spannungen zwischen Vätern und Söhnen heizten den Kulturwandel weiter an und trugen wesentlich zum Abbau von Traditionen und damit Orientierungen bei (Erdheim 2007, http://www.hssaz.ch/kurse/download/758/de/Referat_Jugendgewalt_M.Erdheim.pdf, 13.08. 2008).

die *Wunschmaschine* bis zu einem gewissen Grad stillgelegt werden. Die Disozialität bietet auch die Möglichkeit, mittels Gewalt doch noch die Erfüllung der Wünsche anzustreben (Vgl. Erdheim 2007). Die sich verschärfende ökonomische Krise, von der Jugendliche besonders betroffen sind, rückt die Verwirklichung ihrer Wünsche, die schließlich nur noch darin bestehen, über einen Job ihre Existenz zu sichern, in die Ferne.

Der Einstieg in den Arbeitsprozess Jugendlicher ist durch eine Phase des Ausprobierens verschiedener Arbeitsmöglichkeiten bestimmt. Dieses grundsätzlich jugendspezifische Suchverhalten ist bei gefährdeten Jugendlichen immer wieder durch Haftstrafen oder andere *Betriebsunfälle* verstärkt und gleichzeitig erschwert. Sie werden dadurch immer wieder arbeitslos, in AMS-Kurse gesteckt und landen schließlich in den ungeliebten Berufsrollen, Seite an Seite mit den verhassten Ausländern oder anderen Menschen, die ihnen ihr eigenes Scheitern widerspiegeln. Der Verlust von Selbstachtung macht Max in seinen Erzählungen spürbar: Er spricht davon, in den Kursen des AMS krank zu werden und zu den *Ausgesonderten* zu gehören. In den Kursen gehört er einer Gruppe an, die im Begriff ist, sozial abzusteigen. Die Stigmatisierung, die er selbst mitproduziert, wird ihm zur eigenen Gefahr. Er spürt, dass sie ihn selbst bereits getroffen hat. Mit der Erfahrung von Missachtung geht eine Gefahr der Verletzung einher, „die die Identität der ganzen Person zum Einsturz bringen kann“ (Honneth 1998, 212).

In solchen Situationen wächst die Bereitschaft, Gewalt anzuwenden, um die Angst vor einer relativ aussichtslosen Zukunft zu verdrängen. Wer zum Feind erklärt wird, wird zu einer Projektionsfläche für all das, was im Eigenen verpönt werden muss. Max gebärdet sich zuweilen als Ausländerhasser und hört illegale rechtsradikale Musik. Er fühlt sich nicht einer rechtsradikalen Szene angehörig. Als rechtsorientierter, nicht aber rechtsradikaler Jugendlicher arbeitet Max in einem Wahn der Selbstbestimmtheit und der Macht darauf hin, letztlich arbeitslos zu bleiben und von Sozialstaatsleistungen zu leben, also sich in genau das zu verwandeln, was er besonders ablehnt. Sein aggressives Verhalten Ausländern gegenüber entspricht einem Risikoverhalten, das dort auftaucht, wo für anstehende Aufgaben und zu lösende Probleme keine adäquaten Bewältigungsstrategien entwickelt werden können. Das Risiko ist dann als Signal für eine objektiv problematische Ausgangskonstellation im Jugendalter zu lesen.

Sein aggressives Verhalten lässt sich auf Anerkennungsverluste zurückführen. Zugleich rücken medial Jugendliche als *Täter* in den Vordergrund. Durch diese gleichzeitige Entwicklung wird ein doppelter Kontrollverlust erkennbar: (Auto-)Aggressive Jugendliche haben die Kontrolle über ihr eigenes Leben und Anerkennung verloren. Gesellschaftliche Trends allerdings forcieren diesen Anerkennungsverlust, den Abbruch von Kommunikationsstrukturen und gesellschaftliches Verschwinden (Vgl. Heitmeyer 2004).

Max fehlt all das, was ihn als einen Rechtsradikalen identifizieren ließe. Vor allem fehlt ihm ein ideologisch gefestigter Unterbau. Seine ausländerfeindlichen Hetzen ebenso wie jugendspezifische, rechtsorientierte Kostümierungen wie Springerstiefel, Militärhose oder Glatze sind vielmehr als Zeichen einer Hilflosigkeit zu verstehen, seiner eigenen Not eine Wirkung zu verschaffen. Sein Outfit bedeutet Protest gegen gesellschaftliche Zustände oder unglaubwürdige Politiker als Exponenten einer nicht erstrebenswerten Gesellschaft. Zuweilen ist es nicht einmal Protest. Vielmehr verbirgt sich hinter dieser Inszenierung von Männlichkeit der Wunsch, Stärke zu zeigen und Härte auszuleben. Diese Erscheinungen von Rechtsorientierung sind keine Auswirkungen eines ideologisch geschlossenen, programmatisch gefestigten und zielgerichtet planenden Rechtsextremismus. Sie sind in erster Linie Ausdruck sozialer Spannungen und irrationaler Versuche, Probleme zu lösen bzw. sie abzuwehren. Die rechtsorientierte Agitation von Max korrespondiert mit seinen Ängsten und Unsicherheiten sowie mit seiner Sehnsucht nach einer heilen Welt. Max und auch Sophia fühlen sich von jenen Politikern in ihren Anliegen in der Öffentlichkeit vertreten, die das *Ausländerproblem* als Munition einer innerpolitischen Auseinandersetzung einsetzen.

Auch wenn Max und Sophia immer wieder vage Zukunftspläne entwerfen, vermitteln sie mir das Gefühl, wie eingesperrt und mit einem gewissen Maß an Lethargie in ihrer Wohnung auf Unbestimmtes zu warten. Ihr Rückzug ins Private spiegelt sich in ihrem räumlichen Bewegungsradius im Alltagsleben. Jener Ausschnitt daraus, den sie mir präsentierten, spielte sich ausschließlich innerhalb ihrer Wohnung ab.

Im Gespräch mit Max und Sophia

Oktober, November, Dezember 2006

Dann warst auf der Straße unterwegs?

Max: Ja, ich war hauptsächlich am Jakominiplatz, am meisten. Aber die Stelle dort von den Streetworkern, nein, interessiert mich nicht. Ich weiß nicht, mag ich nicht.

Aber du, Sophia, hast Kontakt zu den Streetworkern?

Sophia: Ja, ich geh im Moment ein bisschen weniger, aber ich geh dort sonst gerne hin. Die sind super dort, obwohl er [Max] eben nicht so viel haltet von denen.

Und warum haltest du nicht viel von denen?

Max: Das ist vielleicht einmal so grundsätzlich die Abneigung gegen irgendwelche, ich weiß net … alles, was irgendwie mit psychologisch und Therapie und mit Problemdings zu tun hat, interessiert mich nicht. Ich mag das nicht, solche Sachen. Und außerdem, ich geh dort auch nicht rein, weil ich die Leut dort nicht mag. Ich mag gar nichts von dem eigentlich.

Du meinst die Jugendlichen, die dort hin gehen, magst du nicht?

Max: Ja, ich mein, ich kann mir was Schöneres vorstellen, als in einem Zimmer drinnen sitzen oder ich weiß nicht, irgendwo, wo alle sich nur ausweinen, welche Probleme sie haben. Da geh ich lieber irgendwohin, wo die Leut keine Probleme haben, Alter! Da gehts mir dann auch besser. Aber da bin ich allein mit meiner Einstellung, bis jetzt gewesen zumindest.

Sophia: Ja, manche wollen eben darüber reden.

Max: Ja, eh. Aber für mich ist es nix. Immer das gleiche: Drogen, keine Arbeit, keine Wohnung, kein Geld. Das sind die gröbsten Probleme. Dann kommt das soziale Umfeld, mit dem sie Probleme haben, und sonst haben sie eigentlich keine Probleme [lacht].

Sophia: Und ihre Beziehungen.

Max: Ja. Und ich weiß nicht, das eine resultiert aus dem anderen: Die Probleme mit der Alten [Freundin] oder mit dem Hawi [Freund] kommen durch die Drogen oder durch das, dass du kein Geld hast oder keine Wohnung hast. Das ist ein Teufelskreis. Das eine kommt vom andern. Wenn das eine einmal angefangen hat, hört das andere nicht mehr auf [lacht]. Und ich weiß net, die Leut wollen teilwiese gar nicht anders, kommt mir vor. Sie sagen zwar immer, sie möchten, aber sie haben den Willen net, gell.

Sophia: Ja, ich hab mich aber trotzdem total wohl gefühlt und bin freiwillig hin gegangen, ja. [An mich gerichtet:] Und er hat hin müssen.

Ja, die Situationen sind anders.

Sophia: Ja, ich hab mich daheim nicht mehr verstanden mit meinen Eltern, wir haben gestritten und dann hab ich eben gesagt, ich geh. Und mein Vater wollt die Verantwortung nicht übernehmen, wenn ich selber eine Wohnung nehm, weil eben gewisse Leut immer bei mir waren und die waren eben nicht … die waren eben kriminell teilweise und dann hat er gesagt, er übernimmt die Verantwortung nicht. Weil ich eben … ich wollt ausziehen mit 15 und er ist für mich verantwortlich, bis ich 18 bin. Und dann war ich eben Notschlafstelle, Streetwork und so weiter.

Max: Ich weiß net, ich hab die alle als Feinde von mir gesehen, die Streetworker und die Betreuer in den WGs. Aber wenn ich jetzt drüber nachdenk, Alter, sind das … sind das eigentlich noch die, die am meisten was bringen, find ich. Für Leut, die das haben wollen, ist es sicher super.

Sophia: Ja.

Max: Aber für Leut, die da nicht reinwollen, ist es ein Kampf.

Sophia: Ja, das seh ich auch so, weil ich wollt dort hin, ich hab mir das gewünscht und deshalb hab ich auch die ganze Betreuung dort annehmen können. Ich mein, Streits gabs immer wieder, wegen dem Alk oder so. Ich war eh auch immer vorm Rausschmiss.

[…]

Da und dort hingehn und Praktikum machen …

Wie ist es bei dir dann weitergegangen, nachdem du die Schul verlassen hast?

Max: AMS, AMS-Kurse. Angefangen hat es, wie ich von der Schul raus bin, das war 2003, da hab ich aufgehört mit der Schul, glaub ich, und dann hab ich einen Kurs gemacht beim AMS. So einen Berufsorientierungskurs, da war ich auch 16 Wochen drinnen und das hat gar nichts gebracht. Da sind wir drinnen gesessen, haben Kaffee getrunken und geraucht. Und ein bissel im Internet gewesen. [Pause] Am Anfang kannst nur erzählen von dir selber und welche Probleme du hast und was weiß ich und was du gern arbeiten tätst und eigentlich solltest Bewerbungen schreiben. Da und dort hingehn und Praktikum machen, und was weiß ich und keine Ahnung. Aber das hat bei keinem so funktioniert. Ja, dann hab ich probiert, dass ich den Hauptschulabschluss nachmach, das hat aber auch nicht funktioniert. Dann hab ich weiter irgendwelche Kurse gemacht und jetzt mach ich die Ausbildung zum Landschaftsgärtner.

Und das gefällt dir?

Max: Ja, es geht.

Das wird übers AMS organisiert?

Max: Ja, übers AMS. Ich hab gefragt, was ich jetzt tun soll und wie und was und ich weiß nicht. Ich kenn so viel Leut von den ganzen Kursen und ich weiß nicht, die da hingehen und sagen, ich brauch eine Arbeit und dann stecken sie mich in irgendeinen Kurs eini.

Und wie sieht diese Ausbildung aus?

Max: Ja, es ist ein ziemliches Chaos gewesen, weil eigentlich die Ausbildung machen tu ich schon seit letztem Oktober, nur es ist jetzt erst … der Lernkurs hat jetzt erst angefangen mit dem, das ist so kompliziert [atmet tief] … ich bin von einem Kurs zum anderen geschickt worden, von dem wieder dorthin und bin dann von dem in den gekommen, wo ich hinwollt, gell, und das Ganze fangt jetzt erst richtig an. Jetzt arbeiten wir… also der, der uns ausbildet, hat eine eigene Landschaftsgärtnerfirma, der fahrt mit uns von Baustelle zu Baustelle, teilt uns dort ein und dort, keine Ahnung, und im Winter ist dann Theorie, da ist dann: im Kurs drinnen sitzen und lernen [genervt].

Und dann irgendwann nächstes Jahr, Winter, Herbst, soll dann die Abschlussprüfung sein.

Und das machst du jetzt täglich?

Max: Ja, den Kurs eigentlich schon. Die Arbeit ist auf Abruf. Es hängt viel vom Wetter ab, es hängt viel von dem ab, wie er Zeit hat und was grad zum Tun ist, saisonbedingt, ja? Ich mein, wenn es viel regnet, ist weniger zu tun und wenn die ganze Zeit die Sonne scheint und alles wachst wie deppert, hast die ganze Zeit was zu tun. […]

Und wie verstehst dich mit deinen Kollegen?

Max: Na ja, es ist ein jeder da, der irgendeinen Schas gebaut hat.

Der was?

Max: Ich weiß net, der irgendwie halt Probleme mit sich selbst hat, mit seinem Leben hat, die sind in dem Kurs. Es sind alles komplett fertige Leut dort in dem Kurs. Also, ich kenn keinen einzigen Normalen dort. Der einzige, der, glaub ich, normal ist, der ist 25 und der will, glaub ich … der will, der hat das halt angefangen, aber nicht fertig gemacht und der will es jetzt fertig machen, aber sonst sind nur Leut mit Problemen.

Mit welchen Problemen?

Max: Der eine hat Krebs, der andere hat auch keine Eltern so wie ich, dann Drogen, ein Giftler ist dabei, aber den hab ich bis jetzt noch nie gesehen.

[…]

[Drei Wochen später erzählt mir Max:]

Max: Jetzt hab ich gesagt, Landschaftsgärtner schert mi net mehr. Es hat mich nicht mehr interessiert.

Also, damit hast jetzt aufgehört?

Max: Ja, ich mach jetzt … ich nehm jetzt die Zeit, die ich dort gemacht habe als Praktikumszeit und geh jetzt lernen für Landschafts-, … ahm, für Gartenfachverkäufer. Ich bin eben in einen anderen Kurs umgestiegen, mit ähnlichem Dings. Und jetzt im nächsten Sommer, Herbst ist eben wieder anscheinend eine Prüfung, kommt drauf an, wie schnell ich beim Lernen bin. Ich mein, ich hab echt keinen Scherer für die Arbeit.

Grundsätzlich jetzt fürs Arbeiten oder für diese Arbeit nicht?

Max: Ja, nein, für diese Arbeit nicht. Ich weiß net, das ist einfach, das war mir zu blöd [lacht]. Der Chef war ein Trottel, die Leut waren auch alle so abdreht. Nein, da war einfach überhaupt kein normaler Mensch drinnen, in dem Kurs, alle irgendwie irgendeinen Scheiß beinand. [...]

Wie geht es dir bei der Arbeit, Sophia?

Sophia: Also, net so gut, also, ich weiß nicht, es ist viel zu viel. Wenn ich arbeite, tu ich nur arbeiten und schlafen, mehr nicht. Und in der Firma passt es teilweise nicht, mit den Kollegen. Und ich möchte sicher nicht ewig dort bleiben. Die Arbeit selbst, es ist anstrengend [Altenpflegerin in einem Seniorenheim]. Also, man muss schon denken, aber ich bin ein bisschen unterfordert, vom Hirn her.

Wie sieht denn ein Arbeitsalltag aus?

Sophia: Ja, um sieben ist Dienstbeginn, dann teilt man Frühstück aus, bis halb acht. Dann sammelt man das Ganze wieder ab, manchen muss man das Essen eingeben, also füttern, und eben dabei bleiben, dann tut man die Leut waschen und anziehen, die, die das brauchen oder wünschen, das dauert dann eh bis halb elf, viertel elf, dann dreiviertel elf ist Mittagessen. Dann ist das Selbe wieder von vorn [...]. Dann kommt das Abendessen, dann ist wieder das Gleiche, dann werden alle bettfertig gemacht. Ja, es ist für mich zu wenig zu denken, ich fühl mich unterfordert. Vom Körperlichen her bin ich eh total fix und fertig, aber vom Geistigen her.

Du denkst ja dran, dass du eine Ausbildung weiter machst.

Sophia: Ja, ich möchte eben Diplom [Krankenschwester] machen und überleg, ob ich nicht wirklich Abendmatura machen soll, weil eigentlich wollt ich immer Medizin studieren.

[...]

Er denkt sowieso nicht so viel über die Zukunft nach ...

Wie lang seid ihr jetzt schon ein Paar?

Max: Welches Datum ist denn heut?

Sophia: Der zehnte Oktober, ja. Vor zwei Jahren, oder? Im Juli. Es gibt immer extreme Tiefs und dann wieder Hochs bei uns, also es ist so. Nein, es ist auch, weil ich jetzt so viel arbeit, ziemlich schwer, weil ich nicht mehr so viel da bin für ihn.

Max: Und wir sind alle zwei ziemlich stur und ich weiß nicht, sitzen halt auf unseren Meinungen [lacht], und das ist auch hin und wieder ein bissi anstrengend.

Was ist denn immer wieder Thema bei euch, von wegen konträrer Meinungen?

Sophia: Das Aufräumen, gell? Da streiten wir immer.

Das sind so Alltagsstreitereien?

Max: Nein, das sind wochenfüllende Probleme. Echt!

Sophia: Und sonst? Wegen was streiten wir denn sonst? Immer nur so Kleinigkeiten, gell? Komplett für nichts eigentlich.

Max: Ich weiß nicht, die Sachen, über die wir streiten, sind gar nicht einen Streit wert, nur ist es meistens so, weil der andere wieder auf seiner Meinung sitzen bleiben muss.

Sophia: Und ich bin sehr provokant [lacht]. Und ich weiß genau, wie ich ihn provozieren muss.

Max: Und das ist Scheiße! Ich weiß nicht, wie ich damit umgehen soll. Bei einem Hawi wär es mir wurscht, dem betonier ich eine. Aber bei ihr hilft kein Schreien, kein Reden, kein … wurscht, wie du redest, ob du jetzt lieb redest oder sie beschimpfst von vorn bis hinten, das ist wurscht.

Sophia lacht.

Max: Ja, ist so. Ja, wir warten momentan grad auf unser Haus in Puntigam. Dort wollen wir hinziehen.

Sophia: Wir warten so hart schon. Ja, das wird neu renoviert. Das sind unsere Zukunftspläne.

Max: Ja, aber nicht weiter als bis zum Haus, weil wir einmal jetzt dorthin kommen müssen.

Sophia: Er denkt sowieso nicht so viel über die Zukunft nach.

Max: Nein. So weit nach vor denken, das bringt es nicht.

Sophia: Er sagt immer, es kann immer was passieren und deshalb.

Und wie siehst du das, Sophia?

Max: Sie träumt den ganzen Tag [lacht].

Was sind denn deine Träume?

Sophia: Ja, ich weiß nicht, ich will einmal ein Kind, ich will, im Gegensatz zu ihm, alt werden. Ja, mehr eh nicht, das ist eigentlich alles. Und dass wir halt zusammen sind, länger. Eine Familie.

Und du willst das nicht?

Max: Nein, es bringt nichts. Es wäre so schwer [seufzt]. Allein schon die

Sache mit dem Kind, das geht sich ja vorn und hinten nicht aus.

Sophia: Er meint, mit unserer Situation jetzt, Geld keines und so.

Max: Ja, wenn ein Kind da ist, arbeitet sie nicht mehr. Und ich krieg 600 Euro im Monat! Ja, und dann, wenn ich einmal einen Job hab, dann können wir einmal schauen, dass wir mit unserem Geld gut auskommen [lacht], dass wir das einmal zusammen bringen und wenn wir das dann geschafft haben, können wir so Sachen machen, die normale Leut mit ihrem Geld machen, sich normale Sachen zulegen. Und wenn wir einmal gelernt haben, wie man richtig lebt, dann können wir über ein Kind reden. Aber so ist das einfach nur ein Sauhaufen [lacht].

Wie meinst du das, dass man lernt, wie man richtig lebt?

Max: Ich weiß nicht.

Sophia: Ja, wir geben halt das meiste Geld nicht für das, wofür wir es eigentlich ausgeben sollten aus, also für gsundes Essen oder für Gewand oder solche Geschichten. Aber mir ist das eh wurscht wie er denkt, weil die Hawis in dem Alter wollen meistens noch nicht so fixe Sachen und die Mädels denken halt schon eher daran.

Max: Ich hab nur kurzzeitige … ich bin nicht einer, der sagen kann, in zehn Jahren möchte ich das oder das haben, gell. Ich weiß nicht, woran das liegt. Zehn Jahr, so lang denk ich gar nicht. Weil ich weiß nicht, zwei Jahre voraus denken, das geht noch irgendwie, gell. Aber du kannst nicht weiter vorausplanen, das geht nicht irgendwie. Du musst immer schauen, wie es kommt. Ich muss jetzt mal schauen, wie die Ausbildung geht, dass ich mit der einmal fertig werd, dass wir raus kommen aus derer Wohnung. Ich weiß ja im Moment selber nicht, wo ich hingehör! Das ist, ich denk mir, wenn ich jetzt in den Spiegel schau, seh ich immer noch den 16-jährigen Berschen, und wenn ich, weiß net, auf die Geburtsurkunde schau, denk ich mir, 20 Jahr! Alter! Wo bin ich 20 Jahr alt? Und mich interessiert das überhaupt nicht, in die Erwachsenenwelt rein. Ich weiß net, bis 65 Jahr hackeln, Alter, in der Früh aufstehn, fallst in der Nacht todmüde ins Bett eini, am Wochenende kannst dich von der Arbeit erholen, wenn du Samstag nicht arbeiten musst und das Ganze bis 65, mit 65, Alter, schau ich dann aus wie ein Krüppel! Und da interessiert mich die Pension dann auch net mehr. Was hab ich dann? Fünf Jahr Pension? Aber es gibt keinen anderen Weg auch nicht [lacht]! Also, was sollst machen? Entweder hackelst dich zum Deppen oder du kommst nicht durch! Ich weiß nicht, ich will ja gar nicht alt werden. Mehr wie 50 möchte ich gar nicht werden. Wenn ich jetzt die alten Leut anschau, wie die jetzt schon am Arsch sind, möchte ich gar net wissen, wie die dann fertig sind, wenn ich einmal alt bin. Weil die Sachen werden ja, ich mein, die Umwelt wird schlechter, alle leben immer ungesünder. Ich glaub sowieso, dass es die Leut nicht mehr gar so wahnsinnig lang machen werden, wurscht, wie gut die Medizin wird. Dann hängen sie sie halt, weiß nicht, an Schläuch, nur damit sie länger leben, aber das bringt es dann ja auch nicht. Das will ich nicht.

Sophia [an mich]: Und das sagen viele, die meisten sagen sogar, älter als 40 wollen sie net werden.

Max: Meine Lebenserwartung war, wie ich 13, 14 war … ich hab gesagt, 24 möchte ich werden, mehr brauch ich nicht [lacht].

Siehst du das auch so, Sophia?

Sophia [lacht]: Nein, ich freu mich schon drauf, dass ich mal Oma werd. Wobei ich mir schon oft auch wieder denk, ob ich in diese Welt ein Baby setzen will?

Max: Ja, genau, das interessiert einen schon gar nicht mehr, weil das ist eigentlich nur … ich tät meine Eltern hassen, wenn sie mich jetzt auf die Welt bringen würden, glaube ich. Weil es ist so ein beschissenes …

Sophia: Ich hätt so gern ein Kind irgendwie, aber dann denk ich mir wieder … und dann geht es in eine Schul mit 80 Prozent Ausländern und der Rest sind Österreicher? Ich weiß net.

Max: Kannst dich im eigenen Land schon verstecken.

Sophia: Und das ist auch, was jetzt in ist so irgendwie, dass Mädels mit 15, 16, 17 Jahren Kinder kriegen. In einer Situation ohne Wohnung, ohne Geld, ohne Ausbildung.

Max: Na, Hauptsach schwanger [lacht] …

Sophia: Der Hawi sitz gach [auch noch] im Häfen oder sonst wo, das kommt, das ist …

Max: … das ist jetzt gang und gäbe …

Sophia: Acht Kinder mindestens sind da am Jakominiplatz zur Welt, also von den Jugendlichen am Jakominiplatz sind acht Kinder zur Welt kommen … Und es sind drei Väter zur Auswahl [lacht].

Max: Oder es wird einem ein Kind untergeschoben.

Sophia: Also, eines ist auch unter Alkentzug auf die Welt gekommen. Die hat zuerst gesoffen, das Kind hat auch den Alkentzug überstehen müssen, dann wird es wieder weggenommen und dann kommt es wieder zurück und dann ist es wieder in einer Pflegefamilie und dann kommt es wieder zurück, ja, hin und her und nur solche Geschichten.

Max: Sauhaufen eben.

[…]

Ich hab eine gewisse Ausländerfeindlichkeit …

Die Musik, die ihr das letzte Mal als ich da war, gehört habt, wie nennt man die?

Beide lachen.

Max: Das kannst nennen wie du willst, es gibt hunderttausende Bezeichnungen dafür, Fascho-Rock zum Beispiel.

Was fasziniert dich daran so?

Max [lacht]: Ja, ich weiß nicht, wie soll man das erklären?

Sophia: Ich hab eine gewisse Ausländerfeindlichkeit und er hat sie halt um ein bissel, ein bissel eine extremere Spur mehr als ich. Und dann sind die Freunde noch dabei, die auch so denken, und wenn der Alk fließt, dann ist es das auch schon.

Max: Ich weiß nicht, außerdem, es ist Musik. Ich weiß net, Musik ist sowieso bei mir, sowieso extrem groß, gell, und ich hör eigentlich Musik in sämtliche Richtungen und da kommt halt das einfach auch dazu. Ich mein, es kommt aus der rechten Szene oder so.

Sophia: Die rechte Szene in Graz [lacht abwertend].

Max: Ich weiß nicht, die sind so: Es ist ein bissel angesoffen herumschreien und bissel randalieren. Aber nicht so, dass wir jetzt eine kriminelle Vereinigung wären oder so. Echt.

Sophia: Alle mit einer Glatze, alle wollen mit Ausländern nichts zu tun haben. Schimpfen auf Ausländer, trinken Bier [lacht].

Max: Leut, die voll viel saufen halt.

Aber so von der politischen Einstellung? Neonazis? Passt diese Bezeichnung?

Max: Ja, wohl, auch, aber …

Sophia: Man kann in Österreich aber nicht wirklich davon reden und vor allem nicht in Graz.

Max: Nein, es wäre falsch irgendwie. Ich weiß nicht, es passt nicht. Ich weiß nicht, das Ganze ist viel zu … wie soll ich das nennen? Ich kann nichts, nichts, was aus Deutschland kommt in Österreich damit gleich bringen. Ich weiß nicht, ich bin kein Hitlerfanatiker, [Pause] ich hab einfach jetzt meinen Nationalstolz und ich bin Sozialist. Nationalsozialist. Und das ist, ich weiß nicht, ein Unterschied. Ob du jetzt einfach nur eine Einstellung hast oder ob du jetzt sowieso ein Hitlerfanatiker bist. Und die in Deutschland, die kenn ich aus dem Internet … Nein, ich weiß nicht [lacht], wenn die uns sehen könnten, die würden uns auslachen. Ist so.

Wieso?

Max: Ja, bitte! Das sind ja ganz andere Leut dortn. Da haben wir nichts zum Ausrichten.

Gebt ihr euch da auch eine Bezeichnung, Skinheads oder so?

Max: Auch, ja. Ich weiß nicht, einfach Rechte. Aber hauptsächlich gegen die Ausländer. Ich hab einen Hassn von klein auf eigentlich gegen Ausländer. Meine Mutter hat sowieso, ich weiß nicht, sie hat einfach keine Neger mögen, ist einfach so. Es ist dann irgendwie gewesen, wie wir den einen Rumänen als Pflegekind gehabt haben, ich weiß nicht, da sind meine Eltern eigentlich … die haben keinen Unterschied gemacht, ob das jetzt er oder ich war, wenn es um irgendwas gegangen ist, aber irgendwie … so eine gewisse Distanz ist da gewesen.

Also, von deinen Eltern her oder von dir?

Max: Von meinen Eltern her und von mir sowieso. Ich hab das nicht mögen. Wie ich klein war, war es mir noch eher wurscht, da hab ich das nicht so registriert, aber mit dem Älterwerden dann immer mehr, ich weiß net, so viele Erfahrungen damit gemacht.

Welche Erfahrungen?

Max: Ja, ich weiß nicht, ich … ahm … das ist einfach so, sie stinken so. Nein, das ist jetzt ohne schlecht zu reden oder was, sie haben einfach so einen Geruch.

Die Rumänen?

Max: Ja, die sowieso.

Ja?

Max: Die haben einen extremen, ich weiß nicht: Ein normaler, ich weiß nicht, ein, ein, ein Österreicher, der kann in der Früh aus dem Mund stinken, ich weiß net, wie was, aber wenn ein Rumäne in der Früh aus dem Mund stinkt, riecht das, ich weiß nicht was, wie wenn da ein kompletter Friedhof drinnen liegen tät. Das ist einfach komplett was anderes. Und ich weiß nicht, ein Neger riecht bei den Fingern auch anders, das ist einfach so … ich mag das nicht.

Du nickst Sophia?

Sophia: Ja, die Neger haben schon einen eigenen Geruch.

Es gibt bestimmt Österreicher auch, die für euch stinken?

Max: Ja, nein, ich weiß nicht, es ist was anderes auch, es ist … Das passt nicht. Und mit dem Rumänen … es hat einmal damit angefangen, er war ja Autist zusätzlich und da hat er schon so seine Aushänger gehabt und dann hat er so viel gestohlen immer, er hat so viel, alles gestohlen und hin [kaputt] gemacht. Also, wenn er irgendwas nicht haben hat können, hat es der andere auch nicht haben können und dann hat es hin sein müssen, da haben dann beide nichts gehabt. Und das ist halt mit sämtlichen Sachen so gegangen. Und, ja.

Und vom Alter her, ward ihr gleich alt?

Max: Ja, war in meinem Alter, war nur ein paar Monate älter. Es war aber in der Schul auch nichts anderes.

Wie? Was meinst jetzt, in der Schul?

Max: Ja, ich weiß nicht, ich hab in der Schul auch gefunden, dass die … ich weiß nicht, ich hab dort auch nie irgendwie so Kontakt zu [Pause] Ausländern gehabt. In der Volksschul schon, da haben wir, ich weiß nicht, ich glaub, ich weiß nicht, ich sag es jetzt einfach, so Zigeuner gehabt. Ach, irgendsowas Extremes. Auf alle Fälle, die waren auch so ein extremer Anlass, ich weiß nicht, von der Gesichtsform, Hautfarbe, und ich weiß nicht, auch das Tun, also, das taugt mir net. Und jetzt, wo es sowieso so extrem ist, wie sie sich aufführen … jetzt brauch ich gar keine mehr [lacht]. Mhm.

Sophia: Strache [Bundesparteiobmann der FPÖ], der ist super. Der sagt endlich einmal, so wie es ist. Wir wollen … es sind zu viele Ausländer. Österreich ist ein kleines Land, nicht einmal die Österreicher selber haben alle Arbeit und dann lassen sie immer mehr rein, immer mehr. Eine Freundin von mir mit ihrem Kind kriegt 70 Euro Sozialhilfe und die Türkenmami mit ihren sechs Gschrappen kommt raus mit 800 Euro vom Sozialamt [regt sich auf]. Ich mein, was soll denn das? Ein Österreicher hat ein Recht auf Sozialhilfe. Ich mein, ich kann auch sagen, der schmarotzt, aber der ist noch immer Österreicher, aber die sind nicht einmal Österreicher und schmarotzen. Der Strache sagt es endlich einmal so, wie es ist, und wenn wir, ich weiß nicht, irgendwo in einem muslimischen Land eine Kirche hinbauen wollen, wird das sicher nicht erlaubt […]. Jetzt hat man ja in Deutschland gesehen, da war eine Umfrage, die wollten die Moschee dort nicht haben, da ist ein Gebetsbund, da jodeln sie jeden Tag ihre Gebete oba, und da haben sich die Deutschen aufgregt und haben unterschrieben, dass sie das nicht haben wollen und es ist trotzdem gebaut worden.

6.5. Familienkapital

Für Jugendliche bildet die Herkunftsfamilie einen wesentlichen Sozialisationsuntergrund, auf dem nicht nur eine Verinnerlichung von Werten und Normen, von Vorstellungen und Beurteilungen über die äußere Welt geschieht, sondern Empfindungen, Riten und Denkschemata über die Familie selbst induziert werden. Damit wird die Familie zu einem besonderen Feld der kulturellen und gesellschaftlichen Landschaft: Die Setzungsarbeit, die für den Bestand und Fortbestand der Familie notwendig ist, geschieht in ihr selbst; über emotionale Äußerungen wie Hingabe, Zusammenhalt, Liebe etc. wird Familiensinn erzeugt (Vgl. Bourdieu 1998). Die Gesetze der ökonomischen Welt scheinen, so zumindest das idealisierte Bild, wie aufgehoben. Es gibt Vertrauen und Geben ohne Streben nach Äquivalenz.

Die Familie ist Produkt einer langen rechtlich-politischen Konstruktionsarbeit, die als Privatheit stillschweigend anerkannt wird, nicht zuletzt deshalb, weil die damit verbundenen Werte und Normen innerhalb des familiären Kontextes selbst internalisiert werden. Bourdieu bezeichnet die Familie als *das* Modell aller sozialen Verbände schlechthin (Vgl. Ebda.). Familie ist ein Ordnungswort. Eine Kategorie. Ein kollektives Konstruktionsprinzip, das anerkannt wird als stillschweigendes Gesetz, als *Nomos*, als *common sense*. In ihr zirkuliert die Reproduktion der sozialen Ordnung, die Akkumulation und Weitergabe von Kapitalien. Der Diskurs über Familie und die damit verbundenen Merkmale können als eine Art politische Ideologie zur Aufwertung einer bestimmten Konfiguration von Sozialbeziehungen gelesen werden. Der Staat versucht, bestimmte Formen der familialen Organisation zu begünstigen und jene zu stärken, die in der Lage sind, dieser Organisationsform zu entsprechen. Damit wird ein moralischer Konformismus perpetuiert. Der Staat ist für die Konstruktion der amtlichen Kategorie Familie verantwortlich, was sich auch im österreichischen Sozialsystem widerspiegelt: Es baut auf die Vorstellungen der so genannten Versorgerehen mit männlichen Normalarbeitsverhältnissen auf und vernachlässigt gesellschaftliche Veränderungen in den Bereichen privater Lebens- und Beziehungsformen, des Arbeitsmarktes, der Einkommen und des Ausbildungsmarktes.

Im Gefolge der Modernisierung wurde ein Menschenbild propagiert, das als autonomes, kompetentes und erfolgreiches Individuum agieren soll, immer häufiger aber mit einem negativen Selbstbild konfrontiert ist. Die Destabilisierung der Arbeitsverhältnisse und der Wandel kultureller Orientierungen betreffen die private Sphäre in besonderer Weise. Die Vorstellung von einem geschützten Privatraum wird durch eine zunehmend irritierende Außenwelt besonders wirksam. Paradoxerweise gilt sie als ein Refugium zur Kompensation belastender Außenbedingungen. Aufgrund der Überfrachtung mit belastenden Außenumständen, seien es Arbeitsplatzverluste, Arbeitsuche oder identitätsleere Jobs ohne Zukunft gerät das Private unter Druck. Strukturelle Gewalt entlädt sich in den Familien. Die Abkehr vom öffentlichen Bereich in den intimen ist dann zugleich als Wunsch nach Stabilität, Sicherheit und Dauerhaftigkeit zu erkennen.

Die Entscheidung darüber, wie sich ein Lebensverlauf gestaltet, hängt eng mit der Familie und dem mit ihr verbundenen Erbe zusammen. Als Ort der sozialen Reproduktion akkumuliert sich in der Familie Kapital, das weitergegeben wird, um den Erhalt der Ordnung einerseits und den Bestand und Fortbestand der Bedeutung der Familie andererseits zu gewährleisten.

> „Das zentrale Element des väterlichen Erbes besteht zweifellos darin, den Vater, also denjenigen, der in unseren Gesellschaften die Abstammungslinie verkörpert, fortleben zu lassen, also eine Art „Tendenz, ein Fortdauern zu sichern", seine *gesellschaftliche Position* zu perpetuieren" (Bourdieu 1997a, 651).

Die mit der Erbschaft verbundenen Widersprüche sind vielfältig: So beispielsweise leiden viele unter der Kluft zwischen dem, was sie erreichen und den Erwartungen ihrer Eltern, die sie nicht erfüllen, denen sie aber auch nicht entkommen können. Oder die Erwartungen der Eltern stimmen mit den Konditionen der heutigen Gesellschaft nicht mehr überein, während die Erwartungen der Kinder, die unter anderen Bedingungen hergestellt wurden, besser daran angepasst sind.

Veränderte Bedingungen scheinen von Vorgaben über die Bewältigung von Entwicklungsaufgaben zu befreien und eine produktive Auseinandersetzung des Einzelnen mit den sozialen Kontextbedingungen zu fördern. Zugleich wird die Einlösung von Anforderungen, die an Jugendliche gestellt werden, erschwert und belastet zunehmend (Vgl. Mansel 1996). Die Familie wird dabei wichtig und unwichtig zugleich. Durch die diskursive *Entthronung der Familie* entsteht ein Orientierungsvakuum und das Konzept der Selbstsozialisation reüssiert: Ein Verantwortungsrückzug der Eltern, Verwandten oder auch Schulpädagogen aus dem Prozess des Aufwachsens von Jugendlichen muss von ihnen selbstständig kompensiert werden. Jugendliche sind damit zu einer reflexiven Selbstkontrolle gefordert bzw. gezwungen[56],

[56] Mit der zweiten Frauenbewegung ab den 1960er Jahren wurden Interessen gegen das tradierte Familienmodell formuliert und in Übereinstimmung mit allgemeinen Emanzipationsbestrebungen und Demokratisierungstendenzen auch rechtlich umgesetzt. Andere Familienformen als die eines Ehepaares mit leiblichen Kindern gelten allerdings nach wie vor kulturell als Abweichungen, Misserfolge, Problemfälle. Die Widersprüchlichkeit in dieser Entwicklung, die Gleichzeitigkeit von Wandel und Beharren, wird paradoxerweise dadurch verschärft, dass Kritik an der Familienpolitik mit dem Verweis auf

weil ein rasanter gesellschaftlicher Wandel in den Ausbildungs-, Arbeits- und Wertsystemen eine immer neue subjektive Standortbestimmung verlangt, die gerade im Jugendalter als formativer Phase im menschlichen Lebenslauf überzeugend geleistet werden soll (Vgl. Hurrelmann 2002). Studien, die sich mit der Übergangssituation von Ausbildung in Beruf und mit dem Zusammenhang zwischen dem Erwerb von objektivierbarem kulturellem Kapital und sozialem Beziehungskapital beschäftigen, verweisen darauf, dass auch Peer Groups kaum Antworten auf reale Probleme und nur teilweise Hilfestellung bei der Bewältigung jugendspezifischer Aufgaben geben können. Auf sich allein gestellt, nehmen Jugendliche heute überproportional häufiger als Erwachsene sozialstaatliche oder sozialarbeiterische Hilfe in Anspruch.[57]

Wie der Soziologe Martin Baethge bereits in den 1980er Jahren feststellte, verläuft Individualisierung auf einer doppelten Linie: Individuelle Identitätsbildungen finden zunehmend Platz in der Sozialisation und Prozesse kollektiver Identitätsbildung verlieren an Bedeutung. Am Ende einer missglückten Identitätsbildung steht der gesellschaftliche Ausschluss:

> „Wie der Verlust an kollektiver Identitätsbildung, der in den Sozialisationsprozess vorgreift, wettgemacht werden kann und nicht zu existenzbedrohender Desintegration führt, ist vielleicht das entscheidende ungelöste Problem der bürgerlichen Gesellschaft“ (Baethge, 1985, 112).

Jugendliche und ihre Einstellungen zu einer eigenen Familie

Laut viertem Bericht zur Lage der Jugend in Österreich (2003) stehen feste Paarbeziehungen bei österreichischen Jugendlichen und jungen Erwachsenen hoch im Kurs. In ihren prioritären Lebenszielen spiegeln sich menschliche Grundbedürfnisse: Das Bedürfnis nach Zugehörigkeit, nach Anerkennung und vor allem nach Sicherheit. 60 % der 14- bis 19-jährigen Jugendlichen träumen von einem harmonischen Familienleben. Die heutige Jugendgeneration entwickelt einen idyllischen Familienbegriff, der auf emotionale Nähe, Geborgenheit, Vertrauen und Harmonie setzt (Vgl. Großegger 2004).

---

rechtlich garantierte Egalität vieler Familienformen ebenso wie mit dem Verweis auf Familienförderungen lahm gelegt werden kann (Schultheis/Schulz 2005, 269-275).

[57] Wie eine Schweizer Studie ausweist, nahmen ein Drittel aller nicht-gymnasialen Schüler (des Kantons Basel) innerhalb ihrer Schulzeit (neunte und zehnte Schulstufe) professionelle Begleitungs- und Beratungsgespräche von Sozialarbeitern in Anspruch: Über Ärger mit Eltern, Gewalt im Elternhaus, Essstörungen oder Suizidversuche (Vgl. Drilling 2004b). Vergleichbare Zahlen für Österreich existieren nicht, die Schätzwerte eines in der außerschulischen Sozialarbeit tätigen Experten weisen aber eine vergleichbare Tendenz innerhalb der letzten fünf Jahre auch für Österreich aus.

Vorwiegend bei weiblichen Jugendlichen, deren Eltern von den negativen Auswirkungen individualisierter Formen der Beziehung betroffen sind, ist der Wunsch nach einer eigenen, stabilen, funktionierenden Familie nach dem Vorbild der Normalfamilie besonders dringend. Die Orientierung an tradierten Familienidealen[58] erscheint hier an der Oberfläche als kultureller *backlash*. Diese Orientierung ist bei tieferer Betrachtung Ausdruck einer Sehnsucht nach einem Lebensraum, der Halt, Schutz und Vertrauen bietet, nach einem Rückzugsraum mit Ordnungs- und Orientierungsmustern in einer destabilisierten Außenwelt. Den Jugendlichen geht es nur bis zu einem gewissen Grad um konservative Pflichtwerte im traditionellen Sinn. Nur zum Teil werden Begriffe recodiert, die das erwachsene Establishment mit Werten, die zu einem konservativen Weltbild passen, in Verbindung bringt: Die Familie als Keimzelle der Gesellschaft, Familie als mit Pflichtwerten behaftete Institution, Familie als Prinzip geschlechtsspezifischer Arbeitsteilung. Jugendliche denken weniger an all das, wenn sie von ihren Wünschen nach einer funktionierenden Familie sprechen. Sie verklären die Familie zu einem Mythos, der sich um die Vorstellung von emotionaler Nähe, Geborgenheit, Vertrauen und Harmonie rankt – ein Bild, dem die erfahrene Realität immer seltener entspricht.

Jugendliche orientieren sich an der Macht einer kollektiv geteilten Selbstverständlichkeit – als erwachsen gilt man, wenn man eine eigene Familie zu gründen im Stande ist.

> „Wenn es um die soziale Welt geht, schaffen die Wörter die Dinge, weil sie den Konsensus über die Existenz und den Sinn der Dinge schaffen, den *common sense*, die von allen als selbstverständlich akzeptierte *Doxa*“ (Bourdieu 1998, 129).

Die Stilisierung der Familie zu einem Ideal bekommt im Hinblick auf den Identitätsfindungsprozess Jugendlicher in schwierigen Lebenslagen die gesellschaftliche Bedeutung eines Problems: Das generelle Fehlen eines gesellschaftlichen Ortes, der die Möglichkeit kultureller Identitätsfindungsprozesse zulässt ebenso wie das damit verbundene Gefühl der gesellschaftlichen Nutzlosigkeit begründen das Ringen um Ansehen und Anerkennung.

---

[58] Wenn von tradierten Familienidealen die Rede ist, ist nicht notwendigerweise eine Eheschließung mitintendiert, auch wenn, statistisch betrachtet, die Bereitschaft dazu bei Jugendlichen wächst (Vgl. 4. Bericht zur Lage der Jugend in Österreich. Teil A). Vielmehr meint der Begriff in diesem Kontext einerseits eine Gemeinschaft der Generationen, also eine Zusammengehörigkeit, die auf Werte wie Treue, Vertrauen, Loyalität etc. von mindestens zwei aufeinander bezogenen Generationen setzt, die in einer Eltern-Kind-Beziehung zueinander stehen. Andererseits ist die selbst gegründete Familie als idealisiertes soziales Bezugssystem zu begreifen, das als feste Paarbeziehung mit Kinderwunsch verstanden wird.

Nachdem Normalisierungsprozesse oder Versuche des Einfügens und Anpassens über den Arbeitsmarkt für diese Jugendlichen kaum möglich sind, wird auf die Familie als Identitätsstiftungsagentur und Stabilisierungsinstitution gesetzt. Weil aber sowohl der Rückhalt der Herkunftsfamilie als auch Ressourcen wie Ausbildung, Arbeitsplatz und ökonomisches Kapital fehlen, sind die Chancen, eine eigene Familie zu gründen und zu erhalten, gering.

Im Gegensatz zu den weiblichen Jugendlichen dominieren bei den befragten männlichen Jugendlichen pragmatische Sichtweisen und ein Aufschub der Familiengründung in die Zukunft. Die Vorstellungen über Familie und Rollenzuschreibungen sind genauso idealisiert wie bei den jungen Frauen, die Einschätzung über die Realisierung eines solchen Modells jedoch wesentlich sachorientierter. Sind bei den Mädchen idealisierte Ansprüche an eine eigene Familie als Schonraum vorherrschend, womit der Anomiedruck im Sinne einer Diskrepanz zwischen Anspruch und Realisierung wächst, dominieren bei den Burschen Pflichtwertorientierungen im klassischen Sinne des Familienernährers. Sowohl bei männlichen als auch bei weiblichen Jugendlichen begünstigt der soziale Druck, der auf sie ausgeübt wird und sie zur Ordnung und zum *ordentlichen Leben* aufruft, die Vorstellungen und Verklärungen über Familie und ihren Rückzug ins Private.

Der Wunsch nach einer eigenen Familie, nach einem Familienvater und Kindern trägt vielschichtige Funktionen der Bewältigung des Alltags weiblicher Jugendlicher in sich: Individualpsychologisch kompensiert der Traum die Suche nach familiären Stützpfeilern, die diesen Jugendlichen abhanden gekommen sind; gesellschaftlich verbindet sich damit die Suche nach einem sozialen Ort, einer Position, die eventuell Profit abwirft, die jedenfalls aber Sichtbarkeit, Gesehenwerden markiert; biografisch knüpft sich der Übergang vom Jugenddasein zum Erwachsenenstatus daran; kulturell stiftet er einen identitären Platz innerhalb der Gesellschaft und befreit von der erfahrenen Nutzlosigkeit. Um sich den Erfahrungen des *Nicht-gebraucht-Werdens* oder des *Nicht-willkommen-Seins* im öffentlichen Bereich zu entziehen, wird auf das Private gesetzt.

Bei jenen Jugendlichen, die bereits staatlich registriert sind, sei es aufgrund von Auffälligkeiten im Sinne devianten und bestraften Verhaltens, sei es aufgrund ihres Status als fremd untergebrachte Kinder oder weil sie Kinder von *auffälligen* Familien sind, die selbst unter Verdacht stehen, ihr Leben nicht in den Griff zu bekommen, setzt sozialstaatliche Kontrolle wieder ein, wenn eine Schwangerschaft eintritt. Diese Spirale findet in den Alltagsleben der Jugendlichen ihren Ausdruck: Ihnen bleibt öffentliche Anerkennung verwehrt, sie setzen auf den privaten Bereich, um sich den Normen der Erwachsenengesellschaft einzupassen und werden zu Objekten der öffentlich-staatlichen Beobachtung – sie stehen unter Verdacht, die Zumutungen des oft schwierigen Alltags mit Kindern nicht eigenständig bewältigen zu können.

7. Zusammenschau und Diskussion

Die Ergebnisse der diesem Buch zugrundeliegenden Forschungsarbeit zeigen, mit welcher Vehemenz soziale und kulturelle Veränderungen im Zuge der Prekarisierung breiter Teile der Gesellschaft gerade die Lebenswelten von Jugendlichen erfassen. Ihre veränderten Praktiken, hinter denen existenzieller Druck, Strategien der Abwehr und des Umgangs mit einem Vakuum an gesellschaftlicher Anerkennung und Teilhabe stehen, machen die Relevanz kulturwissenschaftlicher Analysen der Transformationen und des Strukturwandels des sozialen Gefüges der Gegenwartsgesellschaft deutlich.

Durch die subjektzentrierte Vorgangsweise des praxeologischen Verfahrens zum *methodischen Verstehen* wurden die Jugendlichen in intensiver Felderhebung in ihrem Alltag, ihren Lebensräumen und Orten in der Stadt begleitet. Dieser spezifische kulturanthropologische Forschungsstil eröffnete Einsichten in die Konfliktfelder und Widersprüche, denen junge Menschen in der Spannung zwischen den kulturellen Orientierungen und den neuen Orientierungen, hervorgerufen durch die wirtschaftlichen und sozialen Veränderungen der Gegenwartsgesellschaft, ausgesetzt sind. Gefährdende Überlebensstrategien, Delinquenzbereitschaft und mangelnde Integration werden so als Konsequenz noch verbleibender Handlungsoptionen in den Bedingungen der Prekarisierung erkennbar: *Learning for precarity* – eine gesellschaftliche Paradoxie, die sich in der neuen Gesellschaftsordnung gerade an ihren jugendlichen Mitgliedern zum Ausdruck bringt.

Durch die Kombination differenzierter Erhebungsmethoden einer empirischen Kulturwissenschaft wurde versucht, die unmittelbaren Strategien und Praktiken jugendlicher Gesprächspartner zu Tage zu bringen und komplexer werdende Zusammenhänge und ihre kulturellen Bedeutungen zu erschließen. Diese Arbeit stellt somit auch einen ideologiekritischen Beitrag zum Verständnis einer gesellschaftlichen Entwicklung dar: Erfahrbar und verstehbar gemacht an einem spezifischen Ort, durchdringt sie Erscheinungsformen der Gefährdungen und Risiken Jugendlicher, die Auswirkungen wachsender sozialer Ungleichheit und diskursive wie symbolische Artikulationen von Ausgrenzungsmechanismen markieren.

Praktiken

Den Jugendlichen des nach thematischen Kriterien ausgewählten Samples ist gemeinsam, dass sie in Beziehung zu sozialstaatlichen Institutionen stehen. Die Art und Weise des Umgangs der Jugendlichen mit institutionellem Denken markiert Ergebnisse auf mehreren Ebenen:

Sowohl *die Bedeutung des habituellen Erbes* als auch der *milieuspezifischen Verfügbarkeit* über kulturelle, ökonomische und soziale Ressourcen konnte als zentraler Schlüssel im Verstehensprozess der Praktiken Jugendlicher ausgemacht werden. Trotz vielfältiger Brüche von Milieutraditionen und veränderter struktureller Bedingungen des Arbeitsmarktes gelingt es Jugendlichen mittelständischer Herkunft, habituelle Ressourcen zu aktivieren und sie in ihrer augenblicklichen Situation als Umgangsstrategien anzuwenden: Dieses (unbewusste) Kapital im Hintergrund lässt sie einerseits lockerer mit machtvollen institutionellen Effekten umgehen, andererseits gelingt es ihnen, ihre Erfahrungen in oder mit Institutionen für ihre Lebenssituationen zu nutzen: Beispielsweise als Phasen der Selbst- oder Identitätsfindung oder als legitime, (der Elterngeneration gegenüber) zu verteidigende, vorübergehende Einkommensmöglichkeit. Die milieuspezifischen Erwartungen an Bildung und Ausbildung und ihre Bedeutung für Jugendliche kann als eine Chance gelesen werden, dem Moratorium der Jugendphase, das sich mehr und mehr zu einem dauerhaften Zustand entwickelt, zu entkommen und sich damit mittelständischen Standards entsprechend *anzupassen*. Während Jugendliche aus unterprivilegierten Milieus weder Zugang zum Bildungsmoratorium finden, noch die Übergangsphase zum Erwachsenenstatus als sinnvolle Zeit erleben, gelingt es ihnen, die verlängerte Jugendphase als Zeitpool der Aneignung von Bildung und Lebenserfahrung positiv zu nutzen. Aber auch ihre Ressourcen sind nur bedingt verfügbar, da diese im Prozess der Prekarisierung der Arbeitswelt entwertet werden.

Für Jugendliche aus unterprivilegierten Milieus wird der Aufenthalt im Jugendmoratorium als verlorene Zeit empfunden, da die habituellen Erwartungen an einen frühen und schnellen Eintritt in die Erwerbsarbeit gebunden sind. Diese Jugendlichen kehren nach bestimmter Zeit der Arbeitsgesellschaft in gewissem Sinne den Rücken zu, indem sie ihre eigene Arbeitslosigkeit als Arbeitsverweigerung interpretieren und in sozialstaatlichen Abhängigkeitsstrukturen hängen bleiben. Gescheiterte Versuche, sich in den Arbeitsmarkt zu integrieren oder die Teilnahme an Arbeitslosenmaßnahmen, denen in ihren Augen jede Sinn- und Ernsthaftigkeit fehlt, provozieren Aggressionen, die sich mit dem Gefühl, überflüssig zu sein, verbinden. Eine durchgängig *negative Anerkennungsbilanz* fördert aggressives Verhalten. Aggressionen wenden sich in Form von Selbstverletzungen, Drogen- und Alkoholmissbrauch oder Suizidversuchen gegen sich selbst oder in Form von sprachlicher und körperlicher Gewalt gegen andere unterprivilegierte Gruppen.

Sozialstaatliche Maßnahmen werden von ihnen wesentlich stärker als von Jugendlichen aus mittelständischen Familien als Zwang, Kontrolle und Fremdbestimmung erfahren und provozieren *Ausbruchsversuche*. Da für sie Arbeitsorientierungen als Milieutraditionen nicht mehr existieren, beschränkt sich der Rückgriff auf milieuspezifische Kapitalien auf das Geschick, von finanziellen Fürsorgeleistungen des Sozialstaates leben zu können. Da die Jugendlichen allerdings gesellschaftlichen Ausgrenzungsmechanismen in verstärkter Weise ausgesetzt sind – das Etikett *Problemfall* stigmatisiert, verringert Bildungs- und die Chancen des Einstiegs in den Arbeitsmarkt – reagieren sie ablehnend, teils aggressiv und fordernd auf staatliche Behörden und sozialstaatliche Dienstleistungen.

Die Konstitution familiärer Netzwerke ist für das Verstehen der Handlungen Jugendlicher von zentraler Bedeutung: Relativ funktionierende familiäre Netzwerke bilden eine Unterstützungsstruktur, die anders als die individualisierten Bedingungen Jugendlicher mit fehlendem bzw. brüchigem Familiennetz, geeignet ist, Jugendliche ökonomisch aufzufangen und ihnen Bedingungen einer Ausbildung und damit eines Aufschubs der prekären Statuspassage Jugend zu ermöglichen. Jugendliche erfahren ihre Herkunftsfamilie nicht nur als finanzielle Ressource, sondern auch als emotionale und psychische Stütze, auch wenn sie in adoleszenten Rebellionen mit ihr gebrochen haben. Gerade in mittelständischen Familien funktioniert das Prinzip einer wechselseitigen Abhängigkeit, das sich im schlechten Gewissen der Jugendlichen ihren Eltern gegenüber und dem Motivationsantrieb ausdrückt, sich *für die Eltern* zu normalisieren und das Familienbild damit zurechtzurücken.

Jugendliche aus unterprivilegierten Milieus sind mit dem Status als *fürsorgebedürftige Problemfälle* aufgewachsen. Der Staat übernimmt sehr früh Aufgaben, die die Herkunftsfamilie, häufig selbst den Auswirkungen der Prekarisierung ausgesetzt, nicht leisten konnte. In diesen Unklarheiten und Orientierungslosigkeiten wird es für die Jugendlichen schwer, den Übergang vom Ort des Aufwachsens in jenen der Öffentlichkeit zu vollziehen. Die Ablösung vom Elternhaus (bzw. von der sozialstaatlichen Fürsorge als Teilsubstitut des familiären Netzes) wird vielmehr zu einem Dauerzustand, weil die Konflikte der Adoleszenz aufgrund fehlender kultureller Orientierungsmuster in den Familien nicht mehr aufgefangen werden können. Der Hintergrund gebrochener Strukturen der Familien wiederum bewirkt einen fordernden Zugang zu staatlichen Maßnahmen, der als Reaktion auf die Chancenlosigkeit des Einstieges in den Arbeitsmarkt und auf die Brüche von Milieutradition und habituellem Erbe zu lesen ist.

Die Bedeutung familiären sozialen Kapitals zeigt sich in den Einstellungen und Wünschen der Jugendlichen, wenn sie über eine eigene Familie nachdenken. Als Reaktion auf fehlende Nähe, Ordnung und Anerkennung orientieren sie sich an traditionellen Familienbildern, die Ausdruck einer Sehnsucht nach einem familialen Lebensraum sind, der Halt, Schutz und Vertrauen bietet.

In diesen Zusammenhang lässt sich der Befund einer *Verwässerung der Sphären des Privaten und des Öffentlichen* einordnen, die Jugendliche, je länger ihr *Schwebezustand* als *Nicht-Integrierte* in der Arbeitswelt anhält, zu einem *Rückzug ins Private* treibt, aus dem sie zuvor geworfen worden sind, weil zunehmende Außenbelastungen die Stabilitäten der Familien scheitern ließen. Da sich allerdings die Intimisierung des öffentlichen Raumes in ihren Lebenskontexten als Trug herausgestellt hat, setzen Jugendliche wieder aufs Private, indem sie sich aus öffentlichen Räumen zurückziehen und davon träumen, eine eigene Familie zu gründen. Dieser Rückzug aber setzt gesellschaftliche Teilhabe voraus, die den Jugendlichen fehlt. Der Rückzug in Privaträume, aber auch die Unsichtbarkeit Jugendlicher in öffentlichen Räumen spiegelt eine Antwort wider, die die Gesellschaft auf jugendspezifische Problemlagen gibt: Sie individualisiert und privatisiert sie. Diese Form von *unsichtbarer Jugend* entspricht einer neuen Qualität von Exklusion, die sich als Ausgrenzung *innerhalb* der Gesellschaft begreifen lässt und die die Substanz gesellschaftlicher Teilhabe außer Kraft setzt.

Kulturelle Brüche zwischen den Generationen drücken sich in einem veränderten Umgang mit Scham aus. Der scheinbar schamlose Umgang Jugendlicher im Unterschied zur Elterngeneration sowohl mit sozialstaatlichen Geld- als auch Dienstleistungen korrespondiert mit dem Wegbrechen stabiler Familienstrukturen, mit der Auflösung sozialmoralischer Milieus und mit der Entwicklung einer individualisierten Kultur, die der Expressivität des Einzelnen Raum geschaffen hat: Scham wird dabei zu einer Emotion, die nicht gezeigt werden darf, da sie den sozialen Normalitätserwartungen hinsichtlich der Gestaltung der eigenen Biografie und dem Glauben an die Machbarkeit der eigenen Lebensgeschichte zuwiderläuft. Weit stärker von der Individualisierung sozialer Ungleichheiten getroffen, legen Jugendliche die Scham vor sozialstaatlichen Behörden und Dienstleistungen ab und treten als rationale Akteure auf. Die scheinbare Schamlosigkeit der Jugendlichen entspricht einem Stigmamanagement, um Verletzungen und Demütigungen zu entgehen. So kann ihr Naheverhältnis zum Sozialstaat, das sich durch die informelle Netzwerkkultur der Peer Group verstärkt, als Strategie verstanden werden, das Wissen über den Zugang zu staatlichen Geld- und Dienstleistungen als besondere Schläue und den zugeschriebenen Status, sozial schwach zu sein, als Stärke, die sich gegen die Gesellschaft wendet, zu interpretieren.

Die *Wirkungen institutionellen Denkens* auf das Handeln Jugendlicher spiegeln sich in ihren Strategien: Entlang der Logiken der sozialen und räumlichen Dekontamination und des Disziplinierens von Jugendlichen seit Beginn der Moderne zeichnet sich eine *Geschichte der Verhaltenssteuerung* ab, die heute in einer Kombination von autoritären Herrschaftstechniken und Selbstermächtigungsstrategien mündet. Disziplinieren in geschlossenen Anstalten für Jugendliche funktioniert nach wie vor über die Regulierung der Zeit und des Alltags, über die Vorgabe von Strukturen, das Abstrafen von Vergehen und die Unterbindung des Kontaktes nach außen. Konnotiert ist diese Zeit mit Selbstverwirklichung, Selbstreflexion und Sinnsuche als aktuelle Bedürfnisse einer psychologisierten Erwachsenengesellschaft, die sich auf die Handlungs- und Denkstrukturen der Jugendlichen übertragen und ihre Vorstellungen über Chancen auf ein *gelingendes Leben* beeinflussen. Dabei stellt sich eine individualisierte persönliche Selbstreferenz als Umgangsstrategie ein, die als eine Art Erbe des New Age gelesen werden kann: Selbstfindung wird zur Sinnherstellung, die mit der Vorstellung einer *Nutzbarkeit von Kräften* einer übergeordneten Realität verbunden ist. Sowohl *gelingendes* als auch *gescheitertes* Leben wird dann zur persönlichen Entscheidung und eigenen Wahl und verliert jeglichen strukturellen Bezug zu sozialer Ungleichheit.

Die institutionellen Logiken aktivierungspädagogischer Eingliederungsmaßnahmen für lehrstellensuchende oder arbeitslose Jugendliche hingegen bewirken eine Sozialisation in eine Instabilität, die Jugendliche dahin treibt, sich in ihrer eigenen Zukunft als sozial Randständige zu entwerfen und das soziale Naheverhältnis zu Gruppen, die sich mit ihrem Status als *sozial Bedürftige* arrangiert haben, zu stärken. Sie beginnen damit, sich in der Ökonomie der Straßenjugendlichen zu engagieren. Die institutionelle Instabilität äußert sich unter anderem darin, dass die Jugendlichen immer wieder aus diesen Maßnahmen *ausbrechen*. Diese *Ausbruchsstrategien*, die sich gegen ihre *Austauschbarkeit* richten, sind paradox, da sie die Strukturen, gegen die sie sich zur Wehr setzen, mitproduzieren.

Logiken

Der in dieser Arbeit gebrauchte Institutionenbegriff lenkt den Blick auf das Verhältnis von Norm und Praxis, auf die Normierung der Praxis und die Praktizierung der Norm.

Die Frage nach institutionellen Umgangsstrategien eines in Transformation begriffenen Sozialstaates westeuropäischer Prägung mit prekarisierten Jugendlichen führte zur Identifikation institutioneller Logiken, die sich aus traditionellen wohlfahrtsstaatlichen Denkhaltungen entwickelten und in ihrer aktuellen Form und Textur als Spiegel gesellschaftlicher wie politischer Machtverhältnisse gelesen werden können. Als Diskurse betrachtet, stellen sie einerseits *Führungspraktiken*, die auf das Handeln der Jugendlichen einwirken dar. Andererseits umfassen sie spezifische Formen der *Selbstproduktion* und *Subjektivierung*. Das Paradoxon besteht darin, dass gegenwärtige institutionelle Logiken des Umgangs mit Jugendlichen Subjektivität nicht mehr unterdrücken, sondern die *Selbstproduktion* fördern, die durch das gesellschaftliche Leitbild des autonomen Subjekts durchgesetzt wird. (Neo-) liberale Tendenzen produzieren Freiheiten und organisieren die Chancen und Risiken, in denen Individuen frei sein können. Diese Entwicklungen laufen darauf hinaus, dass aufgrund der gleichzeitigen Individualisierung und Totalisierung eine Trennung zwischen Gesellschaft bzw. Staat und Individuum kaum mehr möglich ist.

Besonders deutlich tritt diese Entwicklung im Kontext der Logik *aktivierungspolitischen Investition* zu Tage. Die von ihnen erfassten Jugendlichen reinterpretieren die Rolle des gesellschaftlich passiv Erleidenden als die Rolle eines handlungsmächtigen Akteurs, Arbeitslosigkeit als Arbeitsverweigerung oder deklarieren sozialstaatliche Eingliederungsmaßnahmen als verpflichtungslose Veranstaltungen ohne Verbindlichkeit und Verantwortung. Die Diskrepanz zwischen normativ erwarteten Fähigkeiten der eigenverantwortlichen Lebensgestaltung, die aktivierungspolitischem Denken anhaftet, und den tatsächlich vorhandenen Ressourcen und Möglichkeiten bringt die Jugendlichen in eine paradoxe Situation: Die Forderung nach mehr Eigenverantwortung wird von ihnen als eine Form der Fremdbestimmung erlebt.

Logiken des Ausschließens von als problematisch etikettierten Jugendlichen machen die Transformationen des Sozialstaates deutlich, da heute nicht nur eine sukzessive Ausweitung strafrechtlicher Interventionen zu beobachten ist, sondern eine verstärkt repressive Politik, die vom Sozialstaat selbst ausgeht. Maßnahmen werden auf besondere Bevölkerungsgruppen gerichtet, die Logik einer positiven Diskriminierung herrscht vor, während die universalistische Integrationspolitik, die den keynesianischen Wohlfahrtsstaat prägte, zunehmend in den Hintergrund gerät. Versuchte man in den 1970er Jahren die herkömmliche Praxis der Jugendstrafe und Jugendhaft durch sozialpädagogische Ansätze abzufedern, legitimieren sich heute Strafpraktiken des Zwangs, Disziplinierens und Wegschließens in sozialpädagogischen Unternehmungen.

Das *Ausschließen*, das mit dem Weg- und Einschließen von prekarisierten Jugendlichen korrespondiert, stellt die Konsequenzen der Forderung nach der Beseitigung von *Gefahrenquellen* dar. Alltägliche Verunsicherungen und ein gesteigertes subjektives Unsicherheitsempfinden aktivieren Werte und Vorstellungen von Ruhe, Ordnung und Sicherheit.

Die räumliche Entsprechung der gesellschaftlichen Position zeigt sich im geografischen Ort, weit außerhalb der Stadt. Dieser *Platzverweis* entspricht einer eingeschränkten Teilhabe am gesellschaftlichen Leben. Die politische Rechtfertigung des Schutzes des jugendlichen Individuums vor den Gefahren des Stadtraumes entspricht umgekehrt einem Kontrollmechanismus zum Schutz öffentlich bürgerlicher Interessen gegen abweichendes Verhalten.

Logiken der Hilfe, die prekarisierten Jugendlichen angeboten werden, drücken sich im Rückgriff auf kleinräumige und partikulare Gemeinschaften und Netzwerke, in den Begriffen des *Streetworks* und der *lebensweltnahen Betreuung* Jugendlicher aus. Soziale Ungleichheit wird dabei zu einer Frage individueller Risiken und Fehlentscheidungen. Gemeinsinn und Bürgertugenden werden zur Basis der Gesellschaft erhoben und zu Mustern der politischen Bearbeitung sozialer Probleme. Nicht der Staat, sondern die lokale Gemeinschaft wird als Ort konzipiert, an dem soziale Ressourcen mobilisiert werden und soziales Kapital gebildet werden kann. Sozialer Arbeit wird in diesem Kontext die Aufgabe einer Aktivierungsinstanz zugewiesen. Über die Identifizierung *sozialer Brennpunkte* reagiert sie auf eine neue Unübersichtlichkeit und einen Wandel des sozialen Raums der Gesellschaft, der zu einer neuen Destabilisierung von Lebenslagen geführt hat. Soziale Ungleichheit stellt sich nicht mehr wie zu Beginn des 19. Jahrhunderts als Klassenschicksal dar. Eine neue städtische Kategorie der *Überflüssigen* hat sich herausgebildet, denen mit engräumigen Investitionen wie Jugendstreetwork begegnet wird.

Den identifizierten institutionellen Logiken ist gemeinsam, dass sie eine Mobilisierung subjektiver Lebensgestaltungspotenziale und eine damit verbundene Lebensgestaltungsverantwortung fördern. Werte, Normen und Vorstellungen von Unabhängigkeit bleiben im Zuge dieser Anforderungen an die Fähigkeiten der Jugendlichen nicht länger eine moralische Frage der Verantwortung für sich selbst, sondern werden zu einer sozialen Verpflichtung, zum Symbol für den *Willen* zur Teilhabe am gesellschaftlichen Leben. Risiken wie Arbeitslosigkeit, Sucht oder Wohnungslosigkeit erscheinen als selbstverschuldete, korrekturbedürftige Tatsachen, Selbstbeherrschung und Autonomie hingegen als fundamentale Voraussetzungen für ein *gutes, gesundes* Leben. Hinter dieser Logik verbirgt sich der Subtext „Sie müssen nur wollen“: Wenn sie nur wollen würden, würde den Jugendlichen die Teilhabe am gesellschaftlichen Leben offen stehen. Dieser pädagogisierende Impetus, der sich an die individuelle Autonomie und Vorstellung richtet, dass das *gelungene Leben* eine individuelle Wahl darstelle, trägt zugleich eine Stigmakomponente: Das falsche Verhalten und der fehlende Wille werden zur selbstverschuldeten Ursache ihres Scheiterns. Die individualisierte Leitfigur des flexiblen, mobilen, sich ständig in einer Bewerbungssituation befindlichen Jugendlichen erhält so sein diskursives Pendant, den *unzulänglichen* Jugendlichen ohne Ausbildung, ohne Job, ohne soziale Kompetenzen und ohne *Willen*, sich in die Erwachsenengesellschaft zu integrieren.

An den Ergebnissen der vorliegenden Arbeit wird allerdings deutlich, wie stark die Transformationen der Arbeitswelt und des Ausbildungsmarktes, die sich in sozialstaatlichen Programmen spiegeln, in die Lebensrealitäten Jugendlicher eingreifen. Ihre Zukunftsstrategien entstehen auf der Basis von Prekaritätserfahrungen, die mit wechselnder Arbeitslosigkeit und unsicheren, unterbezahlten oder risikoreichen Anstellungen oder Eingliederungsmaßnahmen einhergehen, die zu familiären, sozialen und psychischen Belastungen hinzukommen. In den Erzählungen der Jugendlichen werden die identitären Strategien und Sinnstrukturen deutlich, die ihren ungünstigen Lebenssituationen Sinn verleihen, ohne jedoch ihre strukturelle Deprivation zu überwinden.

Dieses Buch wollte darauf aufmerksam machen, dass Prekarisierung keine Randerscheinung, sondern das Problem einer wachsenden Zahl von Jugendlichen darstellt und damit eine ernstzunehmende soziale und kulturelle Realität der Gesamtgesellschaft widerspiegelt.

Literatur

Ahorn, Roland/Bettinger, Frank (Hg.): Sozialer Ausschluss und soziale Arbeit. Positionsbestimmungen einer kritischen Theorie und Praxis sozialer Arbeit, Wiesbaden 2005.

Akerström Andersen, Niels: The Contractualisation of the Citizen – on the transformation of obligation into freedom, in: Soziale Systeme. Zeitschrift für soziologische Theorie, 10 (2), Stuttgart 2004, 273-291.

Amendt, Günter: No Drugs No Future. Drogen im Zeitalter der Globalisierung, Hamburg 2003.

Amit-Talai, Vered/Wulff, Helena (Hg.): Youth Culture. A Crosscultural Perspective, London/New York 1995.

Anders, Günther: Die Antiquiertheit der Menschen, München 1987.

Anderson, Elijah: Code of the Street: Decency, Violence and the Moral Life of the Inner City, New York 1999.

Arendt, Hannah: Über die Revolution, München 1974.

Arendt, Hannah: Vita activa oder Vom tätigen Leben, Stuttgart 1960.

Atzmüller, Roland/Hermann, Christoph: Liberalisierung öffentlicher Dienstleistungen in der EU und Österreich. Auswirkungen auf Beschäftigung, Arbeitsbedingungen und Arbeitsbeziehungen [H. 2 der Serie „Zur Zukunft öffentlicher Dienstleistungen", (Hg.): Kammer für Arbeiter und Angestellte Wien], Wien 2004.

Baacke, Dieter/Ferchhoff, Wilfried: Von den Jugendsubkulturen zu den Jugendkulturen. Der Abschied vom traditionellen Jugendsubkulturkonzept, in: Forschungsjournal Neue Soziale Bewegungen 8, 1995, 33-46.

Baethge, Martin: Arbeit und Identität, in: Ulrich Beck/Elisabeth Beck-Gernsheim (Hg.): Riskante Freiheiten. Individualisierung in modernen Gesellschaften, Frankfurt/Main 1994.

Baethge, Martin: Individualisierung als Hoffnung und als Verhängnis, in: Rolf Lindner/Rolf H.H. Wiebe (Hg.): Verborgen im Licht. Neues zur Jugendfrage, Frankfurt/Main 1985, 98-124.

Barlösius, Eva: „Das Elend der Welt". Bourdieus Modell für die „Pluralität der Perspektiven" und seine Gegenwartsdiagnose über die „neoliberale Invasion", in: BIOS. Zeitschrift für Biographieforschung und Oral History, 12 (1999), H. 1, 3-27.

Basaglia, Franco/Basaglia, Franca: Die Ideologie der totalen sozialen Kontrolle, Frankfurt/Main 1971.

Baudrillard, Jean: KOOL KILLER oder Der Aufstand der Zeichen, Berlin 1978.

Bauer, Uwe: Selbst- und/oder Fremdsozialisation. Zur Theoriedebatte in der Sozialisationsforschung, in: Zeitschrift für Soziologie der Erziehung und Sozialisation 22(2), 2002, 118-142.

Bauman, Zygmunt: Verworfenes Leben. Die Ausgegrenzten der Moderne, Hamburg 2005.
Beck, Ulrich (Hg.): Kinder der Freiheit, Frankfurt/Main 1998.
Beck, Ulrich/Lau, Christopher (Hg.): Entgrenzung und Entscheidung, Frankfurt am Main 2004.
Beck, Ulrich: Risikogesellschaft. Auf dem Weg in eine andere Moderne, Franfurt am Main 1986.
Benz, Wolfgang: Gewalt und Ideologie. Renaissance und Militarisierung rechtsradikalen Denkens. Nationale und internationale Zusammenhänge [Wiener Vorlesungen im Rathaus, Bd. 38], Wien 1995.
Berger, Peter/Luckmann, Thomas: Die gesellschaftliche Konstruktion der Wirklichkeit. Eine Theorie der Wissenssoziologie, Frankfurt/Main 1980.
Berking, Helmuth: Schenken – Zur Anthropologie des Gebens, Frankfurt/Main 1996.
Bettelheim, Bruno: Der Weg aus dem Labyrinth. Leben lernen als Therapie, Stuttgart 1975.
Boltanski, Luc/Chiapello, Ève: Der neue Geist des Kapitalismus, Konstanz 2003.
Bosse, Hans/King, Vera (Hg.): Männlichkeitsentwürfe. Wandlungen und Widerstände im Geschlechterverhältnis, Frankfurt/New York 2000.
Bourdieu, Pierre: Entwurf einer Theorie der Praxis auf der ethnologischen Grundlage der kabylischen Gesellschaft, Frankfurt/Main 1979.
Bourdieu, Pierre et.al.: Das Elend der Welt. Zeugnisse und Diagnosen alltäglichen Leidens an der Gesellschaft, Konstanz 1997a.
Bourdieu, Pierre: Der Tote packt den Lebenden [Schriften zu Politik & Kultur 2], Hamburg 1997b, 142-146.
Bourdieu, Pierre: Die feinen Unterschiede. Kritik der gesellschaftlichen Urteilskraft, Frankfurt/Main 1982.
Bourdieu, Pierre: Die zwei Gesichter der Arbeit. Interdependenzen von Zeit- und Wirtschaftsstrukturen am Beispiel einer Ethnologie der algerischen Übergangsgesellschaft, Konstanz 2000.
Bourdieu, Pierre: Familiensinn, in: Pierre Bourdieu: Praktische Vernunft. Zur Theorie des Handelns, Frankfurt/Main 1998, 126-136.
Bourdieu, Pierre: Gegenfeuer. Wortmeldungen im Dienste des Widerstands gegen die neoliberale Invasion, Konstanz 1998.
Bourdieu, Pierre/Wacquant, Loïc D.: Reflexive Anthropologie, Frankfurt/Main 1996.
Bourdieu, Pierre: Praktische Vernunft. Zur Theorie des Handelns, Frankfurt/Main 1998.
Bourdieu, Pierre: Sozialer Raum und „Klassen", Frankfurt/Main 1985.
Böhnisch, Lothar: Die Entgrenzung der Männlichkeit. Verstörungen und Formierungen des Mannseins im gesellschaftlichen Übergang, Opladen 2003.
Brant, Sebastian: Das Narrenschiff, Wiesbaden, 2004 [1497].
Brater, Michael: Schule und Ausbildung im Zeichen der Individualisierung, in: Ulrich Beck (Hg.): Kinder der Freiheit, Frankfurt/Main 1998, 149-174.
Breuer, Stefan: Die Gesellschaft des Verschwindens. Von der Selbstzerstörung der technischen Zivilisation, München/Wien 1995.
Bröckling, Ulrich/ Krasmann, Susanne/Lemke, Thomas: Gouvernementalität der Gegenwart. Studien zur Ökonomisierung des Sozialen, Frankfurt/Main 2000.

Bröckling, Ulrich: You are not responsible for being down, but you are responsible for getting up. Über Empowerment, in: Leviathan. Berliner Zeitschrift für Sozialwissenschaft, (2003), 31. Jg., H. 3, Berlin 2003.
Bude, Heinz: Die Überflüssigen als transversale Kategorie, in: Peter Berger/Michael Vester (Hg.): Alte Ungleichheiten. Neue Spaltungen, Opladen 1998, 363-379.
Bude, Heinz/Willisch, Andreas (Hg.): Das Problem der Exklusion. Ausgegrenzte, Entbehrliche, Überflüssige, Hamburg 2006.
Castel, Robert: Die Metamorphosen der sozialen Frage. Eine Chronik der Lohnarbeit, Konstanz 2000.
Castel, Robert: Die Stärkung des Sozialen. Leben im neuen Wohlfahrtsstaat, Hamburg 2005.
Clarke, John u. a. (Hg.): Jugendkulturen als Widerstand. Milieus, Rituale, Provokationen, Frankfurt/Main 1979.
Comaroff, Jean/Comaroff, John L.: Millennial Capitalism: First Thoughts on a Second Coming, in: Millennial Capitalism and the Culture of Neoliberalism, Durham/London 2001, 1-56.
Cooper, Andreas: Psychiatrie und Antipsychiatrie, Frankfurt/Main 1971.
Colley, Helen u. a. (Hg.): Social inclusion and young people: breaking down the barriers, Strasbourg 2007.
Crouch, Colin: A New Social Contract? The Social Contract and the Problem of the Firm, Florence 1996.
Dahme, Heinz-Jürgen u. a. (Hg.): Soziale Arbeit für den aktivierenden Staat, Opladen 2003.
Dahme, Heinz-Jürgen/Wohlfahrt, Norbert: Die verborgene Seite des aktivierenden Staats, in: Sozial Extra, 8 (9), 2003, 17-21.
Dahrendorf, Ralf: Homo Sociologicus, Opladen 1958.
Dangschat, Jens S./Frey, Oliver: Stadt- und Regionalsoziologie, in: Fabian Kessel u. a. (Hg.): Handbuch Sozialraum, Wiesbaden 2005, 143-164.
Dangschat, Jens S.: Gesellschaft in Bewegung. Über „neue Unübersichtlichkeit", unübersehbare Wertepluralität und entleerte Sinne, in: Soziale Psychiatrie 19, Heft 4, 1995, 15-19.
Dangschat, Jens S.: Modernisierte Stadt, gespaltene Gesellschaft. Ursachen von Armut und sozialer Ausgrenzung, Wiesbaden 2002.
Degen, Martin: Straßenkinder. Szenenbetrachtungen, Erklärungsversuche und sozialarbeiterische Ansätze, Bielefeld 1995.
Duneier, Mitchell: Sidewalk, New York 1999.
Deleuze, Gilles: Postskriptum über die Kontrollgesellschaften, in: Gilles Deleuze: Unterhandlungen 1972 – 1990, Frankfurt/Main 1993, 254-262.
DeLillo, Don: Unterwelt, München 2000.
Denz, Hermann u. a.: Die Konfliktgesellschaft. Wertewandel in Österreich 1990-2000, Wien 2001.
Dettling, Warnfried: Die moralische Generation, in: Ulrich Beck (Hg.): Die Kinder der Freiheit, Frankfurt/Main 1997, 124-130.
Dimmel, Nikolaus: Drohen – Betteln – Verhandeln: Diskursive Praktiken, Verhandlungsmuster und politisch-administrative Entscheidungstechniken im wohlfahrtsstaatlichen Begründungs- und Leistungszusammenhang, Frankfurt/Main 2000.

Dollinger, Bernd/Raithel, Jürgen (Hg.): Aktivierende Sozialpädagogik. Ein kritisches Glossar, Wiesbaden 2006.
Douglas, Mary: Reinheit und Gefährdung. Eine Studie zu Vorstellungen von Verunreinigungen und Tabu, Berlin 1985.
Douglas, Mary: Wie Institutionen denken, Frankfurt/Main 1991.
Drackle, Dorle (Hg.): Jung und wild. Zur kulturellen Konstruktion von Kindheit und Jugend, Hamburg 1996.
Drackle, Dorle: Kulturelle Repräsentationen von Jugend in der Ethnologie, in: Dorle Drackle (Hg.): Jung und wild. Zur kulturellen Konstruktion von Kindheit und Jugend, Hamburg 1996, 14-53.
Dressel, Gert/Hopf, Gudrun (Hg.): Von Geschenken und anderen Gaben. Frankfurt/Main 2000.
Drilling, Matthias: Young urban poor. Abstiegsprozesse in den Zentren der Sozialstaaten, Wiesbaden 2004a.
Drilling, Matthias: Schulsozialarbeit: Antworten auf veränderte Lebenswelten, Bern/Stuttgart/Wien, 2004b.
Durkheim, Emile: Über die Teilung der sozialen Arbeit, Frankfurt/Main 1977 [1930].
Ecarius, Jutta: Individualisierung und soziale Reproduktion im Lebensverlauf. Konzepte der Lebenslaufforschung, Opladen 1996.
Ehrenberg, Alain: Das erschöpfte Selbst. Depression und Gesellschaft in der Gegenwart, Frankfurt/New York 2004.
Ehrenreich, Barbara (Hg.): Die Angst vor dem Absturz, Reinbeck bei Hamburg 1992.
Elias, Norbert: Die Gesellschaft der Individuen, Frankfurt/Main 2001.
Elias, Norbert/Scotson, John L.: Etablierte und Außenseiter, Frankfurt/Main 1990 [eng. 1965].
Elias, Norbert: Über den Prozeß der Zivilisation. Soziogenetische und psychogenetische Untersuchungen. [Bd. 2: Wandlungen der Gesellschaft. Entwurf zu einer Theorie der Zivilisation], Frankfurt/Main 1992 [1939].
Erdheim, Mario: Die gesellschaftliche Produktion von Unbewusstheit. Eine Einführung in den ethnopsychoanalytischen Prozeß, Frankfurt/Main 1984.
Erikson, Erik H.: Identität und Lebenszyklus, Frankfurt/Main 1973 [1966].
Erikson, Erik H.: Der vollständige Lebenszyklus, Frankfurt/Main 1992 [1988].
Esping-Andersen, Gösta: The three worlds of welfare capitalism, Cambridge, 1990.
Etl, Sabine: Streetwork in Österreich, in: Andreas Klose/Werner Steffan (Hg.): Streetwork und mobile Jugendarbeit in Europa. Europäische Streetwork-Explorationsstudie, Münster 1997, 322-343.
Fabian, Thomas/Schweikart, Rudolf (Hg.): Brennpunkte der Sozialen Arbeit [Leipziger Beiträge zur Sozialen Arbeit, Bd.4], Münster/Hamburg/London 2003.
Fend, Helmut: Sozialgeschichte des Aufwachsens. Bedingungen des Aufwachsens und Jugendgestalten im zwanzigsten Jahrhundert, Frankfurt/Main 1988.
Fink, Marcel/Riesenhofer, Andreas/Tálos, Emmerich: Endbericht Atypische Arbeitsverhältnisse. Geringfügige Beschäftigung und Freie DienstnehmerInnen, Wien 2001.
Fleischmann, Peter: Heim 2000, in: Karin Lauermann (Hg.): Sozialpädagogik im Aufbruch 1. Sozialpädagogisches Symposion. Dokumentation, Wien 1997, 56-62.

Flick, Uwe: Qualitative Forschung. Theorie, Methoden, Anwendung in Psychologie und Sozialwissenschaften, Reinbek bei Hamburg 1995.
Foucault, Michel: About the beginning of the Hermeneutics of the Self, in: Political theory, Vol. 21, No. 2, 1993, 198-227.
Foucault; Michel: Andere Räume, in: Karlheinz Barck u. a. (Hg.): Aisthesis. Wahrnehmung heute oder Perspektiven einer anderen Ästhetik, Leipzig 1992, 34-46.
Foucault, Michel: Der Wille zum Wissen. Sexualität und Wahrheit 1, Frankfurt/Main 1977.
Foucault, Michel: Die Geburt der Klinik. Eine Archäologie des ärztlichen Blickes, Frankfurt/Main 1988 [1963].
Foucault, Michel: Die Ordnung des Diskurses, München 1974.
Foucault, Michel: Geschichte der Gouvernementalität [Bd.1], Frankfurt/Main 2004a.
Foucault, Michel/Marchetti, Valerio/Salomoni von Picador, Antonella: Abnormal. Lectures at the College de France 1974-1975, New York 2004b.
Foucault, Michel: Mikrophysik der Macht. Über Strafjustiz, Psychiatrie und Medizin, Berlin 1967.
Foucault, Michel/Rabinow von Pantheon, Paul: The Foucault Reader, New York 1984.
Foucault, Michel: Überwachen und Strafen. Die Geburt des Gefängnisses, Frankfurt/Main 1976.
Foucault, Michel: Wahnsinn und Gesellschaft, Frankfurt/Main 1969.
Friebel, Harry (Hg.): Berufsstart und Familiengründung – Ende der Jugend? Opladen 1990.
Gabanyi, Annamaria/Hemedinger, Fritz/Lehner, Markus: Jugendverschuldung. Analyse und Präventionsansätze, Linz 2007.
Galland, Olivier: Précarité et entrées dans la vie, Revue française de sociologie [XXV Nr. 1] [Neudruck in: Galland, Olivier (Hg.): L'entrée des jeunes dans la vie adulte (=Problèmes politiques et sociaux, 794, 1997)], Paris 1984, 49-66.
Garland, David W.: Die Widersprüche der "strafenden Gesellschaft": Der Fall Großbritannien, in: Pierre Bourdieu (Hg.): Der Lohn der Angst. Flexibilisierung und Kriminalisierung in der "neuen Arbeitsgesellschaft" [LIBER. Internationales Jahrbuch für Literatur und Kultur 99/00], Konstanz 1999/2000, 142-160.
Geertz, Clifford: Dichte Beschreibung. Beiträge zum Verstehen kultureller Systeme, Frankfurt/Main 1973.
Giddens, Anthony: Der dritte Weg. Die Erneuerung der sozialen Demokratie, Frankfurt/Main 1998.
Glaser, Barney G./ Strauss, Anselm L.: Grounded Theory. Strategien qualitativer Forschung, Bern 1998.
Goffman, Erving: Asyle. Über die soziale Situation psychiatrischer Patienten und anderer Insassen, Frankfurt/Main 1973.
Goffman, Erving: On Cooling the Mark Out: Some Aspects of Adaptation to Failure, in: Psychiatry. Journal of Interpersonal Relations 15, 1952, 451-463.
Goffman, Erving: Stigma. Über Techniken der Bewältigung beschädigter Identität, Frankfurt/Main 1967.
Gorz, André: Arbeit zwischen Misere und Utopie, Frankfurt/Main 2000.

Greco, Monika: Homo Vacuus. Alexithymie und das neoliberale Gebot des Selbstseins, in: Ulrich Bröckling/Susanne Krasmann/Thomas Lemke (Hg.): Gouvernmentalität der Gegenwart. Studien zur Ökonomisierung des Sozialen, Frankfurt/Main 2000, 265-285.

Greverus, Ina-Maria: Die Anderen und Ich. Vom Sich Erkennen, Erkannt- und Anerkanntwerden. Kulturanthropologische Texte, Darmstadt 1995.

Greverus, Ina-Maria: Neues Zeitalter oder verkehrte Welt: Anthropologie als Kritik, Darmstadt 1990.

Greverus, Ina-Maria: Was sucht der Anthropologe in der Stadt, in: Ina-Maria Greverus/ Johannes Moser/ Kirsten Salein (Hg.): STADTgedanken aus und über Frankfurt am Main. Der Stadt Frankfurt zum 1200. Geburtstag. Frankfurt/Main, 1994, 11-74.

Großegger, Beate: Werte in einer "Welt der Alternativen" oder: Wie konservativ ist die Jugendgeneration wirklich? In: Journal der Jugendkulturen 10, 2004, 2-7.

Günther, Klaus: Zwischen Ermächtigung und Disziplinierung. Verantwortung im gegenwärtigen Kapitalismus, in: Axel Honneth (Hg.): Befreiung aus der Mündigkeit. Paradoxien des gegenwärtigen Kapitalismus, Frankfurt/Main 2002, 117-139.

Habermas, Jürgen: Die neue Unübersichtlichkeit. Kleine Politische Schriften V, Frankfurt/Main 1985.

Habermas, Jürgen: Strukturwandel der Öffentlichkeit, Frankfurt/Main 1990.

Handler, Joel F.: Social citizenship and workfare in the US and Western Europe: from status to contract, in: Journal of European Social Policy, 13 (3), 2003, 229-243.

Hannerz, Ulf: Cultural Complexity. Studies in the Social Organization of Meaning, New York 1992.

Hartmann, Martin: Widersprüche, Ambivalenzen, Paradoxien – Begriffliche Wandlungen in der neueren Gesellschaftstheorie, in: Axel Honneth (Hg.): Befreiung aus der Mündigkeit. Paradoxien des gegenwärtigen Kapitalismus, Frankfurt/Main 2002, 221-251.

Häußermann, Hartmut: Aufwachsen im Ghetto – Folgen sozialräumlicher Differenzierung in den Städten, in: Kirsten Bruhns/Wolfgang Mack (Hg.): Aufwachsen und Lernen in der Sozialen Stadt. Kinder und Jugendliche in schwierigen Lebensräumen, Opladen 2001.

Häußermann, Hartmut/Kronauer, Martin: Inklusion-Exklusion, in: Fabian Kessel u. a. (Hg.): Handbuch Sozialraum, Wiesbaden 2005, 597-609.

Häußermann, Hartmut: Stadt – Land, in: Stephan Lessenich/Frank Nullmeier (Hg.): Deutschland – eine gespaltene Gesellschaft, Frankfurt/New York 2006.

Hebdige, Dick: Subculture. Die Bedeutung von Stil, in: Diedrich Dieterichsen/ Dick Hebdige/ O.-D. Marx: Schocker. Stile und Moden der Subkultur, Hamburg 1983.

Hebdige, Dick: Subculture. The Meaning of Style, London 1966.

Heinrichs, Hans-Jürgen: Inmitten der Fremde, Reinbek 1992.

Heitmeyer, Wilhelm: Rechtsextremismus. „Warum handeln Menschen gegen ihre eigenen Interessen?“ Materialien zur Auseinandersetzung mit Ursachen, Köln 1991.

Heitmeyer, Wilhelm/Soeffner, Hans-Georg (Hg.): Gewalt. Entwicklungen, Strukturen, Analyseprobleme, Frankfurt/Main 2004.

Heitmeyer, Wilhelm (Hg.): Was treibt die Gesellschaft auseinander? Frankfurt/Main 1997.

Heitzmann, Karin: Zugang und Qualität sozialer Leistungen für Einkommensschwache. Ein europäischer Vergleich, in: Die Armutskonferenz. Österreichisches Netzwerk gegen Armut und soziale Ausgrenzung (Hg.): Pflicht zum Risiko? Dokumentation Fünfte Österreichische Armutskonferenz, Wien 2004, 34-38.

Hirsch, Joachim: Der nationale Wettbewerbsstaat. Staat, Demokratie und Politik im globalen Kapitalismus, Berlin 1995.

Hirsch, Joachim: Materialistische Staatstheorie. Transformationsprozesse des kapitalistischen Staatensystems, Hamburg 2005.

Hitzler, Ronald: Der unberechenbare Bürger. Über einige Konsequenzen der Emanzipation der Untertanen, in: Ulrich Beck (Hg.): Die Kinder der Freiheit, Frankfurt/Main 1997, 175-194.

Hochschild, Arlie: Das gekaufte Herz. Zur Kommerzialisierung der Gefühle, Frankfurt/New York 1990.

Hoffmann-Riem, Christa: Das adoptierte Kind. Familienleben mit doppelter Elternschaft, München 1984.

Hoggart, Richard: The Use of Literacy, London 1957.

Honneth, Axel (Hg.): Befreiung aus der Mündigkeit. Paradoxien des gegenwärtigen Kapitalismus, Frankfurt/ Main 2002.

Honneth, Axel: Kampf um Anerkennung. Zur moralischen Grammatik sozialer Konflikte, Frankfurt/Main 1998.

Honneth, Axel: Organisierte Selbstverwirklichung. Paradoxien der Individualisierung, in: Axel Honneth (Hg.): Befreiung aus der Mündigkeit. Paradoxien des gegenwärtigen Kapitalismus, Frankfurt/Main 2002, 141-158.

Hornstein, Walter: Jugendforschung und Jugendpolitik. Entwicklungen und Strukturen in der zweiten Hälfte des 20. Jahrhunderts [Materialien zur Historischen Jugendforschung], Weinheim und München 1999.

Hurrelmann, Klaus: Risikoverhalten, in: Zeitschrift für Soziologie der Erziehung und Sozialisation, 21(2), 2001.

Hurrelmann, Klaus: Selbstsozialisation oder Selbstorganisation? Ein sympathisierender, aber kritischer Kommentar, in: Zeitschrift fur Soziologie der Erziehung und Sozialisation, 22 (2), 2002, 155-166.

Jahoda, Marie/Lazarsfeld, Paul F./Zeisel, Hans: Die Arbeitslosen von Marienthal. Ein soziographischer Versuch über die Wirkungen langandauernder Arbeitslosigkeit, Frankfurt/Main 1975 [1932].

Jervis, Giovanni: Kritisches Handbuch der Psychiatrie, Frankfurt/Main 1978.

Junge, Matthias (Hg.): Macht und Moral. Beiträge zur Dekonstruktion von Moral, Wiesbaden 2003.

Jütte, Robert: Arme, Bettler, Beutelschneider. Eine Sozialgeschichte der Armut in der Frühen Neuzeit, Weimar 2000.

Kadritzke, Ulf: Ratlos auf der Wippe. Gedanken zur Verwundbarkeit der Mittelklasse, in: Kuckuck. Notizen zur Alltagskultur, 22 (2), 2007.

Kapeller, Doris: Case Study Austria: Graz, in: Frauke Brandt u. a. (Hg.): Social Assistance and Local Employment Promotion. Tendencies of Exclusion in Austria, Germany and Denmark, Göttingen 2003, 19-65.

Karstedt, Susanne: Macht, Ungleichheit und Korruption: Strukturelle und kulturelle Determinanten im internationalen Vergleich, in: Dietrich Oberwittler/Susanne Karstedt (Hg.): Soziologie der Kriminalität [Sonderheft 43 der KZfSS], Wiesbaden 2003, 384-412.

Karstedt, Susanne: Moral und Skandal: Die Macht der öffentlichen Moral, in: Matthias Junge (Hg.): Macht und Moral. Beiträge zur Dekonstruktion von Moral, Wiesbaden 2003.

Kast, Verena/Tálos, Emmerich: Krisen des flexiblen Menschen [Wiener Vorlesungen im Rathaus, Bd. 98], Wien 2002.

Katschnig-Fasch, Elisabeth (Hg.): Das ganz alltägliche Elend. Begegnungen im Schatten des Neoliberalismus, Wien 2003.

Katschnig-Fasch, Elisabeth: Möblierter Sinn. Städtische Wohn- und Lebensstile, Wien/Köln/Weimar 1998.

Kaufmann, Franz-Xaver: Sozialpolitisches Denken, Frankfurt/Main 2003.

Kessel, Fabian: Der Gebrauch der eigenen Kräfte: eine Gouvernementalität Sozialer Arbeit, Weinheim/München 2005.

Kessel, Fabian: Individualität – Dein Risiko? Soziale Arbeit auf dem Weg zur neosozialen Risikokalkulatorin, in: Bernd Dollinger (Hg.): Individualität als Risiko? Soziale Pädagogik als Modernisierungsmanagement, Münster 2006.

Kessel, Fabian/Otto, Hans-Uwe: Aktivierende Soziale Arbeit. Anmerkungen zur neosozialen Programmierung Sozialer Arbeit, in: Heinz-Jürgen Dahme u. a. (Hg.): Soziale Arbeit für den aktivierenden Staat, Opladen 2003, 57-73.

Kessel, Fabian/Otto, Hans-Uwe. (Hg.): Soziale Arbeit und Soziales Kapital. Zur Kritik lokaler Gemeinschaftlichkeit, Wiesbaden 2004.

Kessel, Fabian/Reutlinger, Christian/Ziegler, Holger: Erziehung zur Armut? Soziale Arbeit und die „neue Unterschicht", Wiesbaden 2007.

Kessel, Fabian u. a. (Hg.): Handbuch Sozialraum, Wiesbaden 2005.

Keupp, Heiner u. a. (Hg.): Identitätskonstruktionen. Das Patchwork der Identitäten in der Spätmoderne, Reinbek 1999.

Kirchler, Erich: Arbeitslosigkeit und Alltagsbefinden, in: Gerd Vonderach (Hg.): Arbeitslose im Blick der Sozialforschung. Ausgewählte Studien aus der Geschichte der empirischen Arbeitslosenforschung im deutschsprachigen Raum, Münster/Hamburg/London 2002, 57-68.

Knecht, Michi (Hg.): Die andere Seite der Stadt. Armut und Ausgrenzung in Berlin, Köln/Weimar/Wien 1999.

Kowalczyk, Charly: Mama und Papa sind meine richtigen Eltern. Pflege- und Adoptiveltern erzählen ihre Geschichte, Idstein 2006.

Krappmann, Lothar: Die Identitätsproblematik nach Erikson aus einer interaktionistischen Sicht, in: Heiner Keupp/Renate Höfer (Hg.): Identitätsarbeit heute, Frankfurt/Main 1997, 66-92.

Kreisky, Eva: Brüderlichkeit und Solidarität. Maskuline Fahnenworte einer politischen Ethik der Moderne, in: Alberto Godenzi (Hg): Solidarität. Auflösung partikularer Identitäten und Interessen [Reihe Res Socialis, Bd.9.], Freiburg, 1999, 29-111.

Kronauer, Martin: Armut, Ausgrenzung, Unterklasse: Über neue Formen der gesellschaftlichen Spaltung, in: Leviathan, 25 (1), 13-27.

Kronauer, Martin: Ausgrenzung und psychisch-sozialer Raum, in: Roland Ahorn/Frank Bettinger (Hg.): Sozialer Ausschluss und soziale Arbeit. Positionsbestimmungen einer kritischen Theorie und Praxis sozialer Arbeit, Wiesbaden 2005, 167-184.

Lapeyronnie, Didier: Die Formen des Formlosen. Der Rassismus in Frankreich und seine gesellschaftliche wie politische Bedingtheit, in: Wolf-Dietrich Bukow u. a. (Hg.): Auf dem Weg zur Stadtgesellschaft. Die multikulturelle Stadt zwischen globaler Neuorientierung und Restauration, Opladen 2001.

Lasch, Christopher: Das Zeitalter des Narzissmus, Hamburg 1995.

Lauermann, Karin: Reformbestrebungen der Heimerziehung in Österreich seit 1945: Eine historische Rückblende, in: Gerald Knapp/Josef Scheipl (Hg.): Jugendwohlfahrt in Bewegung. Reformansätze in Österreich, Klagenfurt (Celovec)/Ljubljana (Laibach)/Wien (Dunaj) 2001, 120-133.

Le Breton, David: Riskantes Verhalten Jugendlicher als individueller Übergangsritus, in: Jürgen Raithel (Hg.): Risikoverhaltensweisen Jugendlicher. Formen, Erklärungen und Prävention, Opladen 2001, 111-130.

Lemke, Harald: Michel Foucault. In Konstellationen, Maastrich 1995.

Lemke, Thomas/Krasmann, Susanne/Bröckling, Ulrich: Gouvernementalität, Neoliberalismus und Selbsttechnologien. Eine Einleitung, in: Ulrich Bröckling/Susanne Krasmann/Thomas Lemke: Gouvernementalität der Gegenwart. Studien zur Ökonomisierung des Sozialen, Frankfurt/Main 2000, 7-40.

Lessenich, Stephan: Die Neuerfindung des Sozialen. Der Sozialstaat im flexiblen Kapitalismus, Bielefeld 2008.

Lessenich, Stephan: Wohlfahrtsstaatliche Grundbegriffe. Historische und aktuelle Diskurse. Theorie und Gesellschaft, Band 52, Frankfurt/New York 2003.

Lewis, Oskar: Die Kinder von Sánchez. Selbstportrait einer mexikanischen Familie, Düsseldorf und Wien 1963.

Lewis, Oscar: The Culture of Poverty, in: Bernhard Russel (Hg.): The Human Way. Readings in Anthropology, New York/London 1975, 163-171.

Lindner, Rolf: Die Entdeckung der Stadtkultur. Soziologie aus der Erfahrung der Reportage, Frankfurt/Main 1990.

Lindner, Rolf: Die Stunde der Cultural Studies, Wien 2000.

Lindner, Rolf/Musner, Lutz (Hg.): Unterschicht. Kulturwissenschaftliche Erkundungen der „Armen" in Geschichte und Gegenwart, Freiburg i.Br./Berlin/Wien 2008.

Lindner, Rolf: Straße – Straßenjunge – Straßenbande. Ein zivilisationstheoretischer Streifzug, in: Zeitschrift für Volkskunde 79, 1983, 192-208.

Lindner, Rolf: Walks on the wild side. Eine Geschichte der Stadtforschung, Frankfurt/New York 2004.

López Blasco, Andreu u. a.: Misleading Trajectories: The Transition Dilemas of Young Adults, Valencia 2000.

Luhmann, Niklas: Das Erziehungssystem der Gesellschaft, Frankfurt/Main 2002.

Luhmann, Niklas: Sozialsystem Familie, in: Niklas Luhmann: Soziologische Aufklärung 5, Frankfurt/Main 1990, 196-217.

Luhmann, Niklas: Soziologische Aufklärung 5, Frankfurt/Main 1990.

Mäder, Ueli/Daub, Claus-Heinrich (Hg.): Soziale Arbeit. Beiträge zu Theorie und Praxis, Basel 2004a.

Mäder, Ueli/Daub, Claus-Heinrich (Hg.): Soziale Folgen der Globalisierung, Basel 2004b.
Magnin, Chantal: Beratung und Kontrolle. Widersprüche in der staatlichen Bearbeitung von Arbeitslosigkeit, Zürich 2005.
Malli, Gerlinde: Alltagsbefindlichkeiten, in: Andreas Exner u. a. (Hg.): Losarbeiten Arbeitslos? Globalisierungskritik und die Krise der Arbeitsgesellschaft, Münster 2005, 96-105.
Malli, Gerlinde: Müssen nur wollen, in: Josef Hödl/Klaus Posch/Peter Wilhelmer (Hg.): Sprache und Gesellschaft. Gedenkschrift für Hans Georg Zilian, Wien 2007, 507-526.
Mansel, Jürgen: Glückliche Zeit – schwierige Kindheit? In: Jürgen Mansel (Hg.): Glückliche Kindheit – schwierige Zeit? Über die veränderten Bedingungen des Aufwachsens, Opladen 1996, 7-24.
Mansel, Jürgen (Hg.): Glückliche Kindheit – schwierige Zeit? Über die veränderten Bedingungen des Aufwachsens, Opladen 1996.
Marcus, George E.: Ethnography in/of the World System: the Emergence of Multi-sited-Ethnography, in: Anual Review of Anthropology 24, 1995, 95-117.
Mauss, Marcel: Die Gabe, Frankfurt/Main 1984.
McKnight, John: The Careless Society: Community and its Counterfeits, New York 1995.
Merkens, Hans/Zinnecker, Jürgen (Hg.): Jahrbuch Jugendforschung, Wiesbaden 2005.
Mestrovic, Stjepan: Postemotional Society, London 1997.
Mittelstraß, Jürgen: Transdisziplinarität – wissenschaftliche Zukunft und institutionelle Wirklichkeit, Konstanz 2003.
Mitscherlich, Alexander: Auf dem Weg zur vaterlosen Gesellschaft, Weinheim 2003 [1963].
Moser, Johannes (Hg.): Jugendkulturen. Recherchen in Frankfurt am Main und London [Kulturanthropologie-Notizen, Bd. 66], Frankfurt/Main 2000.
Moser, Johannes: Kulturanthropologische Jugendforschung, in: Johannes Moser (Hg.): Jugendkulturen. Recherchen in Frankfurt am Main und London [Kulturanthropologie-Notizen, Bd. 66], Frankfurt/Main 2000, 11-57.
Muchow, Martha/Muchow, Heinrich: Der Lebensraum des Großstadtkindes, Bensheim 1998 [1935].
Murray, Charles: Losing Ground. American Social Policy, 1950-1980, New York 1984.
Nadig, Maya: Formen von Frauenkultur aus ethnopsychoanalytischer Sicht, in: Brigitta Hauser-Schäublin, (Hg.): Ethnologische Frauenforschung, Berlin 1991, 212-249.
Nadig, Maya: Transculturality in Progress. Theoretical and Methodological Aspects drawn from Cultural Studies and Psychoanalysis, in: Hans Jörg Sandkühler/Hong-Bin Lim (Hg.): Transculturality – Epistemology, Ethics, and Politics. Frankfurt/Main 2004, 9-21.
Nassehi, Armin: Die Paradoxie der Unsichtbarkeit. Für eine epistemologische Verunsicherung der (Kultur-)Soziologie, in: Soziale Welt 50/1999, 349-361.
Nassehi, Armin: Risikogesellschaft, in: Georg Kneer/Armin Nassehi/Markus Schroer (Hg.): Soziologische Gesellschaftsbegriffe. Konzepte moderner Zeitdiagnosen, München 1997.

Neckel, Sighard: Emotion by design. Das Selbstmanagement der Gefühle als kulturelles Programm, in: Berliner Journal für Soziologie, 15 (3), Wiesbaden 2005.
Neckel, Sighard: Die gefühlte Unterschicht. Vom Wandel der sozialen Selbsteinschätzung, in: Rolf Lindner/Lutz Musner (Hg.): Unterschicht. Kulturwissenschaftliche Erkundungen der „Armen“ in Geschichte und Gesellschaft, Freiburg/Berlin/Wien 2008, 19-40.
Neckel, Sighard: Status und Scham. Zur symbolischen Reproduktion sozialer Ungleichheit, Frankfurt/ New York 1991.
Newman, Katherine S.: No Shame in My Game: The Working Poor in the Inner City, New York 1999.
Noller, Peter: Globalisierung, Stadträume und Lebensstile. Kulturelle und lokale Repräsentationen des globalen Raumes, Opladen 1999.
Nothomb, Amélie: Reality-Show, Zürich 2007.
Offe, Claus/Fuchs, Susanne: Schwund des Sozialkapitals? Der Fall Deutschland, in: Robert D. Putnam (Hg.): Gesellschaft und Gemeinsinn. Sozialkapital im internationalen Vergleich, Gütersloh 2001, 417-514.
Olk, Thomas: Der „aktivierende Staat“. Perspektiven einer lebensbezogenen Sozialpolitik für Kinder, Jugendliche, Frauen und ältere Menschen, in: Siegfried Müller u. a. (Hg.): Soziale Arbeit. Gesellschaftliche Bedingungen und professionelle Perspektiven, Neuwied 2001, 99-118.
Olk, Thomas: Träger der Sozialen Arbeit, in: Hans Uwe Otto/Hans Thiersch u. a. (Hg.): Handbuch Sozialarbeit Sozialpädagogik, Neuwied 2001, 1910-1926.
Opielka, Michael: Sozialpolitik. Grundlagen und vergleichende Perspektiven, Reinbek bei Hamburg 2004.
Paxton, Will/Dixon, Mike: The State of Nation. An Audit of Injustice in the UK, London 2004.
Piaget, Jean: Sprechen und Denken des Kindes, Düsseldorf 1972.
Pieper, Marianne/Rodríguez, Encarnación Gutiérrez (Hg.): Gouvernementalität. Ein sozialwissenschaftliches Konzept in Anschluss an Foucault, Frankfurt/New York 2003.
Plomb, Fabrice: Jugendliche – allergisch gegen Arbeit? In: Pierre Bourdieu (Hg.): Der Lohn der Angst. Flexibilisierung und Kriminalisierung in der „neuen Arbeitsgesellschaft” [LIBER. Internationals Jahrbuch für Literatur und Kultur 99/00], Konstanz 1999/2000, 54-70.
Prisching, Manfred: Bilder des Wohlfahrtsstaates [Beiträge zur Sozioökonomie 4], Marburg 1996.
Putnam, Robert D. (Hg.): Gesellschaft und Gemeinsinn. Sozialkapital im internationalen Vergleich, Gütersloh 2001.
Raithel, Jürgen (Hg.): Risikoverhaltensweisen Jugendlicher. Formen, Erklärungen und Prävention, Opladen 2001.
Reckinger, Gilles: Perspektive Prekarität. Wege banachteiligter Jugendlicher in den transformierten Arbeitsmarkt, Konstanz 2010.
Redl, Fritz/Wineman, Andreas: Kinder, die hassen, München 1979.
Reinders, Heinz: Jugendtypen. Ansätze zu einer differentiellen Theorie der Adoleszenz, Wiesbaden 2003.

Reiners, Diana: Verinnerlichte Prekarität. Jugendliche MigrantInnen am Rande der Arbeitsgesellschaft, Konstanz 2010.
Reiners, Diana/Malli, Gerlinde/Reckinger, Gilles: Bürgerschreck Punk. Lebenswelten einer unerwünschten Randgruppe, Wien 2006.
Reutlinger, Christian: Jugend, Stadt und Raum. Sozialgeographische Grundlagen einer Sozialpädagogik des Jugendalters, Opladen 2003.
Rohde, Bernhard: Wieviel Jugendhilfe verträgt der Sozialstaat? Ein gezielter Schienbeintritt, in: Thomas Fabian/ Rudolf Schweikart (Hg.): Brennpunkte der Sozialen Arbeit [Leipziger Beiträge zur Sozialen Arbeit, Bd. 4], Münster/Hamburg/London 2003, 29-42.
Rhodes, R.A.W.: Understanding Governance. Open University Press, Buckingham 1997.
Rose, Nikolas: Inventing ourselves. Psychology, power, personhood, Cambridge 1996.
Rose, Nikolas: Tod des Sozialen? Eine Neubestimmung der Grenzen des Regierens, in: Ulrich Bröckling/Susanne Krasmann/Thomas Lemke (Hg.): Gouvernementalität der Gegenwart. Studien zur Ökonomisierung des Sozialen, Frankfurt/Main 2000, 72-109.
Salamon, Lester/Anheier, Helmut: Der Dritte Sektor: aktuelle internationale Trends, Gütersloh 1999.
Scharenberg, Albert/Schmidtke, Oliver (Hg.): Das Ende der Politik? Globalisierung und der Strukturwandel des Politischen, Münster 2003.
Scheipl, Josef: Die stationäre Betreuung in der Jugendwohlfahrt: Eine aktuelle Übersicht, in: Gerald Knapp/Josef Scheipl (Hg.): Jugendwohlfahrt in Bewegung. Reformansätze in Österreich, Klagenfurt (Celovec)/Ljubljana (Laibach)/Wien (Dunaj) 2001, 105-119.
Schiffauer, Werner: Fremde in der Stadt. Zehn Essays über Kultur und Differenz, Frankfurt/Main 1997.
Schimank, Uwe: Das zwiespältige Individuum. Zum Person-Gesellschaft-Arrangement der Moderne, Opladen 2002.
Schmale, Wolfgang: Geschichte der Männlichkeit in Europa (1450-2000), Wien/Köln/Weimar 2003.
Schotter, Andrew: The Economic Theory of Social Institutions, Cambridge 1981.
Schröer, Wolfgang/Böhnisch, Lothar: Über die Schwierigkeit, bürgerschaftliches Engagement angesichts der Entgrenzungstendenzen im digitalen Kapitalismus zu thematisieren – ein sozialpolitischer Zugang, in: Chantal Munsch (Hg.): Sozial Benachteiligte engagieren sich doch. Über lokales Engagement und soziale Ausgrenzung und die Schwierigkeit der Gemeinwesenarbeit. Weinheim/München 2003, 29-43.
Schröer, Wolfgang: Befreiung aus dem Moratorium? Zur Entgrenzung von Jugend, in: Karl Lenz/Werner Schefold/Wolfgang Schröer (Hg.): Entgrenzte Lebensbewältigung. Jugend, Geschlecht und Jugendhilfe, Weinheim/München 2004, 19-74.
Schultheis, Franz: Familien und Politik. Formen wohlfahrtsstaatlicher Regulierung von Familien im deutsch-französischen Gesellschaftsvergleich, Konstanz 1999.

Schultheis, Franz/Schulz, Kristina: Familie und Bildung: Reproduktion in der Krise, in: Franz Schultheis/Kristina Schulz (Hg.): Gesellschaft mit begrenzter Haftung. Zumutungen und Leiden im deutschen Alltag, Konstanz 2005, 269-275.

Schultheis, Franz/Schulz, Kristina (Hg.): Gesellschaft mit begrenzter Haftung. Zumutungen und Leiden im deutschen Alltag, Konstanz 2005.

Schultheis, Franz/Vuille, Michel: Salle d'attente pour départ incertain. Les jeunes face à l'épreuve de la précarité et de la flexibilité, In: Michel Vuille/Franz Schultheis/Fabrice Plomb/Isabelle Csupor (2007): Entre flexibilité et précarité: Regards croisés sur la jeunesse, Paris 2007.

Schulze, Gerhard: Die Erlebnisgesellschaft. Kultursoziologie der Gegenwart, Frankfurt/Main 1992.

Sennett, Richard: Die Kultur des neuen Kapitalismus, Berlin 2005.

Sennett, Richard: Der flexible Mensch, Berlin 1998.

Sennett, Richard: Respekt im Zeitalter der Ungleichheit, Berlin 2002.

Sennett, Richard: Verfall und Ende des öffentlichen Lebens. Die Tyrannei der Intimität, Frankfurt/Main, 1987.

Simmel, Georg: Soziologie. Untersuchungen über die Formen der Vergesellschaftung [Gesamtausgabe Bd. II], Frankfurt/Main 1992.

Sonnenfeld, Christa: Aktive Arbeitsmarktpolitik heißt: Zwang, in: Pierre Bourdieu (Hg.): Der Lohn der Angst. Flexibilisierung und Kriminalisierung in der „neuen Arbeitsgesellschaft" [LIBER. Internationals Jahrbuch für Literatur und Kultur 99/00], Konstanz 1999/2000, 71-83.

Sontag, Susan: Anmerkungen zu „Camp", in: Susan Sontag: Kunst und Antikunst, Frankfurt/Main 1982, 322-341.

Spindler, Helga: Überfordern und Überwachen. Der restriktive Paradigmawechsel in der Sozialpolitik, in: Sozial Extra, 8 (9), 2003, 11-14.

Stauber, Barbara/Walther, Andreas/Pohl, Axel: Subjektorientierte Übergangsforschung. Rekonstruktion und Unterstützung biografischer Übergänge junger Erwachsener, Weinheim/München 2007.

Steimer, Brigitte: Suche nach Liebe und Inszenierung von Ablehnung, Freiburg im Breisgau 2000.

Steiner, Oliver/Schmassmann, Hector/Mäder, Ueli: Lebensweltliche Gewalterfahrungen Jugendlicher. Eine empirische Studie über delinquente Jugendliche, Basel 2005.

Stierlin, Helmut: Eltern und Kinder. Das Drama von Trennung und Versöhnung im Ablösungsprozeß, Frankfurt/Main 1980.

Strauss, Anselm/Corbin, Juliet: Grounded Theory: Grundlagen Qualitativer Sozialforschung, Weinheim 1996.

Swientek, Christine: Adoptierte auf der Suche nach ihren Eltern und nach ihrer Identität, Freiburg im Breisgau 2001.

Tálos, Emmerich (Hg.): Der geforderte Wohlfahrtsstaat. Traditionen – Herausforderungen – Perspektiven, Wien 1992.

Tálos, Emmerich/Rosenberger, Sieglinde (Hg.): Sozialstaat. Probleme, Veränderungen, Herausforderungen, Wien 2003.

Tálos, Emmerich (Hg.): Soziale Sicherung im Wandel. Österreich und seine Nachbarstaaten. Ein Vergleich, Wien/Köln/Weimar 1998.

Tálos, Emmerich: Staatliche Sozialpolitik in Österreich. Rekonstruktion und Analyse, Wien 1981.

Tálos, Emmerich: Vom Siegeszug zum Rückzug. Sozialstaat Österreich 1945-2005 [Österreich – Zweite Republik. Befund, Kritik, Perspektive, Bd. 3], Innsbruck 2005.

Tertilt, Hermann: Turkish Power Boys. Ethnographie einer Jugendbande, Frankfurt/Main 1996.

Textor, Martin R.: Das Wissen von der Adoption. Einige praxisbezogene Hinweise auf dem Hintergrund des gegenwärtigen Forschungsstandes, in: Zeitschrift für Familienforschung 5, 1993, 63-67.

Thalmann-Hereth, Karin: Jugend zwischen früh und spät – die „sophisticated generation", Heidelberg 2001.

Thole, Werner/Galuske, Michael (Hg.): Zwischen Biographiearbeit und Sozialmanagement – Neue Entwicklungen in der sozialpädagogischen Methodendiskussion, Wiesbaden 2005.

Thomä, Dieter: Die falschen Freunde des Glücks, in: Kuckuck. Notizen zur Alltagskultur, 1, 2007, 4-7.

Thompson, Edward Palmer: Plebejische Kultur und moralische Ökonomie. Aufsätze zur englischen Sozialgeschichte des 18. und 19. Jahrhunderts, Frankfurt/Main/Berlin/Wien 1980.

Thompson, Edward P.: The Making of the English Working Class, New York 1963.

Thrasher, Frederic: The Gang, Chicago/London 1963.

Turner, Victor: Das Ritual. Struktur und Anti-Struktur, Frankfurt/Main 2005 [engl. 1969].

Unterweger, Gisela: Klasse und Kultur. Verhandelte Identitäten in der Schule [Zürcher Beiträge zur Alltagskultur, Bd. 12], Zürich 2002.

Van Gennep, Arnold: Übergangsriten (Les rites de passage), Frankfurt/New York 2005 [1909].

Vester, Michael: Der Wohlfahrtsstaat in der Krise. Die Politik der Zumutungen und der Eigensinn der Alltagsmenschen, in: Franz Schultheis/Kristina Schulz (Hg.): Gesellschaft mit begrenzter Haftung. Zumutungen und Leiden im deutschen Alltag, Konstanz 2005, 21-33.

Vester, Michael: Die Illusion der Bildungsexpansion. Bildungsöffnungen und soziale Segregation in der Bundesrepublik Deutschland, in: Engler, Steffani/Krais, Beate (Hg.): Das kulturelle Kapital und die Macht der Klassenstrukturen. Sozialstrukturelle Verschiebungen und Wandlungsprozesse des Habitus, Weinheim 2004, 13-54.

Vester, Michael u. a. (Hg.): Soziale Milieus im gesellschaftlichen Strukturwandel: Zwischen Integration und Ausgrenzung, Frankfurt/Main 2001.

Wacker, Konstantin: Teure neue Lehrstelle. Eine Untersuchung zur Effizienz des Blum-Bonus [Hg. NÖ Arbeiterkammer], Wien 2007.

Wacquant, Loïc D.: Das Janusgesicht des Ghettos und andere Essays, Gütersloh/Berlin und Basel/Boston/Berlin, 2006.

Wacquant, Loïc D.: Elend hinter Gittern, Konstanz 2000.

Wacquant, Loïc D.: The Zone, in: Pierre Bourdieu et.al.: Das ganz alltägliche Elend. Zeugnisse und Diagnosen alltäglichen Leidens an der Gesellschaft, Konstanz 1997, 179-204.

Wagner, Peter: Soziologie der Moderne. Freiheit und Disziplin, Frankfurt/Main 1995.

Walther, Andreas: Educated, (un)employed, activated, included – "participated"? Contradictions in supporting young people in their transitions to work, in: Helen Colley u. a. (Hg.): Social inclusion and young people: breaking down the barriers, Strasbourg 2007, 101-115.

Weber, Max: Wirtschaft und Gesellschaft, Tübingen 1980 [1922].

Weber, Max: Die protestantische Ethik, Gütersloh 1991 [1920].

Wehrheim, Jan: Die überwachte Stadt: Sicherheit, Segregation und Ausgrenzung, Opladen 2002.

Weiss, Florence: Die dreisten Frauen. Eine Begegnung in Papua Neuguinea, Frankfurt/Main 1991.

Weiss, Florence: Kinder erhalten das Wort. Aussagen von Kindern in der Ethnologie, in: Erich Renner (Hg.): Kinderwelten, Weinheim 1995, 133-147.

Weißköppel, Cordula: Kreuz und quer. Zur Theorie und Praxis der *multi-sited-ethnography*, in: Deutsche Gesellschaft für Völkerkunde und Berliner Gesellschaft für Anthropologie, Ethnologie und Urgeschichte (Hg.): Zeitschrift für Ethnologie, 130, Berlin 2005, 45-68.

Welz, Gisela: Street life: Alltag in einem New Yorker Slum. Frankfurt/Main 1991.

Westerbarkey, Joachim: Das Geheimnis. Die Faszination des Verborgenen, Leipzig 1998.

Whyte, William Foote: Die „Street Corner Society". Die Sozialstruktur eines Italienerviertels, Berlin/New York 1996 [1949].

Wilke, Ralf: Eine empirische Analyse von Sanktionen für Arbeitslose in Westdeutschland während der 1980er und 1990er Jahre, in: Zeitschrift für Arbeitsmarktforschung, 37 (1), 2004, 45-62.

Williams, Raymond: Innovationen. Über den Prozeßcharakter von Literatur und Kultur, Frankfurt/Main 1977.

Willis, Paul: Jugend-Stile. Zur Ästhetik der gemeinsamen Kultur, Hamburg 1991.

Willis, Paul: Learning to Labour. How Working Class Kids Get Working Class Jobs, Farnborough 1977 [dt.1982].

Willis, Paul: Spaß am Widerstand. Gegenkultur in der Arbeiterschule, Frankfurt/Main 1982.

Winter, Gerald: Betteln, um zu helfen, in: Elisabeth Katschnig-Fasch (Hg.): Das ganz alltägliche Elend, Wien 2003, 201-220.

Wouters, Cas: Informalisierung. Norbert Elias' Zivilisationstheorie und Zivilisationsprozesse im 20. Jahrhundert, Wiesbaden 1999.

Zeiher, Hartmut J./Zeiher, Helga: Orte und Zeiten der Kinder. Soziales Leben im Alltag von Großstadtkindern, Weinheim/München 1994.

Zilian, Hans Georg: Die Zeit der Grille? Eine Phänomenologie der Arbeit, Amsterdam 1999.

Zilian, Hans Georg: Einleitung: Ein straffes Wirtschaften – Formen des Umgangs mit der Arbeitslosigkeit, in: Hans Georg Zilian/Jörg Flecker (Hg.): Soziale Sicherheit und Strukturwandel der Arbeitslosigkeit, München/Mering 2000, 9-31.

Zilian, Hans Georg/Flecker, Jörg (Hg.): Flexibilisierung – Problem oder Lösung? Berlin 1998.
Zilian, Hans Georg/Flecker, Jörg (Hg.): Soziale Sicherheit und Strukturwandel der Arbeitslosigkeit, München/Mering 2000.
Zilian, Hans Georg (Hg.): Politische Teilhabe und politische Entfremdung im Zeitalter der Internationalisierung, Graz 2000.
Zilian, Hans Georg: Satanische Masken. Jugend und Rechtsorientierung in der österreichischen Provinz, Frankfurt/New York 1998.
Zilian, Hans Georg: Unglück im Glück. Überleben in der Spaßgesellschaft, Graz/Wien 2005.
Zinnecker, Jürgen: Kindheit und Jugend als pädagogische Moratorien. Zur Zivilisationsgeschichte der jüngeren Generation im 20. Jahrhundert, in: Dietrich Benner/Heinz-Elmar Tenorth (Hg.): Bildungsprozesse und Erziehungsverhältnisse im 20. Jahrhundert. Praktische Entwicklungen und Formen der Reflexion im historischen Kontext, Weinheim/Basel 2000, 36-68.
Zinnecker, Jürgen: Selbstsozialisation. Essay über ein aktuelles Konzept, in: Zeitschrift für Soziologie der Erziehung und Sozialisation, 20(3), 2000, 272-290.
Zinnecker, Jürgen/Silbereisen, Rainer K.: Kindheit in Deutschland, Weinheim 1996.

Andere Quellen

Berichte

ASB Schuldnerberatung GmbH (Hg.): Schuldenreport 2007.
Arbeitsmarktservice Österreich/ ABI (Arbeitsmarktforschung und Berufsinformation): Benachteiligte Jugendliche - Jugendliche ohne Berufsbildung. Qualitative und quantitative Erhebungen; Arbeitsmarkt- und bildungspolitische Schlussfolgerungen, Wien, März 2006.
Statistik Austria bzw. AMS Österreich bzw. Steiermark: Arbeitsmarktstatistiken, Jahresergebnisse 2007.
Bergmann, Nadja/Gutknecht-Gmeiner, Maria/Wieser, Regine/Willsberger, Barbara: „Geteilte (Aus-)Bildung und geteilter Arbeitsmarkt in Fakten und Daten" Band II der Studie „Berufsorientierung und –einstieg von Mädchen in einen geteilten Arbeitsmarkt" im Auftrag des Arbeitsmarktservice Österreich Wien, 06. Dezember 2002.
Bericht zum YAP Prozess, http://www.euro.centre.org/data/1150705323_378.pdf, 19.01. 2007.
Bericht zur Drogensituation 2006, im Auftrag der Europäischen Beobachtungsstelle für Drogen und Drogensucht und des Bundesministeriums für Gesundheit und Frauen, Wien, Oktober 2006.
Bundesministerium für Familie, Senioren, Frauen und Jugend (Hg.): Familie zwischen Flexibilität und Verlässlichkeit. Perspektiven für eine lebenslaufbezogene Familienpolitik (7. Familienbericht), 2006.
Bundesministerium für Soziale Sicherheit, Generationen und Konsumentenschutz: Jugendwohlfahrtsbericht 2005, Wien 2005.

Bundesministerium für Soziale Sicherheit Generationen und Konsumentenschutz: Sozialschutzsysteme in Österreich. Ein Überblick, o.O., o.J.

Dimmel, Nikolaus: Verbetriebswirtschaftlichung, Professionalisierung und sozialpolitisches (Doppel)Mandat – ein Bermuda-Dreieck der Sozialen Arbeit? [Vortrag in Wien am 5. April 2006 bei der Impulsveranstaltung des Projektes „Fachliche Standards in der Sozialarbeit: gestern – heute – morgen"], Wien 2006.

Fink, Marcel/Riesenhofer, Andreas/Tálos, Emmerich [Kooperation von L&R Sozialforschung und dem Institut für Staats- und Politikwissenschaft der Universität Wien]: Endbericht. Atypische Arbeitsverhältnisse. Geringfügige Beschäftigte und Freie DienstnehmerInnen, Wien, 6. Dezember 2001.

Heckl, Eva/Dorr, Andrea/Dörflinger, Céline (KMU Forschung Austria, Austrian Institute for SME Research): Evaluierung der Wiener JASG-Lehrgänge (Studie im Auftrag des AMS Wien), Wien 2006.

Heinzlmaier, Bernhard [jugendkultur.at]: Jugend unter Druck. Das Leben der Jugend in der Leistungsgesellschaft und die Krise der Partizipation im Zeitalter des posttraditionellen Materialismus, Wien, September 2007.

Ju Quest, Trends zur Jugendwohlfahrt: Ergebnisse der zweiten ExpertInnenbefragung durchgeführt im Juni 2003, Innsbruck, Dezember 2003.

Kommission der Europäischen Gemeinschaften: Weißbuch der Europäischen Kommission. Neuer Schwung für die Jugend Europas, Brüssel, 21.11. 2001.

Lechner, Ferdinand/Riesenfelder, Andreas/Willsberger, Barbara (L&R Sozialforschung): Vierter Schwerpunktbericht: Begleitende Bewertung der NAP-Maßnahmen für Jugendliche (im Auftrag des BMWA), Wien 2002.

Österreichisches Bundesinstitut für Gesundheitswesen (Hg.): Die Rolle der außerschulischen Jugendarbeit in Hinblick auf suchtgefährdete Jugendliche [im Auftrag des Bundesministeriums für Soziale Sicherheit und Generationen], Wien, Dezember 2002.

SPECTRA Marktforschungsges.m.b.H. und jugendkultur.at – Institut für Jugendkulturforschung und Kulturvermittlung: 4. Bericht zur Lage der Jugend in Österreich. Teil A: Jugendradar 2003 (Im Auftrag von: Bundesministerium für soziale Sicherheit, Generationen und Konsumentenschutz), Wien 2003.

Steiner, Hans (Bundesministerium für Soziale Sicherheit, Generationen und Konsumentenschutz): Sozialausgaben in Österreich 1990-2002, o.O., o.J.

UNICEF Innocenti Research Centre (Report Card 7): Child poverty in perspective: An overview of child well-being in rich countries. A comprehensive assessment to the lives and well-being of children and adolescents in the economically advanced nations, Florence 2007.

Internetquellen

Zilian, Hans Georg: Intellektualisierung der Arbeitswelt und Segmentierung des Arbeitsmarktes, http://www.forba.at/files/news/e-work/zilian.pdf, 08.11. 2005.

http://www.dija.de/downloads/downloads/Oesterreich_Download.pdf, 10.10. 2006.

www.rotten.com, 15.05. 2007

http://www.spiegel.de/panorama/justiz/0,1518,529138,00.html, 17.01. 2008.

http://ris.bka.gv.at/taweb-cgi/taweb?x=d&o=l&v=bgbl&db=BGBL&q=%7B$QUERY%7D&sl=100&t=doc4.tmpl&s=(53/1999):PORG%20und%20(1):TEIL, 03.03. 2008.members.aon.at/gdimitz/jwg.doc, 03.03. 2008.

http://www.bmi.gv.at/downloadarea/krimstat/2007/Jahresstatistik_2007.pdf, 03.03. 2008.

http://www.noah.at/schiff-noah.htm, 17.03. 2008.

http://www.akkak.de/schanda/schanda.html, 17.03. 2008.

http://www.clement-moreau.ch/biografie.htm, 17.03. 2008.

http://www.pakte.at/teps/vorwort.html, 18.05.2008.

http://www.4everyoung.at, 18.05. 2008

Institut für Rechts- und Kriminalsoziologie, http://www.irks.at/downloads/-Die%20neue%20Sachwalterschaft%20aus%20Sicht%20der%20Sozialwissenschaft.pdf, 22.07.2008

Erdheim, Mario: Adoleszenz, Omnipotenz und Gewalt, 2007: http://www.hss-az.ch/kurse/download/758/de/Referat_Jugendgewalt_M.Erdheim.pdf, 13.08. 2008.

Marin, Bernd: Sozialhilfe – nein danke? http://www.euro.centre.org/data/11903-69055_90829.pdf (2007), 13.08. 2008.

Fuchs, Michael: „Sozialhilfe - nein danke?" Empirische Daten zur Nicht-Inanspruchnahme berechtigter Sozialhilfe (2003), Pressekonferenz 11. Juli 2007, http://www.euro.centre.org/data/1184233002_88737.pdf, 13.08. 2008.

http://www.spiegel.de/schulspiegel/leben/0,1518,549176,00.html, 07.10. 2008

http://www.ams.at/ueber_ams/14169_13070.html, 21.10. 2008

http://www.statistik.at/web_de/static/arbeitsmarktstatistik_1.quartal_2008_schnellbericht_031570.pdf, 21.20. 2008

Zeitungsartikel

Jugendkriminalität: Kritik an „Falschinterpretation der Statistik", in: Der Standard vom 10.01. 2008.

Tom Holert, „Prügel-City: Kampfrhetorik eines Videos", in: Der Standard vom 17.01. 2008, 37.

Heitmeyer, Wilhelm: Süchtig nach Anerkennung. Die prekäre Normalität: Wer nicht auffällt, wird nicht wahrgenommen – ist ein Nichts, in: DIE ZEIT, Nr. 19/ 2002 [2.5. 2002].

Zilian, Hans Georg: Allgemein hatten wir uns eine bessere Welt erhofft, in: LE MONDE DIPLOMATIQUE/ Tagesblatt/ die tageszeitung/ WoZ, Oktober 2005, 12-13.